国家"双高"建设项目系列教材

GNSS 测量技术

主 编 杜向锋 段 杰
副主编 王启春 司大刚
　　　　何 巧 李月彤
主 审 张兴福

西南交通大学出版社
·成都·

图书在版编目（CIP）数据

GNSS 测量技术 / 杜向锋，段杰主编. — 成都：西南交通大学出版社，2023.1（2025.1 重印）
国家"双高"建设项目系列教材　高等职业教育测绘地理信息类"十四五"规划教材
ISBN 978-7-5643-9039-6

Ⅰ. ①G… Ⅱ. ①杜… ②段… Ⅲ. ①卫星导航–全球定位系统–高等职业教育–教材 Ⅳ. ①P228.4

中国版本图书馆 CIP 数据核字（2022）第 227088 号

国家"双高"建设项目系列教材

GNSS Celiang Jishu
GNSS 测量技术

主编　杜向锋　段　杰

责 任 编 辑	姜锡伟
封 面 设 计	何东琳设计工作室
出 版 发 行	西南交通大学出版社 （四川省成都市金牛区二环路北一段 111 号 西南交通大学创新大厦 21 楼）
发行部电话	028-87600564　028-87600533
邮 政 编 码	610031
网　　　址	http://www.xnjdcbs.com
印　　　刷	成都蜀雅印务有限公司
成 品 尺 寸	185 mm × 260 mm
印　　　张	12
字　　　数	319 千
版　　　次	2023 年 1 月第 1 版
印　　　次	2025 年 1 月第 3 次
书　　　号	ISBN 978-7-5643-9039-6
定　　　价	38.00 元
审 图 号	GS 川（2023）22 号

课件咨询电话：028-81435775
图书如有印装质量问题　本社负责退换
版权所有　盗版必究　举报电话：028-87600562

序

  中国高等职业教育经过 20 多年的探索和发展，已经成为中国特色高等教育体系不可或缺的半壁江山，培养的职业人才在国民经济建设中发挥了重大作用。测绘地理信息职业教育同样蓬勃发展，为国家培养了一大批支持新时代国家测绘地理信息一线工作的高素质技术技能人才。

  2004 年，按照教育部和原国家测绘地理信息局的工作布置，在"全国高等学校测绘学科教学指导委员会"主任委员宁津生院士的带领下，在"全国高等学校测绘学科教学指导委员会"下成立了二级组织"全国高职高专测绘类专业分委员会"，我任分委员会主任委员，兼任"全国高等学校测绘学科教学指导委员会"副主任委员。在宁津生院士领导下，以及在陶本藻教授、王侬教授等老一辈专家的支持和帮助下，"全国高等学校测绘学科教学指导委员会高职高专分委员会"组织编写了全国第一套"高等学校测绘学科教学指导委员会'十五'高职高专规划教材"，全套教材由黄河水利出版社出版。这套教材对于全国高职高专测绘类专业的教材建设奠定了扎实基础。在该套教材中，由江苏海洋大学（原淮海工学院）周立主编的《GPS 测量技术》成为全国首套统编教材中的 GPS 技术应用的教材。转眼近 20 年的发展，特别是 2020 年 7 月 31 日，习近平总书记宣布我国北斗三号全球卫星导航系统正式建成开通，为全球用户提供全天候、全天时、高精度的定位、导航和授时服务。中国北斗系统已经成为全球卫星定位技术的骨干，卫星定位从美国 GPS 独霸天下，走到了有中国北斗、美国 GPS、欧盟伽利略(GALILEO)、俄罗斯格洛纳斯（GLONASS）的多星系统定位。卫星定位技术已经成为普及的地理空间定位方式，并且推动地理空间定位技术发生了革命性进步，具有高精度位置信息的卫星替代了地面高精度控制点，控制点的"地基"转变为"天基"，基本解决了传统大地测量中高精度坐标传导因通视条件等而导致的困难，并由光学测量转变为电磁波测量，为地理空间位置测定的自动化和智能化奠定了基础。RTK 技术、CORS 技术的应用，能提供不同精度实时定位，颠覆了传统的地理空间位置定位的传导延伸测量的原则和方式。

在技术进步的同时，全国测绘地理信息高等职业教育也在不断发展中，教师水平不断提升，教材教法上也发生了重要的进步。通过产教融合和校企合作让职业教育高素质技术技能人才培养的水平得到了很大的提升。

由广东工贸职业技术学院杜向锋副教授和广东省核工业地质调查院段杰高级工程师双主编编写的本教材，贯彻落实了"职普融通、产教融合、科教融汇"精神，通过校企合作方式，基于科学原理，按照理论支持够用的原则，着眼现场应用，体现了现代职业教育的特点，突出了专业能力培养，体现了职业教育能力本位的教学思想，以构建 GNSS 技术的工程项目运用能力为教学目标，系统地融入了课程思政教育教学理念，坚持"岗课赛证"融通教育模式，全面贯彻和落实了培育德技兼优的技术技能人才培养目标。

全书内容精简、通俗易懂，是一本高职专科测绘地理信息类专业教学适用的好教材，对于需要 GNSS 定位技术支持的相关工程类专业大学生学习，也是一本好教材。

本教材也适合测绘生产单位技术人员自学和培训使用。

赵文亮
2023 年元旦于昆明

前　言

20世纪90年代，随着以美国全球定位系统（Global Positioning System，GPS）为代表的新一代全球导航卫星系统（Global Navigation Satellite System，GNSS）的成功部署，GNSS技术逐渐渗透到社会生产的各个领域，也深刻地影响着几乎每一个人的社会生活。目前，GNSS技术已广泛应用于气象、遥感、通信、导航、地球科学、天文学、测绘学、资源勘察、灾害预报、国际救援、环境监测以及军事科学等诸多领域。基于GNSS技术在政治、经济及军事等诸多方面不可替代的重大意义，美国、俄罗斯（苏联）、欧盟以及我国均不惜巨资纷纷建立了自己的GNSS系统。2020年7月，我国宣布北斗三号全球卫星导航系统正式建成并开始为全球用户提供全天候、全天时、高精度的定位、导航和授时服务。

GNSS技术应用到测绘领域后，迅速产生了卫星大地测量学这一交叉学科，也使测绘行业的生产方式发生了革命性变化，测量的精度和可靠性大幅提升，行业生产效率大大提高，劳动强度大幅下降，测绘生产逐渐向自动化、智能化和内外业一体化方向发展。目前，GNSS测量技术已经成为地理信息数据采集的主要手段之一、测绘类专业的核心专业方向课程和职业教育1+X测绘地理信息数据采集与处理的证书课程。鉴于近年来GNSS技术的快速发展以及《国家职业教育改革实施方案》提出的新要求，特组织编写了本教材。

本教材编写基于职业教育的特点、职业教育校企合作基本特征，本着理论够用、突出实用性的基本指导思想，系统地融入了课程思政教育教学理念，坚持"岗课赛证"融通教育模式，以全面贯彻和落实培育德技兼优的技术技能人才为培养目标。全书内容精简、通俗易懂，可供测绘类专业以及工程相关专业学生学习使用。书中对GNSS控制网测量和RTK（含网络RTK）两大技能模块引入了工程实例，并按照工程实施的流程和技术要求进行了深入讲解，因而也非常适合测绘生产单位技术人员自学和培训使用。

本教材由广东工贸职业技术学院杜向锋副教授和广东省核工业地质调查院段杰高级工程师两位同志担任主编，重庆工程职业技术学院王启春副教授、兰州资源环境职业技术大学司大刚副教授、广州城市职业学院何巧老师以及广东工贸职业技术学院李月彤老师作为副主编。编写人员及基本分工情况如下：杜向锋编写第 1、6、7 章，段杰编写第 8 章，李月彤编写第 2 章，司大刚编写第 3 章，王启春编写第 4 章，何巧编写第 5 章并制作本课程的视频资源，广东工贸职业技术学院张齐周老师负责绘制了本教材的大量插图，全书由杜向锋副教授负责统稿。广东工业大学张兴福教授对本教材进行了审阅并提出了许多宝贵的意见，广东工贸职业技术学院左筱涵老师参与了本书的排版和校对工作，在此谨对参与本教材编写工作并付出辛勤劳动的所有专家和同行一并表示感谢。

限于编者的水平和经验，书中不足和疏漏之处在所难免，欢迎广大读者、专家和同行不吝斧正。

编　者

2023 年 1 月

目 录

第1章 全球导航卫星定位技术发展概况 ················· 001
1.1 早期的卫星导航定位技术发展 ················· 001
1.1.1 大地测量的发展 ················· 001
1.1.2 卫星大地测量的发展 ················· 003
1.2 全球四大GNSS系统的发展 ················· 004
1.2.1 GPS系统 ················· 004
1.2.2 GLONASS系统 ················· 006
1.2.3 Galileo系统 ················· 007
1.2.4 BDS系统 ················· 008
1.2.5 其他国家的导航卫星定位系统 ················· 014
1.2.6 GNSS测量技术的特点 ················· 014

第2章 坐标系统 ················· 016
2.1 坐标系统的定义方式和类型 ················· 016
2.1.1 坐标系统的定义方式 ················· 016
2.1.2 坐标系统的类型 ················· 017
2.2 常用坐标系统 ················· 017
2.2.1 地球坐标系 ················· 017
2.2.2 世界大地坐标系 ················· 019
2.2.3 国家大地坐标系 ················· 022
2.3 不同坐标系间的坐标转换 ················· 025
2.3.1 三维坐标转换模型 ················· 026
2.3.2 三维坐标差转换模型 ················· 027
2.3.3 二维坐标转换模型 ················· 027
2.3.4 GNSS测量坐标转换 ················· 028

第3章 GNSS组成与卫星信号 ················· 029
3.1 GPS系统构成 ················· 029
3.1.1 空间段 ················· 029
3.1.2 地面段 ················· 030
3.1.3 用户段 ················· 031
3.2 美国GPS政策与现代化 ················· 031

  3.2.1 美国 GPS 政策 ·········· 031
  3.2.2 GPS 现代化 ·········· 034
 3.3 卫星运动 ·········· 036
  3.3.1 卫星的无摄运动 ·········· 036
  3.3.2 卫星的受摄运动 ·········· 039
 3.4 GPS 卫星星历 ·········· 040
  3.4.1 GPS 卫星的预报星历 ·········· 040
  3.4.2 GPS 卫星的后处理星历 ·········· 042
  3.4.3 IGS 的产品及其精度 ·········· 042
 3.5 GPS 卫星信号 ·········· 043
  3.5.1 GPS 卫星的载波信号 ·········· 044
  3.5.2 GPS 卫星的测距码 ·········· 044
  3.5.3 GPS 卫星的导航电文 ·········· 046
 3.6 GNSS 接收机 ·········· 047
  3.6.1 GNSS 接收机的组成 ·········· 047
  3.6.2 GNSS 接收机的分类 ·········· 049
  3.6.3 GNSS 接收机的选用与检验 ·········· 051

第 4 章 GNSS 定位基本原理 ·········· 054

 4.1 GNSS 测量概述 ·········· 054
  4.1.1 GNSS 定位的方式 ·········· 054
  4.1.2 GNSS 观测量 ·········· 054
  4.1.3 GNSS 测量观测方程 ·········· 056
 4.2 GNSS 静态定位原理 ·········· 058
  4.2.1 静态定位概述 ·········· 058
  4.2.2 基本观测量与观测模型 ·········· 059
  4.2.3 静态绝对定位原理 ·········· 061
  4.2.4 静态相对定位原理 ·········· 062
 4.3 GNSS 动态相对定位原理 ·········· 063
  4.3.1 GNSS 动态定位概述 ·········· 063
  4.3.2 动态相对定位原理 ·········· 064
 4.4 周跳分析与整周未知数的确定 ·········· 064
  4.4.1 周跳分析 ·········· 064
  4.4.2 整周未知数的确定方法 ·········· 065

第 5 章 GNSS 测量误差 ·········· 067

 5.1 GNSS 测量误差概述 ·········· 067
 5.2 与卫星有关的误差 ·········· 067
  5.2.1 卫星星历误差 ·········· 067

        5.2.2 卫星钟的钟误差 ·· 068
        5.2.3 相对论效应 ·· 069
        5.2.4 卫星天线相位中心偏差 ·· 070
    5.3 与卫星信号传播有关的误差 ·· 070
        5.3.1 电离层延迟 ·· 070
        5.3.2 对流层延迟 ·· 071
        5.3.3 多路径效应 ·· 072
    5.4 与接收机有关的误差 ·· 073
        5.4.1 接收机的钟误差 ·· 073
        5.4.2 接收机天线相位中心偏差 ·· 074
        5.4.3 接收机的位置误差 ··· 074
    5.5 卫星分布的精度衰减因子及其他误差 ·· 074
        5.5.1 等效距离误差和精度衰减因子 ··· 074
        5.5.2 地球潮汐 ··· 075
        5.5.3 地球自转 ··· 076

第 6 章 GNSS 控制网技术设计 ·· 077
    6.1 GNSS 控制网作业流程 ·· 077
    6.2 专用术语 ·· 078
    6.3 技术设计的依据 ··· 079
    6.4 GNSS 控制网的级别和用途 ··· 080
        6.4.1 GNSS 控制网的级别 ··· 080
        6.4.2 GNSS 控制网的用途 ··· 081
    6.5 GNSS 控制网的布网原则 ·· 081
        6.5.1 基本原则 ··· 081
        6.5.2 控制网点名与点号编制要求 ··· 082
    6.6 GNSS 控制网的基准设计 ·· 082
        6.6.1 位置基准设计 ·· 083
        6.6.2 方位基准设计 ·· 083
        6.6.3 尺度基准设计 ·· 083
        6.6.4 GNSS 控制网的基准确定 ··· 083
    6.7 GNSS 网的网特征条件 ·· 084
        6.7.1 网特征条件的计算 ··· 084
        6.7.2 GNSS 网同步图形构成及独立边的选择 ································ 084
    6.8 GNSS 控制网的图形设计及原则 ·· 086
        6.8.1 技术设计应考虑的因素 ··· 086
        6.8.2 GNSS 控制网图形设计原则 ·· 086
        6.8.3 GNSS 控制网图形结构形式 ·· 087
    6.9 GNSS 控制网技术设计书的编写 ·· 090

第7章 GNSS 控制网项目生产······092

7.1 GNSS 控制网外业工作······092
7.1.1 准备工作······092
7.1.2 外业观测······098
7.1.3 重测和补测······104

7.2 GNSS 控制网数据处理······104
7.2.1 数据处理基本流程······104
7.2.2 GNSS 基线向量的解算······107
7.2.3 GNSS 控制网平差······114
7.2.4 GNSS 高程测量······118
7.2.5 技术总结与上交资料······120

7.3 GNSS 网数据处理实例······121
7.3.1 软件的安装······122
7.3.2 工程控制网数据处理实例······124

第8章 GNSS 实时动态测量······145

8.1 差分 GNSS 定位概述······145

8.2 常规 RTK 测量系统······146
8.2.1 常规 RTK 测量原理······146
8.2.2 常规 RTK 测量系统组成······147
8.2.3 常规 RTK 测量的特点······149
8.2.4 常规 RTK 测量方法······150
8.2.5 常规 RTK 测量的不足······152

8.3 网络 RTK 技术······153
8.3.1 网络 RTK 概述······153
8.3.2 网络 RTK 系统的组成和分类······154
8.3.3 国外 CORS 技术的发展现状······156
8.3.4 国内 CORS 网络的发展······157

8.4 RTK 测量技术要求······158
8.4.1 一般规定······158
8.4.2 仪器设备······160
8.4.3 网络实时动态测量······160
8.4.4 单基准站实时动态测量······161

8.5 RTK 控制测量项目生产实例······162
8.5.1 项目技术要求······163
8.5.2 仪器准备······163
8.5.3 项目实施······163

8.6 网络 RTK 使用方法······177

参考文献······181

第 1 章 全球导航卫星定位技术发展概况

1957 年 10 月 4 日，苏联成功发射人类第一颗人造地球卫星，标志着人类进入了空间科学技术时代。随着以美国 GPS 为代表的新一代全球导航卫星系统的成功部署，GNSS 技术逐渐渗透到社会生产的各个领域，也深刻地影响着几乎每一个人的社会生活。目前，GNSS 技术已广泛应用于气象、遥感、通信、导航、地球科学、天文学、测绘学、资源勘察、灾害预报、国际救援、环境监测以及军事科学等诸多领域。

本章主要介绍了 GNSS 测量技术的发展历程，包括美国的全球定位系统（GPS）、俄罗斯的格洛纳斯卫星导航系统（GLONASS）、欧盟的伽利略卫星导航系统（Galileo）和我国的北斗卫星导航系统（BDS），目的是使学生对全球导航卫星系统（GNSS）有一个基本的认识和了解。

1.1 早期的卫星导航定位技术发展

1.1.1 大地测量的发展

从古至今，大地测量的发展大致可分为地球圆球阶段、地球椭球阶段、大地水准面阶段和现代大地测量四个阶段。

第一阶段：地球圆球阶段

在远古时代，我国劳动人民就提出"天圆地方"的说法。到了公元前 3 世纪，古希腊学者埃拉托色尼首次用子午圈弧长测量法来估算地球半径，他利用在两地观测日影的方法，推算得到地面上同一子午线上两点的纬度差，用大地法得到对应的子午圈弧长，从而推得地球半径（弧度测量）。这是人类应用弧度测量概念对地球大小的第一次估算，由于工具简单、技术水平低，因而所得结果精度不高。

我国在唐朝开元期间，高僧一行（俗名张遂）在河南平原上测量了位于同一子午线上的 4 个站点，用圭表测定日影的长度，用测绳实地丈量 4 个站点间的 3 段距离，从而推算出北极星每差一度相应的地面长度约相差 132 km，与现代的测量结果相比，长了约 21 km。

第二阶段：地球椭球阶段

1590 年，意大利人伽利略根据自由落体原理进行了第一次重力测量；1617 年，荷兰人斯涅耳首次提出了三角测量法；1609—1619 年，德国人开普勒陆续发表了关于行星运动遵循的三大定律；1690 年，荷兰人惠更斯在其著作《关于重力的起因》中推导了地球的扁率；1809 年，德国人高斯提出了最小二乘法理论；我国清朝康熙年间（1708—1718 年）在绘制"皇舆全览图"的过程中，通过用测绳实地丈量每度子午弧的弧长，发现这些弧长值随纬度不同而不同，由南向北增加，证明地球是椭球而非圆球。该时期天文学和物理学的伟大发现，使人类由此进入了认识地球为旋转椭球的新阶段，几何大地测量学得到了快速发展，并奠定了物理大地测量学的基础。

第三阶段：大地水准面阶段

几何大地测量学在这一阶段的进展主要体现在以下两个方面：

（1）天文大地网的布设有了重大发展。印度天文大地网（1800—1900年）、美国天文大地网（1911—1935年）和苏联天文大地网（1924—1935年）相继建设完成。

（2）铟瓦基线尺出现、带平行玻璃板测微器的水准仪及铟瓦水准尺的使用，将天文大地测量同重力测量相结合代替天文水准等方面也取得较大进步。

同期物理大地测量的理论研究和实践也取得了重大进展。其主要体现在：

（1）大地测量边值问题理论的提出。

法国的克莱罗、英国的斯托克斯、荷兰的维宁·曼尼兹和苏联的莫洛金斯基等学者，相继提出了解决大地测量边值的方法。

（2）提出了新的椭球参数。

这一阶段椭球参数推求的特点主要体现在用重力测量资料推求椭球扁率。最著名的有赫尔默特椭球、海福特椭球和克拉索夫斯基椭球等。

此外，对几何和物理大地测量有重大影响的测量数据处理和测量平差理论与实践方面也取得了重大进步。

第四阶段：现代大地测量阶段

20世纪下半叶，以电磁波测距、全球导航卫星系统（GNSS）及甚长基线干涉测量（VLBI）等为代表的测量新技术的出现，使得大地测量的方法和手段都发生了深刻变革，大地测量学由此进入了以空间测量技术为代表的现代大地测量发展阶段。

地球椭球阶段和大地水准面阶段亦称为经典大地测量阶段，其主要任务是为大规模测图服务。为了提高点位测量的精度和速度，许多科学家在测量仪器、测量方法、椭球计算和数据处理方面作了大量研究工作，取得了丰硕的研究成果，其中许多研究成果至今仍被广泛应用。

与经典大地测量学相比，现代大地测量主要具有以下的特点：

（1）长距离。现代大地测量学所能量测的范围，已经从原来的几十千米扩展到数千千米甚至更远，摆脱了经典大地测量的光学视线长度限制，能提供全球统一框架下的大地测量成果。

（2）高精度。相对于经典大地测量，现代大地测量的精度大幅提升，如20世纪90年代初，我国建立的GPS A级大地控制网较20世纪60年代建立的国家天文大地网，其精度提高了1~2个数量级。此外，由于经典大地测量是在地面进行的，要获得高精度地心三维坐标成果非常困难，而现代大地测量可直接获得高精度三维地心坐标成果。

（3）实时性。经典大地测量的外业观测和内业数据处理之间存在一定的滞后性；而现代大地测量可以缩短观测和处理的时间，甚至可以实时完成；如动态目标的实时导航定位、地表形变的实时监测等。

经典大地测量是以刚体地球为研究对象，是静态的、局部的、相对的测量；而现代大地测量则是以可变地球为对象，是动态的、全球的、绝对的测量。现代大地测量的主要任务是研究和解决地面点的几何定位、地球重力场的测定、点位和重力场的变化等问题，具体有：

（1）建立与维护全球或国家的地面三维大地网，并研究其变化情况。

（2）测量并研究地极移动、地壳运动、潮汐等地球动力现象。

（3）测定地球重力场及其随时间的变化，精化地球重力场模型。

1.1.2 卫星大地测量的发展

卫星大地测量是现代大地测量一个新的重要分支，它是以测定近地人造卫星的空间位置和运动异常来解决大地测量问题的一种方法，其主要任务包括：

（1）精确测量地球的大小和形状、地球外部引力场、地极运动、大陆板块间的相对运动以及大地水准面的形状，为大地测量和其他科学提供技术支撑。

（2）精确测定地面点的地心坐标，从而能够将全球大地网联成一个整体，建立全球统一的大地坐标系。

（3）将其成果广泛地应用于空中、海上以及陆地运动载体的导航、监控与调度指挥。

1. 早期的卫星定位技术

早在18世纪，人类就以月球为观测对象来研究地球形状，卫星大地测量的基本理论由此开始发展。1787年拉普拉斯从动力学的角度分析了月球绕地运动轨道的异常，并据此计算了地球的扁率；1768年欧拉从几何学原理计算出了地球子午圈的扁率。局限于观测目标以及当时的观测条件，其测量结果的精度都不高，但这种利用空间天体测量的理念却是很先进的。随后，许多学者又从观测方法、观测仪器等方面进行了很多改进，为后来的卫星大地测量奠定了丰富的理论和实践基础。

早期的卫星大地测量仅仅把卫星作为一种空间观测目标，由地面观测站对卫星的瞬间位置进行摄影观测，测定测站点至卫星的方向，通过不同测站之间对卫星的观测即可建立卫星三角网，此方法称为卫星三角测量；此外，还可以使用激光测距技术测定测站至卫星的距离，建立卫星测距网，从而对地面点进行定位。

上述两种观测方法，解决了常规大地测量难以实现的远距离联测定位问题，但卫星三角测量方法容易受到天气和可见度的影响，不仅需要耗费大量的时间进行观测，而且定位精度不高。因此，这种卫星定位方法很快就被多普勒定位技术所取代，即卫星定位技术从仅仅把卫星作为空间观测目标的初级阶段发展到了把卫星作为动态已知点的高级阶段。

2. 子午卫星导航系统

为了克服摄影观测和激光测距方法的缺陷，人们想到了利用卫星发射的无线电波进行距离测量，即在卫星轨道参数已知的情况下，通过对地面观测站接收的卫星无线电信号进行多普勒频移分析而实现测距，进而可确定出地面观测站位置，这就是第一代卫星导航定位系统的基本工作原理。

1958年，美国海军和约翰·霍普金斯大学应用物理实验室为满足北极星核潜艇的高精度导航要求，开始研制一种利用多普勒卫星定位技术进行测速、定位的卫星导航系统。由于该系统卫星在近极轨道（轨道倾角约为90°）上运行，因此称之为"子午仪卫星导航系统（Transit）"，又称"美国海军导航卫星系统"，简称NNSS（Navy Navigation Satellite System）。

1960年4月13日，首颗"子午仪"1B号卫星发射成功；1964年，由6颗独立轨道的极轨卫星组成的子午卫星系统建成并投入使用。子午卫星轨道高度约为1 075 km，卫星运行的周期为107 min，地面上的用户平均每隔2 h便可观测到其中一颗卫星。整个系统由轨道上的卫星系统、卫星追踪网（包括4个地面卫星追踪站、2个注入站、计算中心、控制中心和海军天文台）和用户接收机三部分组成。1967年7月29日，美国政府宣布NNSS导航电文解密，提供民用。

NNSS 系统工作不受气象条件限制，自动化程度较高，且具有一定的定位精度，立即引起了大地测量学者的高度关注，随后进行了大量的研究和实践，取得了令人瞩目的成就。如：在美洲大陆及其附近测设了约 500 个多普勒点；西欧各国分别在 1976 年 5 月和 1977 年 4 月进行了两次多普勒会战（EDOC-1, 2），在 16 个国家测设了 30 多个多普勒点，而后参加了三角网的重新平差；法国地理院不仅在本国建立了多普勒网，而且还为阿尔及利亚、利比亚、圭亚那和加蓬等国家测设了 116 个多普勒点；素称千岛之国的印度尼西亚，测设了 200 多个多普勒点，从而首次实现了该国国家大地控制网的统一。

20 世纪 70 年代中期，我国有关测绘和勘察单位开始引进多普勒接收机，不仅测设了全国卫星多普勒大地网，而且还实现了大陆和西沙群岛的大地测量基准联测，石油和地质勘探部门也在我国西北地区测量了卫星多普勒定位网。1984 年 12 月至 1985 年 2 月在我国南极长城站上，测量人员用 MX1502 型卫星多普勒接收机进行了多普勒定位测量，共观测了 210 次子午仪卫星通过，精确测定了设在南极乔治王岛上的长城站的地理坐标为南纬 $62°12'59.811''$ ± $0.015''$，西经 $58°57'52.665''$ ± $0.119''$，高程为 $43.58\ m$ ± $0.67\ m$，该站至北京的距离为 $17\ 501\ 949.51\ m$。

与此同时，苏联于 1965 年开始也建立一个由 12 颗卫星组成的卫星导航定位系统，简称为 CICADA，该系统工作原理与 NNSS 系统类似。

NNSS 系统的成功建立具有划时代的意义，极大地推动了导航定位技术的发展，但其仍存在较大缺陷，包括：

（1）卫星数量少，观测时间和间隔时间长（平均约 1.5 h）。

（2）运行轨道低，难以进行精密定轨。

（3）卫星的定位精度有限（单点定位精度 3~5 m，相对定位精度约为 1 m）。

（4）无法实现实时三维导航定位。

（5）卫星信号频率低，不利于补偿电离层折射效应的影响。

1.2 全球四大 GNSS 系统的发展

GNSS 可实现全球范围内的定位、导航及授时（PNT）等服务，家族成员包括美国的 GPS、俄罗斯的 GLONASS、欧盟的 Galileo 和我国的 BDS。其中，GPS 系统是 GNSS 家族中发展最早也最成熟的一个系统。目前，GNSS 已经广泛应用于军事、航空航天、农业、交通、林业、渔业、公安、防灾减灾、电力、金融、测绘以及其他我们社会生活的众多领域。

1.2.1 GPS 系统

为了克服 NNSS 系统的缺陷，满足军事部门和民用部门对连续实时三维导航定位的迫切需求，1973 年美国国防部开始组织陆海空三军，共同研究建立新一代卫星导航系统的计划。这就是目前所称的"授时与测距导航系统/全球定位系统"（Navigation System Timing and Ranging/Global Positioning, NAVSTAR/GPS），简称为"全球定位系统"（GPS）。GPS 系统建设实施一共经历了三个阶段：

第一阶段：方案论证和初步设计阶段（1973—1979 年）

该阶段共发射了 4 颗试验卫星，研制了地面接收机及建立了地面跟踪网，从硬件和软件上进行了试验,取得了令人满意的结果。

第二阶段：全面研制和试验阶段（1979—1984年）

该阶段陆续发射了7颗试验卫星（Block I），研制了各种用途的接收机，主要是导航型接收机，与此同时，测地型接收机也相继问世。试验表明，GPS定位精度远超设计目标，利用粗码（C/A码）的定位精度达到14 m。

第三阶段：实用组网阶段（1988—1995年）

1989年2月14日，第一颗GPS工作卫星成功发射宣告GPS系统进入了工程建设阶段，该时期的工作卫星为Block II和Block II A卫星（图1-1）。至1993年7月，进入轨道可以正常工作的卫星总数已达24颗，GPS系统组网成功并具备初步工作能力（Initial Operational Capability，IOC），1995年4月，美国空军空间部宣布，GPS达到完全运行能力（Full Operational Capability，FOC）。

图1-1　Block II A卫星

标准的GPS星座由21颗工作卫星和3颗备用卫星组成，分布在6个近圆形轨道面上，卫星轨道高度为20 200 km，运行速度约为3 800 m/s，轨道周期为11 h 58 min，轨道倾斜角度55°，使用的坐标系是WGS84大地坐标系，标准的GPS星座如图1-2所示。截至2022年6月22日，美国GPS系统共有31颗在轨工作卫星。

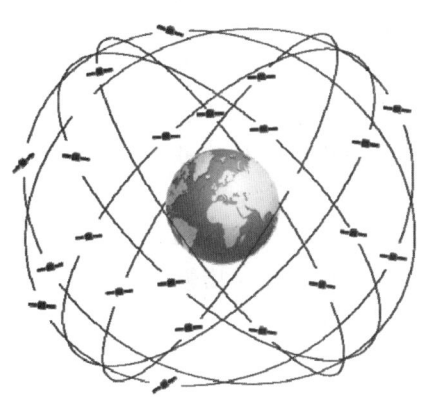

图1-2　标准GPS卫星星座

1.2.2　GLONASS 系统

GLONASS（GLObalnaya NAvigatsionnaya Sputni kovaya Sistema）是苏联在全面总结第一代卫星导航系统（CICADA）优缺点以及汲取美国 GPS 系统成功经验的基础上组建的第二代卫星导航定位系统，现由俄罗斯负责管理和维护。该系统从 1978 年开始研制，1982 年 10 月 12 日发射第一颗导航卫星，至 1987 年共发射了 27 颗 GLONASS 试验卫星，其后经历了苏联的解体，由俄罗斯接替部署，最终在 1995 年建成由 24 颗工作卫星加 1 颗备用卫星组成的卫星星座。经过数据加载、调整试验，该系统于 1996 年开始正常运作。然而，20 世纪 90 年代后期以来，由于卫星的寿命短（2～3 年）、资金短缺等，导致替补卫星不能如期发射，2000 年底，GLONASS 卫星数已经减少至 6 颗，导致系统无法正常工作。随着俄罗斯经济状况的好转，为了有效开发和应用 GLONASS 系统，俄罗斯政府于 2001 年批准了 GLONASS 系统 2002—2011 年发展计划，并着手对系统进行现代化改造。经过多年以来对 GLONASS 系统星座进行的补充与升级，该系统于 2011 年 10 月恢复了由 24 颗 GLONASS-M 和 GLONASS-K 卫星（图 1-3）组成的全轨道星座，实现了全球全覆盖，从而恢复了全球导航定位服务能力。

图 1-3　GLONASS 卫星

标准的 GLONASS 卫星星座 24 颗卫星分布在 3 个等间隔近圆形轨道面上，相邻轨道面的升交点赤经之差为 120°，每个轨道面有 8 颗卫星，轨道倾角为 64.8°，如图 1-4 所示。卫星的轨道高度为 19 100 km，运行周期为 11 h 15 min，使用的坐标系是 PZ90 大地坐标系。由于 GLONASS 卫星轨道倾角大于 GPS 卫星的轨道倾角，故在高纬度（50°以上）地区的可视性较好。在中国境内可见到 24 颗中高度角 5°以上的 11 颗卫星，比能够见到的 GPS 卫星要多 3～4 颗。GLONASS 系统可免费提供独立的民用导航服务，同时可以与 GPS 结合进而提供更好的精度衰减因子 DOP（Dilution Of Precision）。2019 年，GLONASS 将其星基增强系统（SDCM，差分改正监测系统）纳入体系，截至 2022 年 11 月 28 日，GLONASS 系统共有 26 颗在轨工作卫星。

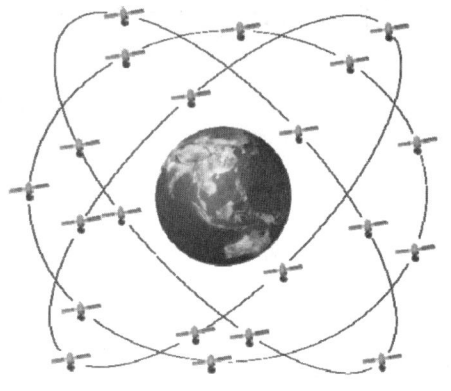

图 1-4　GLONASS 卫星星座

1.2.3 Galileo 系统

早在 20 世纪 90 年代中期开始，为了能摆脱对美国 GPS 系统的依赖，在卫星导航领域占有一席之地，同时加强欧洲一体化进程，欧盟逐渐认识到建立拥有自主知识产权的卫星导航系统的重要性和战略意义。在这种背景下，欧盟决定启动伽利略（Galieo）计划，建设一个军民两用、与现有系统相兼容的、高精度、全开放的全球导航卫星系统。伽利略系统计划分四个阶段实施：论证阶段（1994—2001 年）、系统研制和在轨验证阶段（2001—2005 年）、星座布设阶段（2006—2007 年）、运营阶段（2008 年至今）。

Galileo 计划由 30 颗卫星（27 颗工作 + 3 颗备用）组成，其卫星如图 1-5 所示。这些卫星均匀分布在 3 个轨道倾角为 56°的圆轨道面上，每个轨道面上均分布有 9 颗工作卫星和 1 颗备用卫星。轨道高度为 23 616 km，运行周期为 14 h 7 min，使用的坐标系是伽利略地球参考框架（GTRF）大地坐标系。每颗卫星除了搭载导航设备外，还增加了一台救援收发器，可以接收来自遇险用户的求救信号，并将该信号转发给地面救援协调中心，后者组织和调度对遇险用户的救援行动，同时系统还可向待援用户通报救援安排，以便遇险用户等待并配合救援。地面控制设施包括卫星控制中心（用于卫星轨道改正的遥感和遥测）和提供各项服务所必需的地面设施。截至 2018 年 7 月 25 日，Galileo 共有 26 颗卫星在轨工作，其卫星星座如图 1-6 所示。

图 1-5　Galileo 卫星

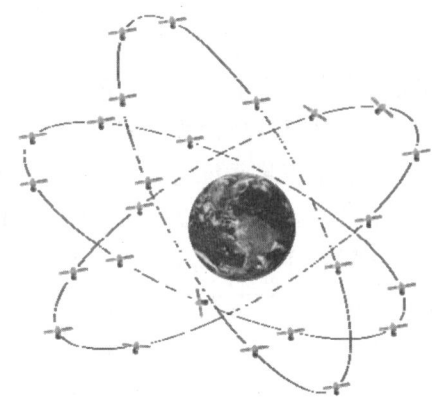

图 1-6　Galileo 卫星星座

伽利略系统面向用户提供公开服务（Open Service, OS）、商业服务（Commercial Service, CS）、公共管理服务（Public Regulated Service, PRS）、生命安全服务（Safety of Life Service, SoL）和搜救服务（Search and Rescue, SAR）等不同模式的服务，其中公开服务和生命安全服务是免费向用户提供的，其余服务则需经过特许授权。公开服务（OS）主要提供基本的定位、导航和授时服务（PNT）；商业服务（CS）主要面向专业用户，如测绘、船舶和车辆调度和航空管理等领域，属于收费的增值服务；生命安全服务（SoL）、搜救服务（SAR）和公共管理服务（PRS）又被称为政府服务，主要面向对定位精度、信号质量和信号传输可靠性要求极高的应用领域，如警察、海岸警卫队和海关等用户。

1.2.4 BDS 系统

1.2.4.1 发展历史

早在 20 世纪 60 年代末，我国就开展了卫星导航系统的研制工作，但由于诸多原因而夭折。自 20 世纪 70 年代后期以来，国内持续开展了适合国情的卫星导航系统体制的探讨研究，先后提出过单星、双星、三星和 3~5 星的区域性系统方案，以及多星的全球系统的设想，并考虑到导航定位与通信等综合运用问题。但是由于种种原因，这些方案和设想都没能得以实现。20 世纪 90 年代发生的银河号货轮事件以及海湾战争使我们强烈地意识到建立自主可控的全球卫星导航系统的迫切性。

1993 年 7 月，美国认为中国从事正常贸易活动的"银河"号货轮向伊朗运输制造化学武器的原材料，在印度洋公海上，直接切断货轮所在海域的 GPS 信号，致使该货轮无法正常航行，为避免事态扩大，中方指示该货轮在沙特海军基地接受美军的登船检查，虽然最终检查结果表明美国的指责纯属子虚乌有，但事后美国政府态度强硬，坚持拒绝公开道歉。此外，GPS 系统在 1991 年 1 月爆发的海湾战争中发挥了极其重要的作用，体现出巨大的军事应用价值。为了摆脱 GPS 在卫星导航领域的垄断性控制，保护国家利益和领土安全，我国决定开始自主研制北斗卫星导航系统（BeiDou Navigation Satellite System，BDS）。

我国结合国情，科学、合理地提出并制订了自主研制实施北斗导卫星航系统建设的"三步走"规划，即北斗一号（BDS-1）、北斗二号（BDS-2）和北斗三号（BDS-3）。

第一步是试验阶段（BDS-1），即利用少量地球同步静止轨道卫星来完成试验任务，同时为北斗导航卫星系统建设积累技术经验、培养人才，研制一些地面应用基础设施设备等。1994 年，北斗一号系统建设启动。在 2000—2007 年间先后发射了 4 颗北斗一号试验卫星（2 颗工作 + 2 颗备用），完成了北斗一号系统建设任务。北斗一号具有双向短报文通信功能，这种通导一体化的设计是北斗系统的特色之一。北斗一号让中国导航卫星系统实现了从无到有，我国成为继美、俄之后第三个拥有导航卫星系统的国家。

第二步是建成覆盖亚太区域的北斗二号（BDS-2）。2007 年北斗二号系统建设启动，2012 年系统顺利建设完成。北斗二号系统空间段由 5 颗地球静止轨道（GEO）卫星、5 颗倾斜地球同步轨道（Inclined Geosynchronous Orbit，IGSO）卫星和 4 颗中圆地球轨道（MEO）卫星组成，它创新地构建了中高轨混合星座架构，在兼容北斗一号技术体制的基础上，增加了无源定位体制，可为亚太地区提供定位、测速、授时和短报文通信服务。

第三步是建成全球导航卫星系统即北斗三号（BDS-3）。2017 年下半年开始发射全球组网卫星，2020 年 6 月，北斗三号系统建设完成。北斗三号继承了有源服务和无源服务两种技术体制，可为全球用户提供基本导航服务（定位、测速、授时）、全球短报文通信和国际搜救服务，同时还可为中国及周边地区用户提供区域短报文通信、星基增强和精密单点定位等服务。北斗卫星发射现场如图 1-7 所示。

图 1-7 北斗导航卫星发射现场

2000—2020 年，我国先后发射了 55 颗北斗卫星，最终完成了北斗导航卫星定位系统的组网建设。2020 年 7 月 31 日，习近平总书记在人民大会堂庄严宣布北斗三号全球卫星导航系统正式开通，北斗系统开始为全球用户提供全天候、全天时、高精度的定位、导航和授时服务。

北斗系统发展历程

目前，我国的北斗系统（BDS）与美国的 GPS、俄罗斯的 GLONASS、欧盟的 Galieo 被联合国全球导航卫星系统国际委员会（International Committee on Global Navigation Satellite System，ICG）确认为全球四大导航卫星系统核心供应商。截至 2022 年 9 月，北斗系统在轨服务卫星共计 49 颗（表 1-1），其中包括 BDS-2 卫星 15 颗，BDS-3 卫星 34 颗。

表 1-1 在轨正常工作的北斗卫星星座状态

编号	卫星	系统	卫星钟	发射日期	在轨状态	健康状况	服务信号
01	GEO-8	BDS-2	铷钟	2019-05-17	正常	健康	B1I/B2I/B3I
02	GEO-6	BDS-2	铷钟	2012-10-25	正常	健康	B1I/B2I/B3I
03	GEO-7	BDS-2	铷钟	2016-06-12	正常	健康	B1I/B2I/B3I
04	GEO-4	BDS-2	铷钟	2010-11-01	正常	健康	B1I/B2I/B3I
05	GEO-5	BDS-2	铷钟	2012-02-25	正常	健康	B1I/B2I/B3I
06	IGSO-1	BDS-2	铷钟	2010-08-01	正常	健康	B1I/B2I/B3I
07	IGSO-2	BDS-2	铷钟	2010-12-18	正常	健康	B1I/B2I/B3I
08	IGSO-3	BDS-2	铷钟	2011-04-10	正常	健康	B1I/B2I/B3I
09	IGSO-4	BDS-2	铷钟	2011-07-27	正常	健康	B1I/B2I/B3I
10	IGSO-5	BDS-2	铷钟	2011-12-02	正常	健康	B1I/B2I/B3I
11	MEO-3	BDS-2	铷钟	2012-04-30	正常	健康	B1I/B2I/B3I
12	MEO-4	BDS-2	铷钟	2012-04-30	正常	健康	B1I/B2I/B3I
13	IGSO-6	BDS-2	铷钟	2016-03-30	正常	健康	B1I/B2I/B3I
14	MEO-6	BDS-2	铷钟	2012-09-19	正常	健康	B1I/B2I/B3I

续表

编号	卫星	系统	卫星钟	发射日期	在轨状态	健康状况	服务信号
16	IGSO-7	BDS-2	铷钟	2018-07-10	正常	健康	B1I/B2I/B3I
19	MEO-1	BDS-3	铷钟	2017-11-05	正常	健康	B1I/B3I/B1C/B2a/B2b
20	MEO-2	BDS-3	铷钟	2017-11-05	正常	健康	B1I/B3I/B1C/B2a/B2b
21	MEO-3	BDS-3	铷钟	2018-02-12	正常	健康	B1I/B3I/B1C/B2a/B2b
22	MEO-4	BDS-3	铷钟	2018-02-12	正常	健康	B1I/B3I/B1C/B2a/B2b
23	MEO-5	BDS-3	铷钟	2018-07-29	正常	健康	B1I/B3I/B1C/B2a/B2b
24	MEO-6	BDS-3	铷钟	2018-07-29	正常	健康	B1I/B3I/B1C/B2a/B2b
25	MEO-11	BDS-3	氢钟	2018-08-25	正常	健康	B1I/B3I/B1C/B2a/B2b
26	MEO-12	BDS-3	氢钟	2018-08-25	正常	健康	B1I/B3I/B1C/B2a/B2b
27	MEO-7	BDS-3	氢钟	2018-01-12	正常	健康	B1I/B3I/B1C/B2a/B2b
28	MEO-8	BDS-3	氢钟	2018-01-12	正常	健康	B1I/B3I/B1C/B2a/B2b
29	MEO-9	BDS-3	氢钟	2018-03-30	正常	健康	B1I/B3I/B1C/B2a/B2b
30	MEO-10	BDS-3	氢钟	2018-03-30	正常	健康	B1I/B3I/B1C/B2a/B2b
31	IGSO-1S	BDS-3S	氢钟	2015-03-30	在轨试验	—	—
32	MEO-13	BDS-3	铷钟	2018-09-19	正常	健康	B1I/B3I/B1C/B2a/B2b
33	MEO-14	BDS-3	铷钟	2018-09-19	正常	健康	B1I/B3I/B1C/B2a/B2b
34	MEO-15	BDS-3	氢钟	2018-10-15	正常	健康	B1I/B3I/B1C/B2a/B2b
35	MEO-16	BDS-3	氢钟	2018-10-15	正常	健康	B1I/B3I/B1C/B2a/B2b
36	MEO-17	BDS-3	铷钟	2018-11-19	正常	健康	B1I/B3I/B1C/B2a/B2b
37	MEO-18	BDS-3	铷钟	2018-11-19	正常	健康	B1I/B3I/B1C/B2a/B2b
38	IGSO-1	BDS-3	氢钟	2019-04-20	正常	健康	B1I/B3I/B1C/B2a/B2b
39	IGSO-2	BDS-3	氢钟	2019-06-25	正常	健康	B1I/B3I/B1C/B2a/B2b
40	IGSO-3	BDS-3	氢钟	2019-11-05	正常	健康	B1I/B3I/B1C/B2a/B2b
41	MEO-19	BDS-3	氢钟	2019-12-16	正常	健康	B1I/B3I/B1C/B2a/B2b
42	MEO-20	BDS-3	氢钟	2019-12-16	正常	健康	B1I/B3I/B1C/B2a/B2b
43	MEO-21	BDS-3	氢钟	2019-11-23	正常	健康	B1I/B3I/B1C/B2a/B2b
44	MEO-22	BDS-3	氢钟	2019-11-23	正常	健康	B1I/B3I/B1C/B2a/B2b
45	MEO-23	BDS-3	铷钟	2019-09-23	正常	健康	B1I/B3I/B1C/B2a/B2b
46	MEO-24	BDS-3	铷钟	2019-09-23	正常	健康	B1I/B3I/B1C/B2a/B2b
56	IGSO-2S	BDS-3S	氢钟	2015-09-30	在轨试验	—	—
57	MEO-1S	BDS-3S	铷钟	2015-07-25	在轨试验	—	—
58	MEO-2S	BDS-3S	铷钟	2015-07-25	在轨试验	—	—
59	GEO-1	BDS-3	氢钟	2018-11-01	正常	健康	B1I/B3I
60	GEO-2	BDS-3	氢钟	2020-03-09	正常	健康	B1I/B3I
61	GEO-3	BDS-3	氢钟	2020-06-23	在轨测试	—	B1I/B3I

数据来源：http://www.csno-tarc.cn/system/constellation。

现阶段，北斗系统已在交通运输、农林渔业、水文监测、气象测报、通信授时、电力调度、救灾减灾、公共安全等领域得到广泛应用，产生了显著的社会效益和经济效益。基于北斗系统的导航服务也被电子商务、移动智能终端制造、位置服务等厂商采用，广泛进入大众消费、共享经济和民生领域，应用的新模式、新业态、新经济不断涌现，深刻改变着人们的生产生活方式。

1.2.4.2　卫星星座

北斗导航卫星系统的空间段是由 GEO 卫星、IGSO 卫星和 MEO 卫星三种轨道卫星混合组成的（图 1-8）。

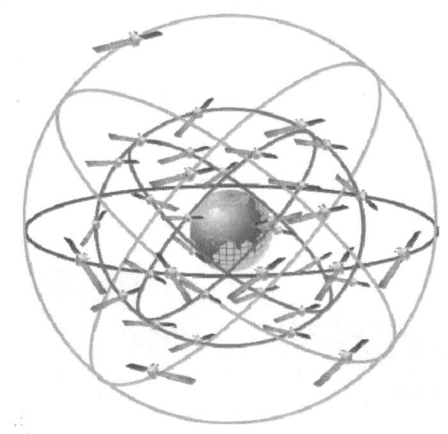

图 1-8　北斗卫星星座

（1）地球静止轨道（GEO）卫星（图 1-9），轨道高度 35 786 km，卫星轨道与赤道面重合，运行周期 24 h，与地球同步运动；单星覆盖区域较大，3 颗卫星可覆盖亚太大部分地区。

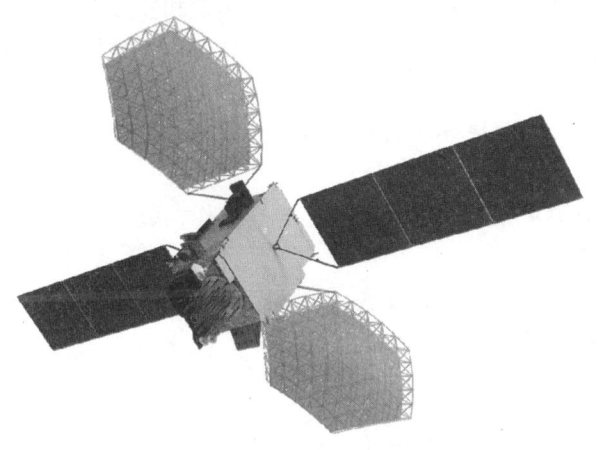

图 1-9　北斗 GEO 卫星

（2）倾斜地球同步轨道（IGSO）卫星（图 1-10），数量 3 颗，24 h 地球同步轨道，轨道倾角为 55°。其中心点位于赤道某设定的经度上，高度与 GEO 卫星相同，卫星星下点 24 h 轨迹在本服务区内南北来回运动，轨迹为"8"字形。

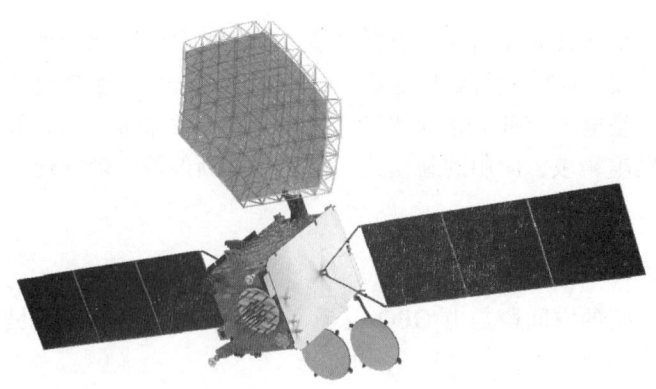

图 1-10 北斗 IGSO 卫星

(3)中圆地球轨道(MEO)卫星(图 1-11),数量 24 颗,轨道高度约 21 528 km,轨道倾角为 55°,绕地球旋转运行,通过多颗卫星组网可实现全球覆盖,北斗 MEO 星座回归特性为 7 天 13 圈。

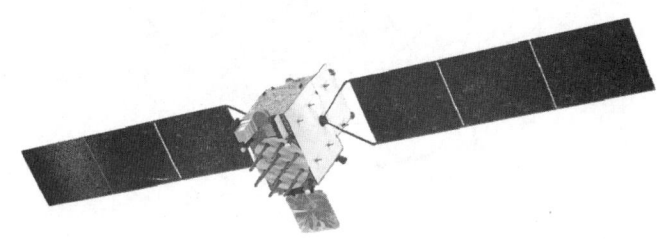

图 1-11 北斗 MEO 卫星

1.2.4.3 建设原则

我国坚持"自主、开放、兼容、渐进"的原则建设和发展北斗系统。

自主:坚持自主建设、发展和运行北斗系统,具备向全球用户独立提供卫星导航服务的能力。

开放:免费提供公开的卫星导航服务,鼓励开展全方位、多层次、高水平的国际合作与交流。

兼容:提倡与其他卫星导航系统开展兼容与互操作,鼓励国际合作与交流,致力于为用户提供更好的服务。

渐进:分步骤推进北斗系统建设发展,持续提升北斗系统服务性能,不断推动卫星导航产业全面、协调和可持续发展。

1.2.4.4 北斗系统服务及特点

在长期航天技术积累和导航系统技术发展的后发优势下,我国采取了一套与其他导航系统截然不同的发展思路,这也使得北斗系统与其他导航卫星系统相比具有鲜明的特色。

1. 北斗三号系统服务

北斗三号系统可提供多种服务,具体包括:面向全球范围提供定位导航授时(RNSS)、全球短报文通信(GSMC)和国际搜救(SAR)服务;在中国及周边地区,提供星基增强

（SBAS）、地基增强（GAS）、精密单点定位（PPP）和区域短报文通信（RSMC）服务。

2. 北斗导航定位系统特点

（1）北斗系统空间段采用三种轨道卫星组成的混合星座，与其他导航卫星系统相比高轨卫星更多，抗遮挡能力强，尤其在低纬度地区性能优势更为明显。

（2）北斗系统提供多个频点的导航信号，能够通过多频信号组合使用等方式提高服务精度。北斗系统是全球第一个提供三频信号服务的导航卫星系统，这是北斗的后发优势。使用双频信号可以减弱电离层延迟的影响，而使用三频信号可以构建更复杂模型消除电离层延迟的高阶误差；同时，使用三频信号可提高载波相位模糊度的解算效率，理论上还可以提高载波收敛速度。

（3）北斗系统创新性地融合了导航与通信能力，具备提供定位导航授时、星基增强、地基增强、精密单点定位、短报文通信和国际搜救等多种服务的能力。

（4）星间链路通信。北斗系统只需在中国境内主控、监控和注入，然后高轨卫星就可以与系统内其他卫星进行星间链路链接。此外，星间链路本身也可以用来测距，提高星座轨道精度，系统内部的自我通信也可以使得北斗系统整体抗干扰能力大大增强。

1.2.4.5 北斗系统服务性能指标

据 2021 年 5 月发布的《北斗卫星导航系统公开服务性能规范（3.0 版）》，北斗系统服务的定位、测速和授时精度以及位置精度衰减因子（PDOP）和定位可用性指标见表 1-2 和表 1-3 所示。

表 1-2　北斗系统定位、测速和授时精度指标

服务项目	服务模式	精度指标		约束条件
定　位	单频、双频	全球平均水平方向	≤9 m	截止高度角 5°； 满足规定使用条件用户，使用健康的空间信号进行解算； 任意 7 d 全球所有点定位误差的统计值，不包括传输误差和用户段误差
		全球平均垂直方向	≤10 m	
	单频、双频	最差位置水平方向	≤15 m	
		最差位置垂直方向	≤22 m	
测　速	单频、双频	全球平均	≤0.2 m/s	
授　时	单频、双频	全球平均	≤2 ns	

表 1-3　北斗系统 PDOP 和定位可用性指标

服务项目	服务模式	可用性指标		约束条件
PDOP	单频、双频	全球平均	≥98%	截止高度角 5°； PDOP≤6； 任意 7 d 全球所有点平均值
		最差位置	≥88%	
定位服务	单频、双频	全球平均	≥99%	截止高度角 5°； ≥95%置信度，水平定位精度优于 15 m； ≥95%置信度，高程定位精度优于 22 m； 规定用户条件下的定位解算； 任意 7 d 全球最差位置统计值
		最差位置	≥90%	

1.2.5 其他国家的导航卫星定位系统

（1）广域扩增系统 WAAS（Wide Area Augmentation System）：目标是扩增 GPS 在北美洲的能力。WAAS 是由美国联邦航空管理局（FAA）经营的一个基于卫星的增强系统，可为飞行器航行的各阶段提供导航。这种功能已经被广泛地运用到其他领域，因为这种类似 GPS 的信号可以由简单的接收机处理，并不需要额外的设备。

（2）俄罗斯的差分校正和监测系统 SDCM（System of Differential Correction and Monitoring）：目的是确定 GLONASS、GPS 和 Galileo 的修正信息（完整性数据、广域和局域校正数据）并向民用用户进行实时传输。

（3）欧洲的对地静止导航重叠服务 EGNOS（European Geostationary Navigation Overlay Service）：一个基于卫星的扩增系统，主要面向欧洲的安全关键应用提供服务。

（4）印度的 GPS 辅助型对地静止轨道扩增导航系统 GAGAN/IRNSS（GPS Aided Geo augmented Navigation）：IRNSS 是印度的区域定位系统，GAGAN 的目的是在印度区域示范利用天基扩增系统技术。该系统计划成为一个与其他天基扩增系统互通互用，在本地区提供无缝导航功能的实用系统。

（5）日本的基于多功能运输卫星 MTSAT（Multi-functional Transport Satellite）的卫星扩增系统 SBAS（Satellite-based Augmentation Systems）：通过两颗对地静止轨道卫星（MTSAT-1R 和 MTSAT-2）为日本空域内所有航空器提供导航服务。

（6）日本的准天顶卫星系统 QZSS（Quasi-Zenith Satellite System）：亚洲和大洋洲区域系统，用来增强 GPS。

（7）尼日利亚的 NIGCOMSAT-1 SBAS：该系统由中国航天科技集团研制，尼日利亚由此成为进入全球导航卫星系统领域的第一个非洲国家。

1.2.6 GNSS 测量技术的特点

GNSS 应用于测绘领域后，产生了一门新的学科分支——卫星大地测量学，并成为 20 世纪 90 年代测绘学的研究热点。目前，GNSS 已经广泛应用于控制、放样、地形、像控、变形监测等测绘学的众多应用领域。它颠覆了许多测量中原有的技术和方法，大大提高了测量的工作效率，降低了测量外业的劳动强度，极大地降低了外业成本，因而在生产中得到了广泛的应用。

相对于常规的测量手段来说，GNSS 技术的主要特点如下：

1. 测站间无须通视

既要保持良好的通视条件，又要保障测量控制网具有良好的图形结构，这一直是经典测量技术在实践方面必须面对的难题之一。GNSS 测量不要求测站之间相互通视，因而不再需要建造觇标。这一优点既可大大减少测量工作的时间和经费，同时又使点位的选择更为灵活。

需要特别指出的是：GNSS 测量虽不要求测站之间相互通视，但必须保持测站上空有足够开阔的净空，以使卫星信号的接收不受干扰。

2. 定位精度高

大量实践表明：目前在长度小于 50 km 的基线上，GNSS 相对定位精度可达 $(1\sim2)\times10^{-6}$；而在长度为 100~500 km 的基线上可达 $10^{-6}\sim10^{-7}$；在长度大于 1 000 km 的基线上，其相对定位精度或优于 10^{-8}。

3. 观测时间短

目前，利用经典静态相对定位方法实现短基线（≤15 km）相对定位所需要的观测时间一般为 1~3 h，而利用实时动态差分技术（RTK）获得厘米级定位结果需要的时间小于 1 min。

4. 能提供三维坐标

GNSS 测量可直接获得测站地心三维坐标系成果（B、L、H）。它为研究大地水准面的形状和测定地面点的高程开辟了新的途径，同时也为航空物探、航空摄影测量及精密导航提供了重要的高程数据。

5. 操作简便

GNSS 测量自动化程度高，观测中测量员的主要任务仅是安置并开关仪器、量取仪器高、监视仪器的工作状态，而其他观测工作，如卫星的捕获、跟踪观测、数据记录等均由仪器自动完成。

6. 全天候作业

GNSS 测量可以在任何时间、任何地点连续地进行，不受天气状况的影响。

思考题

1. 我国北斗导航卫星系统建立的意义是什么？
2. 简述北斗导航卫星系统的发展历程。
3. 简述 GNSS 测量相对于常规测量技术的特点。

第 2 章　坐标系统

了解卫星定位中的一些常用坐标系统，熟悉它们的定义方式和相互转换关系，对于掌握 GNSS 测量技术非常重要。本章将主要介绍了坐标系统的分类、常用坐标系统的定义及不同坐标系统之间的转换方法。

2.1　坐标系统的定义方式和类型

由物理学可知，为了定量描述质点的位置及其随时间的变化，就必须选定一个参照系，并在参照系上建立一个坐标系。在大地测量工作中，人们常常把地球作为参照系，并根据应用需要在地球椭球上建立了多种坐标系统。

2.1.1　坐标系统的定义方式

坐标系统是由坐标原点位置、坐标轴的指向和尺度三个要素决定的。坐标系统通常有三种定义方式。

1. 理论坐标系

通常，理论坐标系的定义过程是先选定一个尺度单位，然后定义坐标原点的位置和坐标轴的指向。坐标系一经定义，任何几何点的位置在坐标系内都具有唯一的一组坐标值；反之，该坐标系内的一组坐标值就唯一地确定了一个几何点的位置。

2. 协定坐标系

在实际测量工作中，如果已知若干测站点的坐标值，则通过观测又可以反过来定义该坐标系。这种由一系列已知测站点所定义的坐标系称为协定坐标系。在点位坐标值不存在误差的情况下，协定坐标系的定义和理论坐标系的定义是一致的。

事实上，点位的坐标值都是通过一定的测量手段得到的，它们总是含有误差，由它们反过来定义的协定坐标系与原来的理论坐标系会有所不同。尤其是所采用的已知点坐标值的个数多于坐标系定义所必需的参数个数时，只能通过平差的方法求得协定坐标系的有关参数。故依据这些已知站点测定的其他点坐标值均属于这一协定坐标系而不同于理论坐标系。

3. 协议坐标系

在全球导航卫星定位中，坐标轴的指向具有一定的选择性，为了使用上的方便，国际上均通过协议方式来确定某些全球性坐标系统的坐标轴指向。这种共同确认的坐标系称为协议坐标系。

2.1.2 坐标系统的类型

1. 按坐标系的描述对象分类

坐标系的建立是为了描述某类质点的位置，故根据描述对象不同通常采用不同的坐标系统。

（1）天球坐标系。这是一种以天极和春分点作为天球定向基准的坐标系。在天文大地测量和卫星定位测量中，为了描述天体的位置或卫星的轨道，常使用天球坐标系。

（2）地球坐标系。它是指固定在地球上与地球一起旋转的坐标系。描述地球表面上的点位置，常使用地球坐标系。

2. 按坐标系的固定方式分类

（1）空固坐标系。卫星的运动理论是根据牛顿万有引力定律，在惯性坐标系中建立起来的，而惯性坐标系在空间的位置和方向应保持不变，或作匀速直线运动。这类坐标系在空间的位置是固定不变的，并且与地球自转无关。因此，这类坐标系称为空固坐标系，空固坐标系用来描述卫星运行的位置和状态极其方便。

（2）地固坐标系。在常规测量中，测站和测点都在地球表面且随地球一起自转，为了方便描述地面点的位置，把坐标系固联在地球椭球上与地球一起自转。这类与地球体固联的坐标系称为地固坐标系。

3. 按坐标系的原点位置分类

（1）参心坐标系。以参考椭球的几何中心为原点建立的大地坐标系，称为参心坐标系。

（2）地心坐标系。以地球质心为原点建立的大地坐标系，称为地心坐标系。

4. 按坐标系中点位的表示形式分类

无论是参心坐标系还是地心坐标系，它们均有大地坐标系和空间直角坐标系两种表示形式。

（1）空间直角坐标系。空间直角坐标是地面点的空间位置的一种表现形式，以地面点至坐标原点的距离（向径）在三个坐标轴上的投影分量（X，Y，Z）来表示，称为 $O\text{-}XYZ$ 空间直角坐标系。

（2）大地坐标系。大地坐标系是一种极坐标系，在地面上的点，以椭球面为参考面，并以该点的纬度、经度和大地高（B，L，H）来表示其位置。

5. 高斯平面直角坐标系

前面提到的所有坐标系都是三维空间坐标系，工程应用中通常需要把椭球面上各点的大地坐标，按照一定的数学规律投影到二维平面上，并以相应的平面直角坐标表示。这些平面直角坐标的投影计算通常是按照高斯投影公式进行的，故称其为高斯平面直角坐标系。

2.2 常用坐标系统

2.2.1 地球坐标系

地球坐标系也称大地坐标系，它与地球体相固联，随着地球一起自转，因而地面点的坐标不因地球自转而变化，故又被称为地固坐标系。其表达形式有空间直角坐标和大地坐标两种。按坐标原点和坐标轴指向不同，可将地球坐标系分为地心坐标系、参心坐标系以及采用非国家椭球投影面或非国家统一坐标系统的地方独立坐标系。

下面以地心坐标系为例，介绍地球坐标系的两种表达形式。

地心空间直角坐标系是以地心 O 为原点，X 轴指向格林尼治平子午面与地球赤道的交点，Z 轴指向北极，Y 轴垂直于平面 XOZ 所构成的右手坐标系，由此地球上某点 P 的坐标可表示为 $(X, Y, Z)_P$，如图 2-1 所示。

地心大地坐标系是以地心 O 为中心，椭球短轴与自转轴重合，大地纬度 B 为过地面点的椭球法线与椭球赤道面的夹角，大地经度 L 为过地面点的椭球子午面与格林尼治大地平子午面的夹角，大地高 L 为地面点沿椭球法线至椭球面的距离，由此所构成的地心大地坐标系，地球上某点 P 的坐标可表示为 $(B, L, H)_P$，如图 2-1 所示。

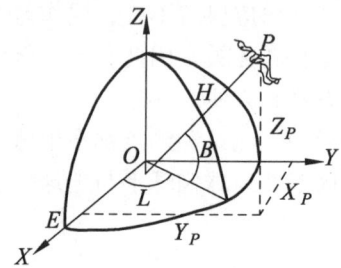

图 2-1 直角坐标与大地坐标的关系

大地坐标形式与空间直角坐标形式间可通过如下关系相互转换。

（1）大地坐标转换为空间直角坐标：

$$\begin{cases} X = (N+H)\cos B \cos L \\ Y = (N+H)\cos B \sin L \\ Z = [N(1-e^2)+H]\sin B \end{cases} \tag{2-1}$$

式中：a、b 分别表示参考椭球的长半径和短半径；$N = a/(1-e^2\sin^2 B)^{1/2}$ 为椭球的卯酉圆曲率半径；e 为椭球的第一偏心率，其计算公式为 $e = \left[(a^2-b^2)/a^2\right]^{1/2}$。

（2）空间直角坐标转换为大地坐标：

$$\begin{cases} B = \arctan\left[\dfrac{Z}{\sqrt{X^2+Y^2}}\left(1-\dfrac{e^2 N}{N+H}\right)^{-1}\right] \\ L = \arctan\dfrac{Y}{X} \\ H = \dfrac{\sqrt{X^2+Y^2}}{\cos B} - N \end{cases} \tag{2-2}$$

需要指出的是，大地纬度 B 需要通过迭代计算求取，通常经过 4 次迭代后，大地纬度 B 的精度可达 0.000 01″，大地高 H 的精度可达 1 mm。

2.2.2 世界大地坐标系

1. WGS-84 世界大地坐标系

为建立全球统一的地心坐标系统，美国国防部制图局自 20 世纪 60 年代开始，利用了大量的卫星观测数据和全球地面天文、大地和重力测量资料，先后建立了多个世界大地坐标系统（World Geodetic System，WGS）。先后有 WGS-60、WGS-72 以及 WGS-84，其后演变为 WGS-84（G730）、WGS-84（G873）以及 2001 年完成的最新的 WGS-84（G1150）。

WGS-84 的基础是美国海军导航卫星系统（NNSS）的 NSWC9Z-2 的坐标系。该坐标系在确立之后经过了多次精化，于 2001 年由美国国家影像与制图局（NIMA）完成最后一次精化，其成果记为 WGS-84（G1150）。该系统是采用选定的 26 个 GPS 永久性跟踪站并利用转换到 ITRF2000 框架内的 49 个国际导航卫星系统服务（IGS）枢纽站作为控制，利用 NIMA 精密星历进行数据平差处理和计算得到的。

该坐标系的坐标原点为地球质心 O，X 轴指向 BIH1984.0（BIH：国际时间局）定义的零度子午面与协议地极（CTP）赤道的交点；Z 轴指向 BIH1984.0 定义的 CTP，Y 轴垂直于 X 轴、Z 轴和质心所构成的 XOZ 平面，形成右手坐标系，如图 2-2 所示。WGS-84 坐标系采用的椭球又称为 WGS-84 椭球，其参数采用国际大地测量和地球物理学联盟（IUGG）第 17 届大会的推荐值：

长半径：$a = 6\,378\,137.0$ m

扁率：$f = 1/298.257\,223\,563$

地心引力常数：$GM = 3.986\,005 \times 10^{14}$ m³/s²

自转角速度：$\omega = 7.292\,115 \times 10^{-5}$ rad/s

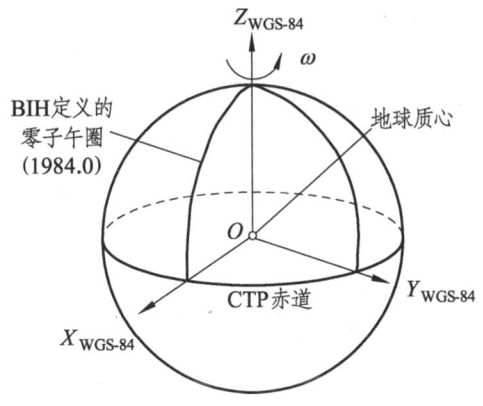

图 2-2 WGS-84 大地坐标系

自 1987 年 1 月 10 日 WGS-84 系统启用之后，GPS 卫星星历均采用 WGS-84 坐标系统，因此 GPS 定位的结果均属于 WGS-84 坐标系统。若要求得 GPS 测站点在目标坐标系中的坐标值，就需要在不同坐标系之间进行坐标转换。

2. 北斗坐标系

北斗系统采用北斗坐标系（BDCS），BDCS 的定义符合国际地球自转服务局（IERS）规范，采用 2000 国家大地坐标系（CGCS2000）的参考椭球参数，对准于最新的国际地球参考框架（ITRF），每年更新一次。北斗坐标系参数如表 2-1 所示。

表 2-1 北斗坐标系统参数

坐标系类型	地心坐标系
原点	地球质心
Z 轴	指向 IERS 定义的参考极（IRP）方向
X 轴	指向 IERS 定义的参考子午面（IRM）与通过原点且同 Z 轴正交的赤道面的交线
椭球长半径	$a = 6\ 378\ 137.0$ m
椭球扁率	$f = 1/298.257\ 222\ 101$
地心引力常数	$GM = 3.986\ 004\ 418 \times 10^{14}$ m^3/s^2（包括大气层）
地球自转角速度	$\omega = 7.292\ 115\ 0 \times 10^{-5}$ rad/s

3. ITRF 国际地球参考框架

国际地球参考框架 ITRF（International Terrestrial Reference Frame）是一个地心参考框架，它是由若干地面观测站的坐标和运动速度等进行定义的。该框架是综合运用甚长基线干涉测量（VLBI）、卫星激光测距（SLR）、激光测月（LLR）、GPS 卫星定位和星载多普勒无线电定轨定位系统（DORIS）的测量结果而建立的地球参考框架，其原点位于地球的质心（包含海洋和大气圈），其参考椭球为 WGS-84 椭球，其坐标轴的定向与国际时间局 BIH1984.0 一致。

ITRF 国际地球参考框架是国际地球自转服务局 IERS（International Earth Rotation Service）的地面参考框架，同时也是国际上公认的精度最高且稳定性最好的参考框架。该框架能为高精度的 GNSS 定位测量提供较好的参考系，目前已经广泛应用于地球动力学的研究，同时还应用于高精度、大区域控制网的建立。但由于章动、极移的影响，国际协议原点（CIO）在变化，故 ITRF 框架每年也都在变化，不同的年份存在不同的 ITRF 参考框架，这些框架间均存在较小的系统差异。这些框架间的差异可采用布尔沙-沃尔夫（Bursa-Wolf）七参数模型通过坐标变换进行消除。目前最新 ITRF 框架为 ITRF2020，不同 ITRF 框架的转换参数如表 2-2 所示。

表 2-2 从 ITRF2020 到之前的 ITRFyy 的转换参数

ITRFyy	T_x/mm	T_y/mm	T_z/mm	D/ppb	R_x/mas	R_y/mas	R_z/mas	历元
变化速率	$\dot{T}_x$/(mm/a)	$\dot{T}_y$/(mm/a)	$\dot{T}_z$/(mm/a)	$\dot{D}$/(ppb/a)	$\dot{R}_x$/(mas/a)	$\dot{R}_y$/(mas/a)	$\dot{R}_z$/(mas/a)	
IFRF$_{2014}$	−1.4	−0.9	1.4	−0.42	0	0	0	2015
变化速率	0	−0.1	0.2	0	0	0	0	
IFRF$_{2008}$	0.2	1	3.3	−0.29	0	0	0	2015
变化速率	0	−0.1	0.1	0.03	0	0	0	
IFRF$_{2005}$	2.7	0.1	−1.4	0.65	0	0	0	2015
变化速率	0.3	−0.1	0.1	0.03	0	0	0	
IFRF$_{2000}$	−0.2	0.8	−34.2	2.25	0	0	0	2015

续表

ITRF$_{yy}$	T_x/mm	T_y/mm	T_z/mm	D/ppb	R_x/mas	R_y/mas	R_z/mas	历元
变化速率	$\dot{T}_x$/(mm/a)	$\dot{T}_y$/(mm/a)	$\dot{T}_z$/(mm/a)	$\dot{D}$/(ppb/a)	$\dot{R}_x$/(mas/a)	$\dot{R}_y$/(mas/a)	$\dot{R}_z$/(mas/a)	
变化速率	0.1	0	−1.7	0.11	0	0	0	
IFRF$_{97}$	6.5	−3.9	−77.9	3.98	0	0	0.36	2015
变化速率	0.1	−0.6	−3.1	0.12	0	0	0.02	
IFRF$_{96}$	6.5	−3.9	−77.9	3.98	0	0	0.36	2015
变化速率	0.1	−0.6	−3.1	0.12	0	0	0.02	
IFRF$_{94}$	6.5	−3.9	−77.9	3.98	0	0	0.36	2015
变化速率	0.1	−0.6	−3.1	0.12	0	0	0.02	
IFRF$_{93}$	−65.8	1.9	−71.3	4.47	−3.36	−4.33	0.75	2015
变化速率	−2.8	−0.2	−2.3	0.12	−0.11	−0.19	0.07	
IFRF$_{92}$	14.5	−1.9	−85.9	3.27	0	0	0.36	2015
变化速率	0.1	−0.6	−3.1	0.12	0	0	0.02	
IFRF$_{91}$	26.5	12.1	−91.9	4.67	0	0	0.36	2015
变化速率	0.1	−0.6	−3.1	0.12	0	0	0.02	
IFRF$_{90}$	24.5	8.1	−107.9	4.97	0	0	0.36	2015
变化速率	0.1	−0.6	−3.1	0.12	0	0	0.02	
IFRF$_{89}$	29.5	32.1	−145.9	8.37	0	0	0.36	2015
变化速率	0.1	−0.6	−3.1	0.12	0	0	0.02	
IFRF$_{88}$	24.5	−3.9	−169.9	11.47	0.1	0	0.36	2015
变化速率	0.1	−0.6	−3.1	0.12	0	0	0.02	

数据来源：https://itrf.ign.fr/trans_para.php。其中：T_X、T_Y、T_Z 为平移参数；D 为尺度参数；R_X、R_Y、R_Z 为旋转参数。

注：这些参数源自 IERS 中已发布的参数技术说明和年度报告。转换参数在指定的历元下有效，与下面给出的标准模型一起使用：

$$\begin{bmatrix} X_S \\ Y_S \\ Z_S \end{bmatrix} = \begin{bmatrix} X \\ Y \\ Z \end{bmatrix} + \begin{bmatrix} T_X \\ T_Y \\ T_Z \end{bmatrix} + \begin{bmatrix} D & -R_Z & R_Y \\ R_Z & D & -R_X \\ -R_Y & R_X & D \end{bmatrix} \begin{bmatrix} X \\ Y \\ Z \end{bmatrix} \quad (2\text{-}3)$$

其中：X、Y、Z 是 ITRF2020 中的坐标；X_S、Y_S、Z_S 是目标框架坐标。若已给定转换参数 P，则任一目标历元 t 的坐标值可从下式中得到：

$$P(t) = P(t_0) + P' \times (t - t_0) \quad (2\text{-}4)$$

式中：t_0 是表中指定的历元（2015）；t 为目标历元；P' 为参数的速率。

2.2.3 国家大地坐标系

新中国成立以来，我国先后建立了1954北京坐标系、1980西安坐标系和2000国家大地坐标系（CGCS2000）3种坐标系。下面分别对3种坐标系进行介绍：

1. 1954北京坐标系

20世纪50年代，随着国民经济发展和国防建设的需要，迫切需要建立一个参心大地坐标系。根据当时的历史条件和具体情况，我国决定通过东北的呼玛、吉拉林、东宁等三个一等基线网与苏联的大地网相连，实现苏联1942年普尔科沃坐标系在我国的延伸，由此建立了1954北京坐标系，其高程异常是以苏联1955年大地水准面差距为基础，根据我国天文重力水准传递而得的，高程采用我国1956年青岛验潮站的黄海平均海水面为基准。

作为苏联1942年坐标系的延伸，1954北京坐标系的原点位于苏联的普尔科沃，且采用了苏联的克拉索夫斯基椭球体，其参数为：

长半径：$a = 6\ 378\ 245\ m$

扁率：$f = 1/298.3$

1954北京坐标系建成后在我国各项建设中发挥了重要作用，在其基础上完成了大量的测绘工作，15万个国家大地点和数百万个加密控制点均在该系统内完成了计算工作，同时在该系统上完成了大量地形图的测制。可以说，该坐标系渗透到了我国各个领域的建设当中。随着科学技术的发展，这个坐标系的先天不足也日趋显现，主要表现在：

（1）克拉索夫斯基椭球参数同现代椭球参数相比，其长半径长了$105 \sim 119\ m$，这对研究地球形状产生影响。同时，该椭球仅有两个几何参数，同时不包含物理特性参数，无法满足现代理论研究和工作的需求。

（2）克拉索夫斯基椭球定向不明确，其既不指向国际通用的CIO极，也不指向我国使用的极原点（JYD）极。同时，由于该椭球在定位上采用的是苏联的普尔科沃定位，因此导致该椭球面与我国的大地水准面之间存在自西向东递增的系统性倾斜，东部区域椭球与大地水准面的高程异常最大值达到±65m。

（3）1954北京坐标系上的大地点坐标是经过局部平差依次得到的，因此造成全国天文大地控制点的坐标值无法连成统一整体，且在不同区域之间的接合处存在较大的间隙，同一点在不同区域的坐标差达到了$1 \sim 2\ m$。由于坐标传递，前一区的最弱点成为后一区的起算点，这也导致了坐标累积误差明显。

2. 1980西安坐标系

为了弥补1954北京坐标系的不足，重建和完善国家大地坐标系，1978—1982年，我国在对国家天文大地网进行整体平差的同时，建立了新的国家大地坐标系，并将该坐标系命名为1980西安坐标系。该坐标系的坐标原点位于我国中部陕西省泾阳县永乐镇（图2-3），在西安以北约60 km处，简称为西安原点。

图 2-3 国家大地原点

1980 西安坐标系采用了 1975 年国际大地测量和地球物理学联合会第 16 届大会的推荐值，采用的 4 个基本参数充分反映了椭球的几何特性和物理特性：

地球椭球长半径：$a = 6\ 378\ 140$ m

扁率：$f = 1/298.257\ 223\ 563$

地心引力常数（含大气层）：$GM = 3.986\ 005 \times 10^{14} \text{m}^3/\text{s}^2$

地球自转角速度：$\omega = 7.292\ 115 \times 10^{-5} \text{rad}/\text{s}$

该坐标系的椭球定位是按我国范围内高程异常值平方和最小的原则进行参数求解的。其高程基准沿用了 1956 年求出的黄海平均海水面。1980 西安坐标系的建立，标志着我国测绘科学技术的进步和发展，无论是椭球的选择及其定位、定向，还是其后全国天文大地网的整体平差，都体现了当时世界的先进水平。

3. 2000 国家大地坐标系

相对于 1954 北京坐标系，1980 西安坐标系体现了当时世界的先进水平，也标志着我国测绘科学技术的巨大进步和发展。然而该坐标系仍存在以下问题：

（1）1980 西安坐标系作为经典大地测量成果的归算和应用，其表现形式为平面二维坐标，只能提供点位平面坐标，表示的两点间距离精确度也只有现代手段测得的 1/10。

（2）1980 西安坐标系在参考椭球方面采用的是 IAG1975 椭球（1975 国标椭球），其长半轴相较于目前国际公认的 WGS-84 椭球的长半轴差值大于 3 m，这将有可能造成约 10 倍的地表长度误差。

（3）1980 西安坐标系采用 JYD1968.0 极原点作为坐标指向，与国际上通用的坐标系指向存在差异。

随着以 GNSS 为代表的现代空间定位技术的快速发展，大地测量的技术和方法产生了迅速而深刻的变革。采用地心坐标系，可以更好地阐明地球上各种地理和物理现象，特别是空间物体的运动，大幅提高测量精度，快速获取精确的三维地心坐标。空间技术的发展成熟与广泛应用迫切要求国家提供高精度、基于地心、动态、实用、统一的大地坐标系作为各项社会经济活动的基础性保障。在此背景下，2008 年经国务院批准，国家测绘地理信息局向社会发布公告，于 2008 年 7 月 1 日正式在全国启用 2000 国家大地坐标系（CGCS2000）。

2000 国家大地坐标系的原点为包括海洋和大气的整个地球的质量中心。2000 国家大地坐标系的 Z 轴由原点指向 BIH1984.0 定义的协议地极方向（该历元的指向由国际时间局给定的历元为 1984.0 的初始指向推算，定向的时间演化保证相对于地壳不产生残余的全球旋转），X 轴由原点指向 BIH1984.0 定义的格林尼治参考子午线与地球赤道面（历元 2000.0）的交点，Y 轴由右手坐标系确定。其采用的地球椭球参数如下：

长半轴：$a = 6378137$ m

扁率：$f = 1/298.257222101$

地心引力常数：$GM = 3.986004418 \times 10^{14}$ m^3/s^2

自转角速度：$\omega = 7.292115 \times 10^{-5}$ rad/s

2000 国家大地坐标系的建立，标志着我国测绘技术得到了巨大的提升，同时标志着我国测绘事业进入了一个崭新的时代。同时，2000 国家大地坐标系的建立必将对我国经济、国防等各方面建设产生巨大的推动作用。

2000 国家大地坐标系由以下三个层次的站网坐标框架具体实现：

（1）第一层次为连续运行参考站。它们构成 CGCS2000 的基本骨架，其坐标精度为毫米级，年变速度精度为 1 mm/a。

（2）第二层次为大地控制网。它包括我国全部领土和领海内的高精度 GNSS 网点。其三维地心坐标精度为厘米级，年变速度精度为 2~3 mm/a。

（3）第三层次为天文大地网。它包括经空间网与地面网联合平差的约 5 万个天文大地点。其大地经纬度误差不超过 0.3 m，大地高误差不超过 0.5 m。

目前我国已基本完成现有大地基准的转换。2000 国家大地坐标系的建立，标志着我国测绘科学技术取得了巨大进步，并迈入一个崭新的发展阶段。

4. 地方独立坐标系

在许多城市测量与工程测量中，若直接采用国家坐标系建立控制网，可能导致地面长度的投影变形较大，难以满足具体应用的要求。因此，需要建立地方独立坐标系或工程坐标系（以下统称为"地方独立坐标系"）。

建立地方独立坐标系需确定的主要元素包括以下 6 个方面：

（1）坐标系的中央子午线。

确定地方独立坐标系的中央子午线一般有三种情况：

① 尽量取国家坐标系 3°带的中央子午线作为它的中央子午线；

② 当测区远离 3°带中央子午线时，应取过测区中心的经线或某个起算点的经线为中央子午线；

③ 若已有的地方独立坐标系没有明确给定中央子午线，则应该根据实际情况进行分析，找出地方独立坐标系的中央子午线。

（2）起算点坐标一般有以下 3 种情况：

① 以某些点在国家坐标系中的坐标为起算点坐标，如果中央子午线不同，则可通过换带计算求得；

② 直接以某些点在国家坐标系中的坐标为任意带地方独立坐标系中的起算点坐标；

③ 将起算点坐标取为某个特定值，如 $x = 0$，$y = 0$。

（3）坐标方位角。

① 以两个点在国家坐标系中的坐标方位角作为地方独立坐标系的起算方位角，当两个点处在不同的投影带时，一般是先将这两个点的坐标通过换带计算求得它们在指定投影带的坐标值，然后反算得到起算方位角；

② 测定两个点的天文方位角作为起算方位角；

③ 对于某些特殊的工程控制网，要求根据实际需要设定起算方位角，例如，桥梁控制网往往设定桥轴线方向的坐标方位角为0。

在前两种情况下，地方独立坐标系的起算方位角与它们在国家坐标系或 WGS-84 世界大地坐标系中相应的方位角仅相差一个微小的旋转角；而在第三种情况下，地方独立坐标系与国家坐标系之间的旋转角是任意的，往往数值较大。

（4）投影面正常高。

① 当测区的平均高程较小时，通常仍取参考椭球面作为地方独立坐标系的投影面；

② 当测区的平均高程较大时，应取测区平均高程面作为地方独立坐标系的投影面；

③ 在用常规方法建立控制网和地方独立坐标系时，常常将基线长度投影到两端点的平均高程面上；

④ 有时为了消除偏离中央子午线的长度投影变形，采用一个抵偿面作为投影面，若测区偏离中央子午线较大，抵偿面的高程可能为负值。

（5）测区平均高程异常。

当取正常高 H_0^γ 的高程面作为投影面时，该投影面的大地高为：

$$H_0 = H_0^\gamma + \zeta_0$$

式中：ζ_0 是测区的平均高程异常。为此，在建立地方独立坐标系时，应给出测区的平均高程异常 ζ_0。

（6）局部参考椭球体。

一般可认为地方独立坐标系所对应的参考椭球体与国家坐标系的参考椭球体（设为 E_0）相同，但当以某一高程面或抵偿面为其投影面时，可以认为地方独立坐标系将 E_0 作某种改变，使改变后的参考椭球面位于投影面上。改变后的参考椭球为地方椭球或局部椭球。局部椭球的建立方法一般有两种：

一是将国家坐标系的参考椭球体的长半径 a_0 增大为：

$$a_1 = a_0 + \Delta a_1, \quad \Delta a_1 = H_0^\gamma + \zeta_0 \tag{2-5}$$

且使椭球体的扁率不变。

二是将沿测区一个起算点的法线方向平移 $\Delta H = H_0^\gamma + \zeta_0$。当地方独立坐标系与 WGS-84 世界大地坐标系绕法线方向的旋转角 ε_A 不是微小量时，将平移后的椭球绕此方向旋转 ε_A，使地方独立坐标系的 x 轴与相应的中央子午线的北向一致，长半径和扁率保持不变。

2.3 不同坐标系间的坐标转换

坐标转换包括不同参心坐标系之间的转换或不同地心坐标系之间的转换，也包括参心坐标系与地心坐标系之间的转换。因卫星定位结果属于地心坐标系，而地面测量成果属于参心坐标系，所以，不同坐标系的转换问题也可以说是卫星定位结果与地面测量结果的转换问题。这种坐标转换一般是三维的空间直角坐标系之间的转换，也可能是二维的平面坐标系之间的转换。

2.3.1 三维坐标转换模型

设有两个空间直角坐标系 $O_I\text{-}X_IY_IZ_I$ 和 $O_{II}\text{-}X_{II}Y_{II}Z_{II}$，这两个坐标系的原点 O_I 和 O_{II} 不重合，坐标轴不平行，对应的坐标轴之间存在三个微小的旋转角（欧拉角），记为 ε_X，ε_Y，ε_Z；两个坐标系的尺度也不一致，设 $O_I\text{-}X_IY_IZ_I$ 的尺度为 1，而设 $O_{II}\text{-}X_{II}Y_{II}Z_{II}$ 的尺度为 $1+\delta k$。一般称任意点 P_i 在两个坐标系中的坐标 (X_i^I, Y_i^I, Z_i^I) 和 $(X_i^{II}, Y_i^{II}, Z_i^{II})$ 之间的关系式为三维坐标转换模型，如图 2-4 所示。

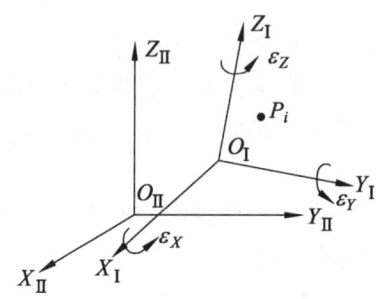

图 2-4 三维坐标转换

常见的转换模型有以下 3 种：

1. 布尔沙（Bursa）模型（简称 B 模型）

$$\begin{bmatrix} X_i^{II} \\ Y_i^{II} \\ Z_i^{II} \end{bmatrix} = \begin{bmatrix} X_0^B \\ Y_0^B \\ Z_0^B \end{bmatrix} + (1+\delta k)\begin{bmatrix} X_i^I \\ Y_i^I \\ Z_i^I \end{bmatrix} + \begin{bmatrix} 0 & \varepsilon_Z & -\varepsilon_Y \\ -\varepsilon_Z & 0 & \varepsilon_X \\ \varepsilon_Y & -\varepsilon_X & 0 \end{bmatrix}\begin{bmatrix} X_i^I \\ Y_i^I \\ Z_i^I \end{bmatrix} \quad (2\text{-}6)$$

式中：X_0^B、Y_0^B、Z_0^B 是 O_I 在 $O_2\text{-}X_2Y_2Z_2$ 中的坐标，称为平移参数；ε_X、ε_Y、ε_Z 为旋转参数；δk 为尺度变化参数。X_0^B、Y_0^B、Z_0^B，ε_X、ε_Y、ε_Z 和 δk 合称为 B 模型的转换参数，其中 ε_X、ε_Y、ε_Z 和 δk 是微小量。B 模型认为 P_i 点的坐标值受旋转和尺度的影响。

2. 莫洛金斯基（Molodensky）模型（简称 M 模型）

$$\begin{bmatrix} X_i^{II} \\ Y_i^{II} \\ Z_i^{II} \end{bmatrix} = \begin{bmatrix} X_0^M \\ Y_0^M \\ Z_0^M \end{bmatrix} + \begin{bmatrix} X_i^I \\ Y_i^I \\ Z_i^I \end{bmatrix} + \delta k \begin{bmatrix} \Delta X_{ji}^I \\ \Delta Y_{ji}^I \\ \Delta Z_{ji}^I \end{bmatrix} + \begin{bmatrix} 0 & \varepsilon_Z & -\varepsilon_Y \\ -\varepsilon_Z & 0 & \varepsilon_X \\ \varepsilon_Z & -\varepsilon_X & 0 \end{bmatrix}\begin{bmatrix} \Delta X_{ji}^I \\ \Delta Y_{ji}^I \\ \Delta Z_{ji}^I \end{bmatrix} \quad (2\text{-}7)$$

式中：$\Delta X_{ji} = X_i - X_j$，$\Delta Y_{ji} = Y_i - Y_j$，$\Delta Z_{ji} = Z_i - Z_j$；$X_0^M$，$Y_0^M$，$Z_0^M$ 和 ε_X，ε_Y，ε_Z，δk 为 M 模型的转换参数。在 M 模型中，认为受旋转和尺度影响的只是 P_i（X_i, Y_i, Z_i）点和某参数点 P_j（X_j, Y_j, Z_j）的坐标差。可以证明，M 模型的旋转和尺度参数与 B 模型相同，但平移参数不同。

3. 武测模型（简称 W 模型）

$$\begin{bmatrix} X_i^{\mathrm{II}} \\ Y_i^{\mathrm{II}} \\ Z_i^{\mathrm{II}} \end{bmatrix} = \begin{bmatrix} X_0^{\mathrm{W}} \\ Y_0^{\mathrm{W}} \\ Z_0^{\mathrm{W}} \end{bmatrix} + \begin{bmatrix} X_i^{\mathrm{I}} \\ Y_i^{\mathrm{I}} \\ Z_i^{\mathrm{I}} \end{bmatrix} + \delta k \begin{bmatrix} \Delta X_{ji}^{\mathrm{I}} \\ \Delta Y_{ji}^{\mathrm{I}} \\ \Delta Z_{ji}^{\mathrm{I}} \end{bmatrix} + \begin{bmatrix} 0 & \varepsilon_Z & -\varepsilon_Y \\ -\varepsilon_Z & 0 & \varepsilon_X \\ \varepsilon_Y & -\varepsilon_X & 0 \end{bmatrix} \begin{bmatrix} X_i^{\mathrm{I}} \\ Y_i^{\mathrm{I}} \\ Z_i^{\mathrm{I}} \end{bmatrix} \quad (2\text{-}8)$$

式中：X_0^{W}，Y_0^{W}，Z_0^{W} 和 ε_X，ε_Y，ε_Z，δk 为 W 模型的转换参数。在 W 模型中，认为尺度参数 δk 只对 P_i 与 P_j 点的坐标差产生影响，而旋转参数对 P_i 点的坐标产生影响，可以证明，其旋转参数和尺度参数与 B 模型相同，但平移参数不同。

在实际的问题中，应根据具体情况采用适当的模型。

2.3.2 三维坐标差转换模型

按照上面的某种模型列出两个点的坐标转换方程，并将两式相减，得到两点间的三维坐标差的转换模型为：

$$\begin{bmatrix} \Delta X_{ij}^{\mathrm{II}} \\ \Delta Y_{ij}^{\mathrm{II}} \\ \Delta Z_{ij}^{\mathrm{II}} \end{bmatrix} = (1+\delta k) \begin{bmatrix} \Delta X_{ij}^{\mathrm{I}} \\ \Delta Y_{ij}^{\mathrm{I}} \\ \Delta Z_{ij}^{\mathrm{I}} \end{bmatrix} + \begin{bmatrix} 0 & \varepsilon_Z & -\varepsilon_Y \\ -\varepsilon_Z & 0 & \varepsilon_X \\ \varepsilon_Y & -\varepsilon_X & 0 \end{bmatrix} \begin{bmatrix} \Delta X_{ij}^{\mathrm{I}} \\ \Delta Y_{ij}^{\mathrm{I}} \\ \Delta Z_{ij}^{\mathrm{I}} \end{bmatrix} \quad (2\text{-}9)$$

由于坐标差与平移参数无关，所以，由以上三种坐标转换模型得到的坐标差转换模型完全相同。式（2-9）也可写成以下形式，即

$$\begin{bmatrix} \Delta X_{ij}^{\mathrm{II}} \\ \Delta Y_{ij}^{\mathrm{II}} \\ \Delta Z_{ij}^{\mathrm{II}} \end{bmatrix} = \begin{bmatrix} \Delta X_{ij}^{\mathrm{I}} \\ \Delta Y_{ij}^{\mathrm{I}} \\ \Delta Z_{ij}^{\mathrm{I}} \end{bmatrix} + \delta k \begin{bmatrix} \Delta X_{ij}^{\mathrm{I}} \\ \Delta Y_{ij}^{\mathrm{I}} \\ \Delta Z_{ij}^{\mathrm{I}} \end{bmatrix} + \begin{bmatrix} 0 & -\Delta Z_{ij}^{\mathrm{I}} & \Delta Y_{ij}^{\mathrm{I}} \\ \Delta Z_{ij}^{\mathrm{I}} & 0 & -\Delta X_{ij}^{\mathrm{I}} \\ -\Delta Y_{ij}^{\mathrm{I}} & \Delta X_{ij}^{\mathrm{I}} & 0 \end{bmatrix} \begin{bmatrix} \varepsilon_X \\ \varepsilon_Y \\ \varepsilon_Z \end{bmatrix} \quad (2\text{-}10)$$

2.3.3 二维坐标转换模型

两个不同的二维平面坐标系的转换通常采用相似变换的方法。其坐标转换模型（图 2-5）一般写为：

$$\begin{bmatrix} x_i^{\mathrm{II}} \\ y_i^{\mathrm{II}} \end{bmatrix} = \begin{bmatrix} \Delta x_0 \\ \Delta y_0 \end{bmatrix} + (1+\delta k) \begin{bmatrix} \cos\alpha & \sin\alpha \\ -\sin\alpha & \cos\alpha \end{bmatrix} \begin{bmatrix} x_i^{\mathrm{I}} \\ y_i^{\mathrm{I}} \end{bmatrix} \quad (2\text{-}11)$$

式中：（x_i^{I}，y_i^{I}）和（x_i^{II}，y_i^{II}）表示 P_i 点在两个坐标系中的平面坐标；Δx、Δy 为平移系数；δk 为尺度变化参数；α 是旋转参数。

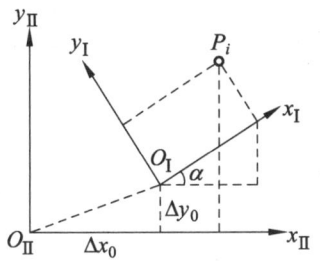

图 2-5 二维坐标转换

2.3.4　GNSS 测量坐标转换

GNSS 测量所获得的坐标属于系统对应的坐标系（如 GPS 使用的是 WGS84），而我们生产常用的坐标系统为 2000 国家大地坐标系、1980 西安坐标系和地方坐标系，因此常需要将测量成果转换到目标坐标系。其转换步骤如图 2-6 所示。

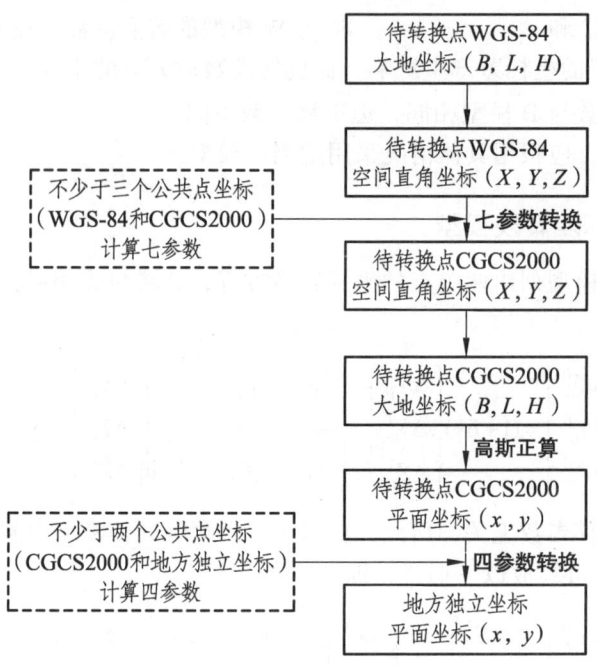

图 2-6　坐标转换流程

思考题

1. 简述国家坐标系与地方坐标系的区别与联系。
2. 新中国成立以来我们先后使用的国家坐标系统有哪些？
3. 布尔沙模型中的参数有哪些？

第 3 章 GNSS 组成与卫星信号

美国的 GPS、俄罗斯的 GLONASS、欧盟的 Galileo 及我国的 BDS 在系统组成和工作原理等方面均极为相似，鉴于美国的 GPS 是建成最早也最成熟的系统，故本章以 GPS 为例介绍 GNSS 的系统构成、卫星运动、卫星星历、卫星信号和 GNSS 接收机等内容。

3.1 GPS 系统构成

GPS 全球定位系统由空间段、地面段和用户段三个部分组成，如图 3-1 所示。GPS 卫星可连续向用户播发用于进行导航定位的测距信号和导航电文，并接收来自地面监控系统的各种信息和命令以维持系统的正常运转；地面监控系统的主要功能包括跟踪 GPS 卫星，对其进行距离测量，确定卫星的运行轨道及卫星钟改正数，进行预报后再按规定格式编制成导航电文，并通过注入站送往卫星，它还能通过注入站向卫星发布各种指令，调整卫星的轨道及时钟读数，修复故障或启用备用件等；用户则用 GPS 接收机来测定从接收机至 GPS 卫星的距离，并根据卫星星历所给出的观测瞬间卫星在空间的位置等信息解算自己的三维位置、三维运动速度和钟差等参数。下面将分别对这三个部分进行详细介绍。

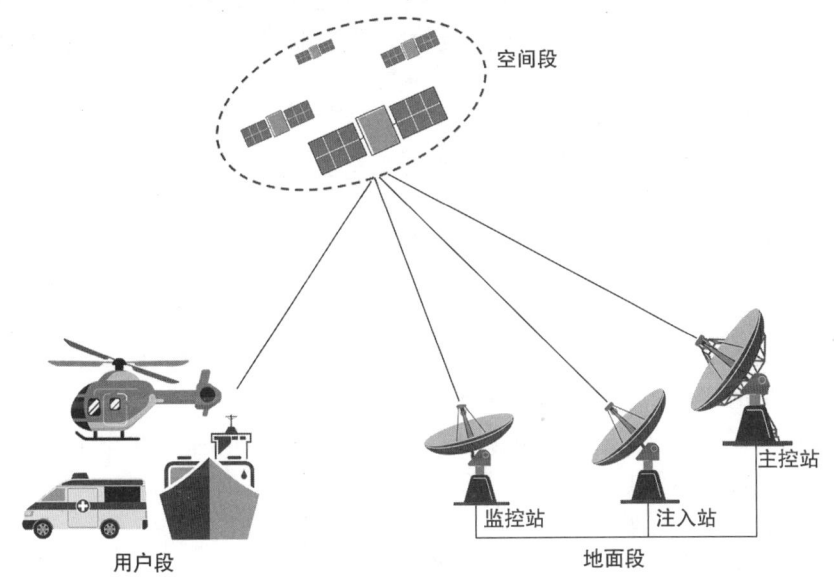

图 3-1 GPS 系统组成

3.1.1 空间段

GPS 空间段是由空间运行的 24 颗卫星按照一定的规则组成的 GPS 卫星星座，这样的星座布局保证了用户在全球任意位置和任意时刻至少能同时观测到 4 颗卫星，最多可同时观测到 11 颗卫星，从而保证了 GPS 系统实时三维导航定位的能力。

发展至今，GPS 系统已先后发展出 BlockⅠ（试验卫星）、BlockⅡ、BlockⅡA、BlockⅡR、BlockⅡR-M、BlockⅡF、BlockⅢ及BlockⅢF 型共 8 代卫星，其中 BlockⅠ（试验卫星）、BlockⅡ、BlockⅡA、BlockⅡR 型目前已全部退役。GPS 卫星星座如图 3-2 所示。目前在轨 GPS 卫星主体呈长方体，两侧有太阳能帆板，能自动对日定向。太阳能电池为卫星提供工作用电。每颗卫星都配备有多台原子钟，可为卫星提供高精度的时间标准。卫星上带有燃料和喷管，可在地面控制系统的控制下调整自己的运行轨道。

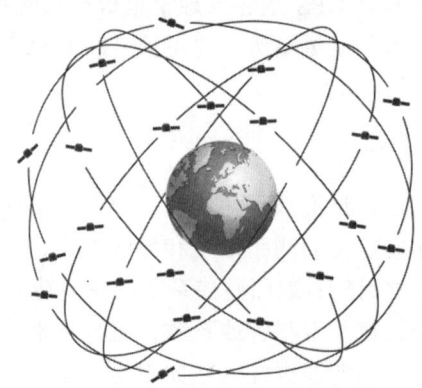

图 3-2　GPS 卫星星座

GPS 卫星的基本功能包括：① 接收并存储来自地面控制系统的导航电文。② 在原子钟的控制下自动生成测距码和载波。③ 将测距码和导航电文调制在载波上播发给用户。④ 按照地面控制系统的命令调整轨道和卫星钟，修复故障或启用备用件以维护整个系统的正常工作。

3.1.2　地面段

地面段主要由分布于全球各地的若干个跟踪站组成，按照其功能和作用的不同可分为主控站、监控站和注入站。其中主控站的数量为 1 个，监控站的数量为 5 个，注入站的数量为 3 个（现代化之前）。

1. 主控站

主控站位于美国的科罗拉多斯普林斯（Colorado Springs）的空间联合中心，负责协调和管理地面监控网络的工作，主要有以下 4 项任务：

（1）对本站和监控站收到的全部数据进行收集和处理，同时对各个卫星的星历、钟差和大气改正等参数进行推算和编制，并将其传送到注入站。

（2）对偏离轨道的卫星进行纠正。

（3）为全球定位系统提供精确的时间基准。

（4）对卫星进行调度。

2. 监控站

监控站是无人值守的数据自动采集中心，早期的监控站共有 5 个，1 个位于美国的夏威夷（Hawaii），余下 4 个位于迪戈加西亚（Diego Garcia）、阿森松岛（Ascension）和夸贾林

(Kwajalein)的监控站与注入站重叠,位于科罗拉多斯普林斯(Colorado Springs)的监控站与主控站重叠,如图3-3所示。监控站的主要功能包括:

(1)对视场内的所有GPS卫星进行伪距测量。

(2)通过气象传感器自动测定并记录气温、气压、相对湿度(水气压)等气象参数。

(3)对伪距观测值进行改正后再进行编辑、平滑和压缩,然后传送给主控站。

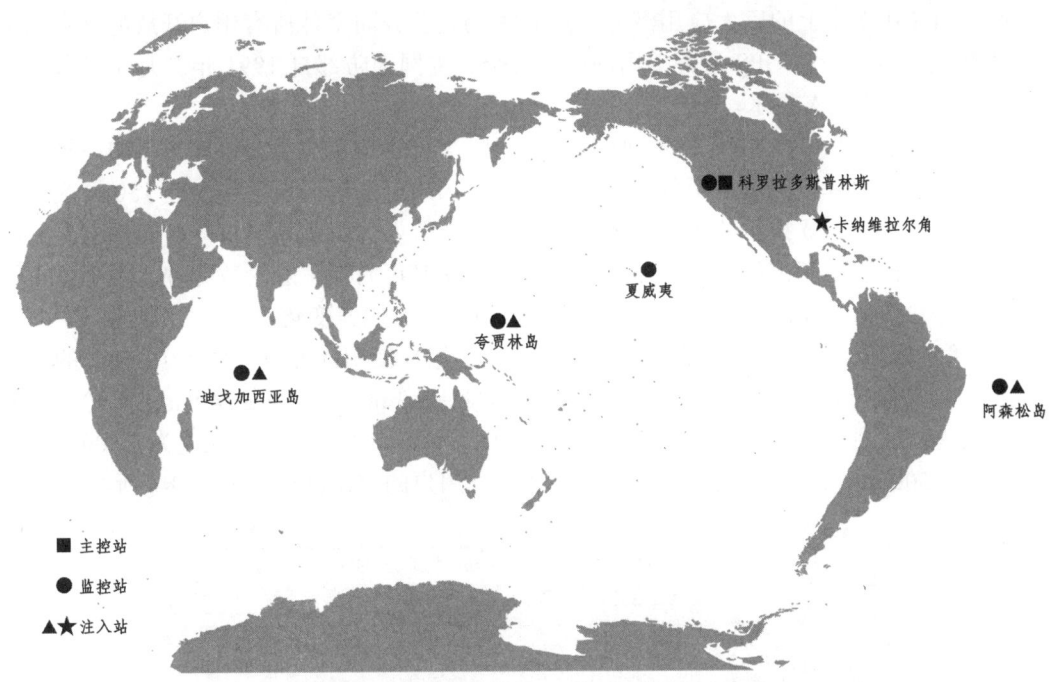

图3-3 早期的GPS地面监控站位置分布示意

3. 注入站

注入站现有3个,分别位于印度洋的迪戈加西亚(Diego Garcia)、南大西洋的阿森松岛(Ascension)和南太平洋的夸贾林(Kwajalein)(与监控站重叠),其主要设备为一根直径达3.6m的天线、一台计算机和一台C波段发射机。注入站的主要任务是将主控站需传输给卫星的资料以既定的方式注入卫星存储器中,供GPS卫星向用户播发。

3.1.3 用户段

用户段即信号接收机,包括硬件和软件两部分,其作用是放大、变换和处理所接收的GPS信号,从而得出GPS信号从卫星到接收机天线的传播时间,解译出GPS卫星所发送的导航电文,进而实时计算出测站的三维位置、三维速度和时间。

3.2 美国GPS政策与现代化

3.2.1 美国GPS政策

GPS在设计和运行的过程中,美国政府为了保证其国家安全和利益,保持与苏联争夺世界霸权的竞争力，使得 GPS 带有浓重的军事色彩，在美国国防部的主导下对一般用户端实施了 SA 政策和 AS 政策。

1. 选择可用性（Selective Availability，SA）

在 GPS 研制初期，大量的试验结果表明，即使利用 C/A 码来进行导航定位（标准定位服务，Standard Positioning Service，SPS），其精度也可达 ±15 ~ ±40 m，远超美国军方的预先估计。基于 GPS 在军事上的巨大应用潜力以及 C/A 码是公开向全球所有用户开放的这一基本政策，为防止敌对方利用 GPS 危害美国的国家安全，美国国防部自 1991 年 7 月 1 日起在所有的工作卫星上实施 SA 技术。

SA 政策分别通过 ε 技术和 δ 技术两种方法实现。ε 技术的实质是通过在卫星的广播星历中人为地加入误差以降低卫星星历的精度，该方法引入的卫星星历误差在 50 ~ 150 m 变化，其周期一般为数小时；δ 技术的实质是人为地向卫星钟引入伪随机高频抖动，降低卫星钟的稳定性，实施 δ 技术所产生的测距误差可达 ±50 m，其变化周期一般为数分钟。由于卫星钟的改正参数是每 2 h 更新一次的，所以无法反映卫星钟频的快速变化。

SA 政策实施后，未经美国政府授权的全世界广大用户使用标准定位服务（SPS）的精度将被降低为：平面位置 ±100 m，高程 ±156 m，速度 ±0.3 m/s，时间 ±340 ns，上述误差的置信度皆为 95%，即为 2 倍中误差。若置信度为 99.99%，则平面位置的误差为 ±300 m，高程的误差为 ±500 m。SA 政策大幅降低了普通非特许用户的定位精度，如图 3-4 所示。

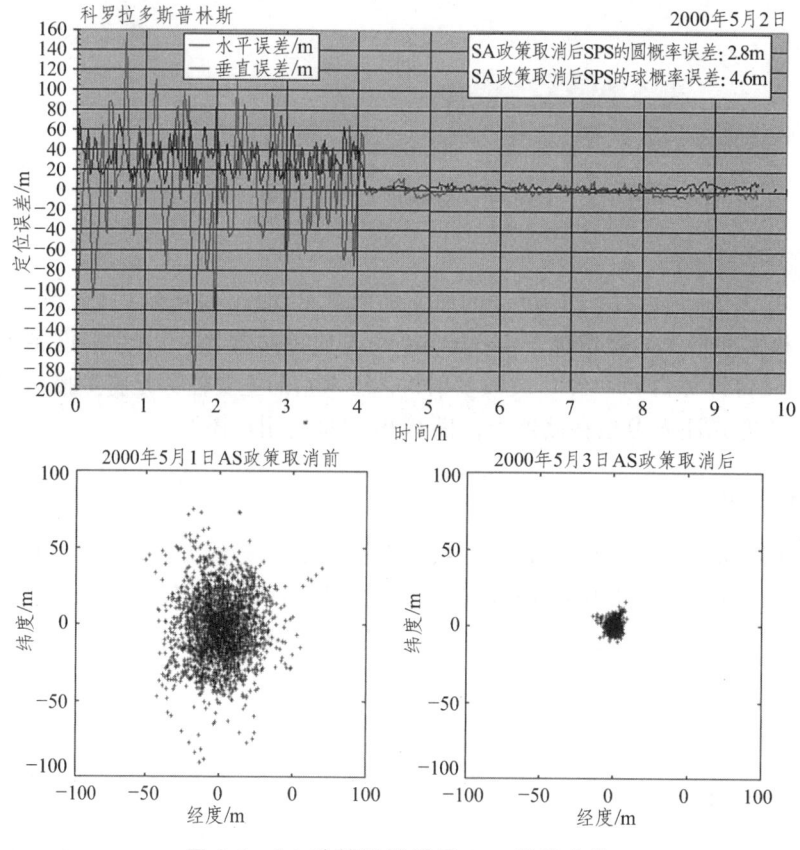

图 3-4　SA 政策取消前后 SPS 精度变化

2001年5月1日，美国政府宣布废除SA政策并于2001年5月2日4时左右正式实施。美国废除SA的原因主要有：

（1）苏联的解体和东欧剧变使国际形势发生极大变化，美国的国家安全威胁迅速降低。

（2）美国GPS产业的快速发展要求政府对GPS政策作出调整。

（3）差分GPS的发展以及军方局部地区实施SA技术的成熟，使继续实施SA政策已无太大实际意义。

（4）来自俄罗斯GLONASS系统的竞争。

2. 反电子欺骗（Anti-Spoofing，AS）

AS政策是美国国防部为防止敌对方对GPS卫星信号进行电子欺骗和电子干扰而采取的一种措施，其具体做法是在P码上加上严格保密的W码，使其模二相加产生完全保密的P（Y）码。AS政策从本意上讲是一种防卫性的措施，它进一步限制了广大非特许用户使用P（Y）码的可能性。该措施从1994年1月31日起实施至今，与SA政策是各自独立实施的。

近年来，经过接收机生产厂家的不懈努力，在AS政策实施的情况下，未经美国政府授权的一般测量用户如采用Z跟踪技术仍能利用P码来进行测距，从而可有效地克服AS政策所造成的不利影响，但这种方法的测距精度比不实施AS时直接用P码测距的精度会低一些。

3. 应对GPS限制政策的措施

美国政府的GPS限制政策大幅降低了一般用户的实时定位精度，限制了GPS在许多高精度领域中应用的可能性。为了摆脱或减弱GPS限制性政策的影响，可有效应对的主要措施有：

（1）发展差分GPS技术。

差分GPS定位技术可以有效地消除卫星钟误差、星历误差、信号传播延迟误差等，能把普通用户的实时定位精度提高到分米级甚至更高，是应对美国限制政策影响的有效手段之一，目前已被广泛应用。如基于载波相位观测值的实时差分定位技术RTK，其典型的定位精度可达厘米级。

（2）建立独立的GPS卫星测轨系统。

鉴于卫星星历在定位中的重要作用，用户可通过建立独立自主的GPS卫星跟踪测轨系统，精密地测定GPS卫星的实际运行轨道，为精密工程测量、地壳变形监测、地球动力学研究提供精密的后处理星历，以降低SA政策影响。我国在"八五"期间就建立了自己独立的GPS卫星跟踪网络，该网络站点包括北京站、武汉站、上海站、长春站、昆明站、拉萨站以及乌鲁木齐站。

（3）使用兼容多系统的GNSS接收机。

目前，可同时兼容多种GNSS系统的接收机已被广泛应用，使用这些接收机进行导航定位可有效降低美国GPS政策的影响，同时定位的精度和可靠性进一步提高。

（4）建立独立的导航卫星定位系统。

建立独立自主的全球导航卫星系统，才能彻底摆脱对美国 GPS 的依赖。鉴于 GNSS 技术的重要性和战略价值，尽管其技术复杂、耗资巨大，全球许多国家和地区仍纷纷投入到 GNSS 及其增强系统的研制，这也迫使美国 GPS 政策不得不作出调整（包括取消 SA），同时提出并实施了 GPS 现代化计划。

3.2.2 GPS 现代化

随着 GPS 在军事和民用领域的应用急剧扩展和发展，世界各国纷纷开始研究和发展自己的全球导航卫星定位系统或其增强系统。相比于当时多个世界大国或组织正在积极建设的其他导航卫星系统，早期的 GPS 显现出许多固有不足，主要表现在：

（1）卫星信号的强度微弱，容易受到多路径、噪声、干扰等因素的影响，难以穿透树林、城市建筑的遮挡，无法满足日益旺盛的室内定位导航需求。

（2）调制于 L_1 载波上的 C/A 码和 P 码都位于 L_1 的中心频段，容易受到人为干扰。此外，由于 L_2 载波上未调制民用测距码，一般用户无法实现 GPS 双频观测的电离层误差改正，这限制了标准精度和应用范围。

（3）过分依赖地面控制系统。GPS 的卫星导航电文必须定时更新，地面监控系统担负着编算和注入导航电文的重要任务，一旦地面监控系统受到破坏或受到信息安全攻击，则很难保证系统导航服务的可靠性。

为了加强 GPS 对美军现代化战争的支撑和保持 GPS 在全球民用导航领域的领导地位，并维持未来 30 年内美国在导航卫星系统上的优势地位，1999 年 1 月 25 日，时任美国副总统戈尔宣布将斥资 40 亿美元进行 GPS 现代化。美国军方也发文阐述了 GPS 现代化的内涵，主要体现在以下三个方面：

（1）保护。为了更好地保护美方和友好方的使用，要大力发展军码并强化军码的保密性能和抗干扰能力。

（2）阻止。施加干扰阻扰敌对方的使用，如实施 GPS 限定政策。

（3）保持。保持在有威胁地区以外的民用用户能更精确、更安全地使用。

1999 年 6 月，美国军方和情报部门又提出了以下几项 GPS 现代化措施：

（1）增加 GPS 卫星发射信号强度，以增加抗电子干扰能力。

（2）增设有更好的保密和安全性能的新军用码 M 码，与民用码分离。

（3）研发有更好的保护性能，尤其是抗干扰能力和初始化能力的新一代军用 GPS 接收机。

在民用方面，美方拟采取的措施是：

（1）终止 SA 政策的实施，提高民用实时定位和导航精度。

（2）在 L_2 载波上调制民用码（L_2C），使得一般用户可以采用双频改正来消除电离层延迟。

（3）增加 L_5 民用频率，对非军方用户而言，可组成载波相位线性组合观测值以进一步提高导航定位的精度。

GPS 现代化计划分为三个阶段：第一阶段发射 12 颗改进型的 Block ⅡR 型卫星；第二阶

段发射 6 颗 GPS Block ⅡF 卫星，到 2016 年 GPS 卫星应全部以ⅡF 运行，共计 24＋3 颗；第三阶段发射 GPS Block Ⅲ型卫星，计划用 20 年时间完成 GPSⅢ计划以取代目前的 GPSⅡ。

截至目前，GPS 现代化计划已实现的目标有：

（1）取消 SA 政策。2000 年 5 月，美国宣布取消实施 SA 政策；2007 年，美国政府宣布计划通过建造没有 SA 的 GPSⅢ卫星来永久消除 SA。

（2）新的民用信号及军用码。为了提高民用用户的性能，GPS 部署了 3 种新的民用信号：L_2C、L_5 和 L_1C。加上传统的民用信号 L_1C/A 总共 4 个民用 GPS 信号。在 L_1 和 L_2 上增设新的军用码 M 码。

（3）卫星的退役和增补。自 2005 年至今，美军先后完成了 20 余次发射任务，成功将 8 颗 Block ⅡR（M）卫星和 12 颗 Block ⅡF 卫星送入轨道，完成了现代化计划中的第一步和第二步。

（4）地面监控站的现代化。作为 GPS 现代化的一部分，美国空军多年来一直持续实施地面监控站升级改造，2008 年实施精度改进计划 L-AⅡ后，地面监控站增加至 16 个，升级后地面监控站位置如图 3-5 所示。L-AⅡ实施后，监控站收集 GPS 数据的能力提高了 3 倍，广播星历的精度提升了 10%～15%。

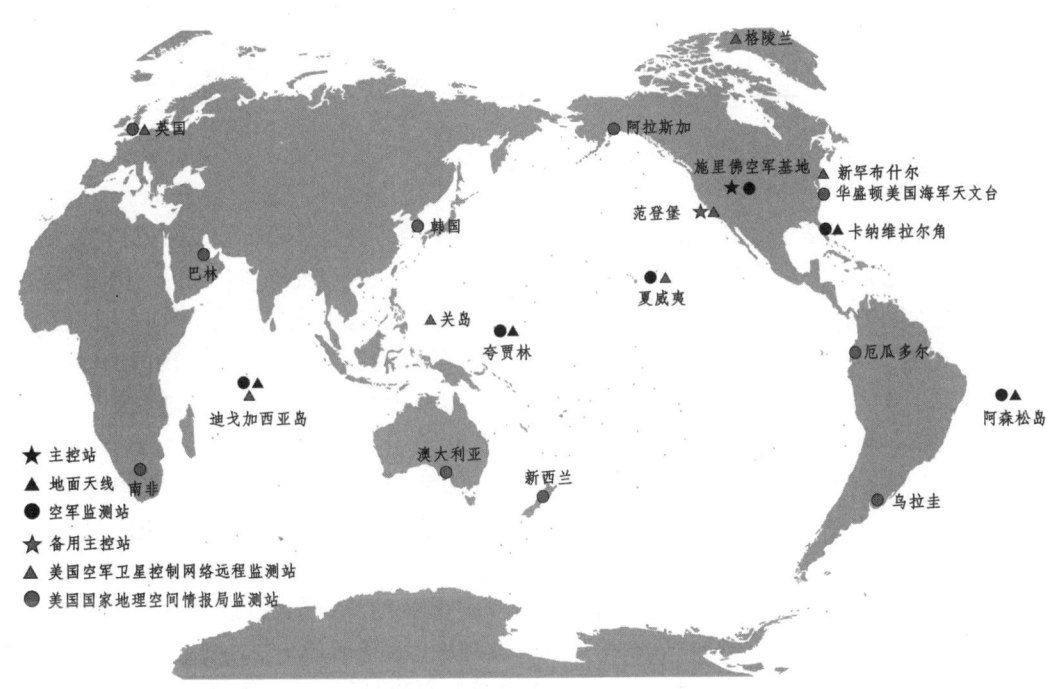

图 3-5　L-AⅡ实施后的地面监控站位置示意

如今，美军正在全力研制生产下一代也就是第三代 GPS 卫星——GPSⅢ。随着第一颗三代 GPSⅢ卫星 GPSⅢ SV01 于 2018 年 12 月 23 日发射，GPS 在技术和能力现代化方面迈出了重要一步。截至 2022 年 6 月 26 日，美国 GPS 系统共有 31 颗在轨工作卫星，GPS 卫星现代化演变过程见表 3-1。

表 3-1 GPS 卫星现代化演变

早期卫星			现代卫星	
Block ⅡA	Block ⅡR	Block ⅡR-M	Block ⅡF	Block Ⅲ/ⅢF
L_1 C/A 码 L_1、L_2、P(Y)码 设计使用年限 7.5 年 1990—1997 年发射 2019 年最后一颗退役	L_1 C/A 码 L_1、L_2、P(Y)码 设计使用年限 7.5 年 1997—2004 年发射 在轨可使用卫星数 7 颗	所有 BLOCK ⅡR 信号 L_2、L_2C 新军码 M 设计使用年限 7.5 年 2005—2009 年发射 在轨可使用卫星数 7 颗	所有 Block ⅡR-M 信号 第三代民用信号 L_5 更先进的原子钟精度、信号强度和质量提升 设计使用年限 7.5 年 2010—2016 年发射 在轨可使用卫星数 12 颗	所有 Block ⅡF 信号 L_1、L_1C 增强的信号可靠性、准确性和完整性 取消 SA 增强的信号可靠性、准确性和完整性 2018 年开始发射 在轨可使用卫星数 4 颗

3.3 卫星运动

卫星在空间的位置是导航定位的基础，因而了解卫星的运行轨道十分重要。卫星绕地球运行的轨道取决于它在空间中受到的各种力的影响。人造地球卫星在绕地球运动时，除受到地球引力外，还受太阳的引力、月亮的引力、太阳光压、地球潮汐力、大气阻力等作用力的影响，这些作用力导致了卫星的运行轨迹极其复杂，无法采用简单的数学模型进行准确的描述。

为了研究工作和实际应用的方便，人们把作用于卫星上的各种力按其影响和大小分为两类：一类是假设地球为均匀质量的球体的引力，称为中心引力；另一类是摄动力，也称非中心引力，包括地球引力场摄动力、日月引力摄动力、太阳光压、地球潮汐和大气阻力等。

相较于中心引力，摄动力的影响小得多，若假设中心引力的影响为 1，则摄动力的影响仅为中心引力的 10^{-5} 量级，中心引力决定着卫星运动的基本规律和特征（无摄运动或开普勒运动），由中心引力确定的卫星轨道称为理想轨道（或开普勒轨道），它是分析卫星实际轨道的基础；顾及摄动力影响，卫星轨道将产生一些小的附加变化而偏离理想轨道，偏离量的大小随时间而改变，这种顾及摄动力影响的卫星运动称为受摄运动。

3.3.1 卫星的无摄运动

卫星的无摄运动，是卫星轨道运动理论的首要研究对象。其原因如下：
（1）无摄运动是卫星运动的第一近似描述。
（2）无摄运动是至今唯一能得到严密分析解的运动。
（3）无摄运动是全部作用力下的卫星运动更精确解的基础。

1. 二体意义下的卫星运动

在卫星的无摄运动中，卫星按照其预定的轨道运行。此时的卫星可以视为与地球一样质量集中的质点，其运动规律可以用开普勒三定律进行描述。

（1）开普勒第一定律。

开普勒第一定律又称为椭圆定律，即卫星运动的轨道为一椭圆，该椭圆上的一个焦点与地球质心重合，如图3-6所示。在卫星的运行轨道上，将离地球质心最远的一点称为远地点，将距离地球最近的一点称为近地点。

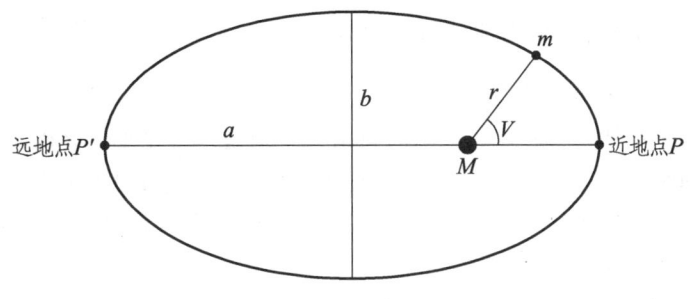

图3-6 开普勒椭圆

根据万有引力定律可知，卫星绕地球质心运动的轨道方程为：

$$r = \frac{a(1-e^2)}{1+e\cos V} \quad (3-1)$$

该方程描述了任何时刻卫星在轨道上相对近地点的位置，是与时间有关的函数。式中：r为卫星到地球质心的距离；a为开普勒椭圆的长半径；e为开普勒椭圆的偏心率；V为真近点角。其中：当$V=0°$时，$r=a(1-e)$为卫星的近地点距离；当$V=180°$时，$r=a(1+e)$为卫星的远地点距离。

（2）开普勒第二定律。

开普勒第二定律也称为等面积定律，即地心向径在单位时间内所扫过的面积相等，如图3-7所示。根据能量守恒定律，卫星在运动过程中的动能和势能之和是不变的。势能由地球重力场引起，卫星与地心距离越远，其势能越大，反之势能越小。而动能是由卫星的运行速度决定的，卫星的运行速度越大，动能越大，反之动能越小。

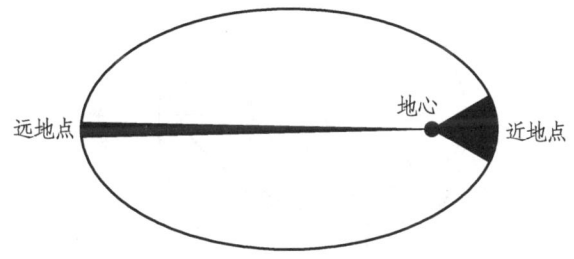

图3-7 等面积定律示意图

结合开普勒第二定律可以得出：卫星在近地点时动能最大，速度最大；卫星在远地点时动能最小，速度最小。

（3）开普勒第三定律。

开普勒第三定律也称为周期定律，即卫星绕地球轨道运动周期的二次方与卫星轨道椭圆长半轴的三次方成正比且为一个常数，该常数在数值上为地球引力常数 GM 倒数的 $4\pi^2$ 倍。该定律能够依据开普勒椭圆的长半径确定出卫星的平均角速度，对计算卫星的位置具有极其重要的意义。

$$\frac{T^2}{a^3}=\frac{4\pi^2}{GM} \tag{3-2}$$

式中：T 为卫星运行周期，GM 为地球引力常数。

2. 卫星无摄运动的轨道参数

根据开普勒第一定律可知：卫星运动的轨道为一通过地心平面、形状和大小固定的椭圆，地球质心位于该椭圆上的一个焦点上。但卫星轨道和卫星在轨道上的瞬时位置需要多个参数进行确定，只有这些参数确定下来，卫星轨道及卫星在轨道上的瞬时位置才能唯一确定。下面将对这些参数（图 3-8）进行介绍：

轨道椭圆长半径 a：轨道椭圆中近地点通过地球质心到远地点连线距离的一半，长半径决定了椭圆的大小。

轨道椭圆偏心率 e：轨道椭圆两个焦点间的距离与其长半轴 a 的比值。偏心率决定了轨道椭圆的形状。其他几何参数均可以依据长半径和偏心率两个参数推导出。

升交点赤经 Ω：升交点是指卫星由南向北运行与天球赤道的交点，升交点与春分点之间的地心夹角。

轨道面倾角 i：卫星轨道平面与地球赤道平面之间的夹角。升交点赤经和轨道面倾角确定了卫星轨道平面与地球体间的相对定向。

近地点角距 ω：轨道平面上升交点与近地点之间的地心夹角。该参数确定了开普勒椭圆在轨道平面上的定向，也称为轨道椭圆定向参数。

真近点角 V：轨道平面上卫星与近地点所对应的地心夹角。该参数的表达式为与时间相关的函数。通过该参数可以确定卫星在轨道上的运行位置。

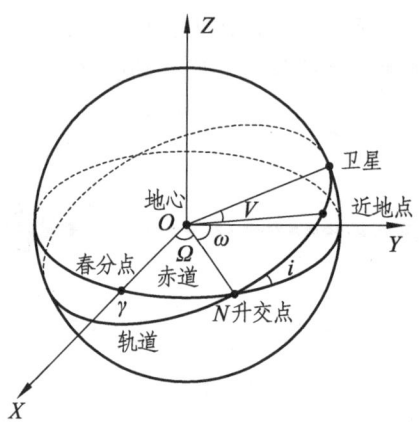

图 3-8 开普勒轨道参数

以上参数又被称为开普勒轨道参数，需要指出的是以上参数的选择并不是唯一的，但参

数的确定应解决以下问题:
(1) 轨道椭圆的形状和大小。
(2) 轨道平面与地球体的相关位置。
(3) 轨道椭圆在轨道平面上的方位。
(4) 卫星在轨道上的瞬时位置。

对于卫星来说,上述轨道参数的具体数值,是由不同卫星的发射条件决定的。一般而言,将上述 6 个参数所构成的坐标系统称为轨道坐标系。在该系统中,这 6 个参数确定了卫星在任一瞬间相对地球体的空间位置。

3.3.2 卫星的受摄运动

卫星在运动过程中,由于受到摄动力的影响,其运行轨道会出现小的偏差,从而偏离理想轨道,且这种偏离量会随着时间变化而变化。在 GNSS 的定位技术中,如果只考虑地球质心引力状态下的卫星运动状态是无法满足其精度要求的,必须考虑地球引力场摄动力、日月引力摄动力、光压摄动力、潮汐摄动力、大气阻力等对卫星绕轨运动状态的影响。

1. 地球引力场摄动力

真实的地球形状并非一个质量均匀的规则球体,而是一个长短轴相差约 21 km 且内部质量不均匀、形状不规则的椭球体(图 3-9)。因此,其形状不规则导致了北极大地水准面高出椭球体面约 19 m,南极大地水准面低于椭球体面约 26 m,在赤道两者之差最大值达到了 108 m。

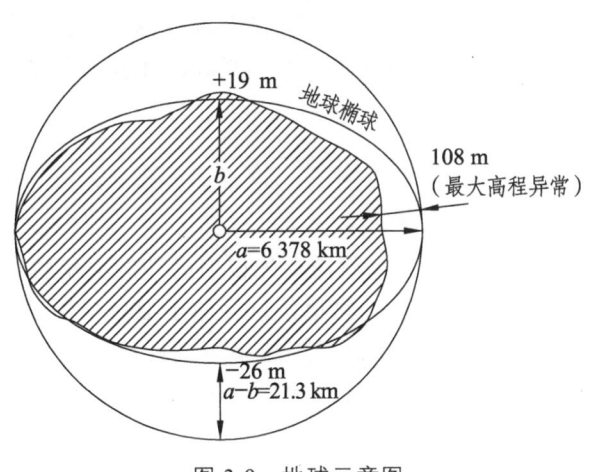

图 3-9 地球示意图

地球体的形状不规则和质量不均匀,导致卫星在运行过程中受到了地球非球形质量摄动力影响,即地球引力场摄动力影响。在卫星受到的摄动力中,地球引力场摄动力量大,约为 10^{-5} 量级,在 3 h 弧段上将导致卫星产生约 2 km 的位置误差,2 d 弧段上产生 14 km 的位置偏离。

2. 日月引力摄动力

由于卫星离太阳较远,其摄动力影响极为微弱,而月亮的摄动力影响较大。日月引力对卫星绕轨运动所造成的影响，表现为长周期摄动，量级为 10^{-6}。如果忽略此项摄动力的影响，将会造成 GNSS 卫星在 3 h 弧段上产生 5~150 m 的位置误差，2 d 弧段上产生 1 000~3 000 m 的位置误差。

3. 太阳光压

太阳光压会对卫星产生摄动加速度，该加速度的大小与卫星、太阳、地球三者间的相对位置、卫星表面的反射特性、卫星接受阳光照射的有效面积与卫星的质量的比值有关，其量级为 10^{-7}。通常受到太阳光的影响，卫星在 3 h 弧段上将产生 5~10 m 的位置偏差，在 2 d 弧段上将产生 100~800 m 的位置偏差。此外，部分太阳辐射经过地球反射到卫星也会对 GNSS 卫星产生影响，但由于这种间接辐射压力只占直接辐射压力的 1%~2%，因此可以忽略不计。

4. 地球潮汐力

固体潮汐和海洋潮汐是地球受日、月引力作用所产生的形变，该形变会引起地球质量分布的变化从而引起地球引力的变化，这种地球引力的变化称为潮汐作用力。潮汐作用力产生的摄动影响较小，在 10^{-9} 量级。其中，固体潮汐可导致卫星在 2 d 弧段上将产生 0.5~1 m 的轨道误差，海洋潮汐可导致卫星在 2 d 弧段上将产生 1~2 m 的轨道误差。对于大多数的 GNSS 用户来说，其影响可以忽略不计。

5. 大气阻力

大气阻力会对卫星运行产生影响，而其影响的大小主要取决于大气密度、卫星截面积与卫星质量的比值、卫星运行速度。由于大气密度随着高度的增加而降低，因此大气阻力会对低轨道的卫星产生较大影响，而对于高轨道（2×10^4 km）卫星产生的影响微乎其微，可以忽略不计。

3.4 GPS 卫星星历

要利用 GNSS 卫星进行导航定位，就需要先根据已知的卫星轨道参数信息计算出卫星瞬时的位置及其运动速度。GNSS 卫星的轨道信息存储于卫星星历中，卫星星历中包含了某一时刻的卫星轨道参数及其变化率，通过对卫星星历进行计算即可获得相应时刻的卫星位置和速度。卫星星历分为预报星历和后处理星历两种，下面将以 GPS 卫星星历为例进行讲述。

3.4.1 GPS 卫星的预报星历

预报星历是用户通过对卫星所发射的含有轨道信息的导航电文进行解码所获得的数据。由于预报星历是通过电文的方式直接发给用户接收机的，因而又称为广播星历，其数据间隔为 2 h。卫星的预报星历包括相对于某一参考历元的卫星开普勒轨道参数和必要的轨道摄动参数，其中参考历元的卫星开普勒轨道参数称为参考星历，是由 GPS 地面监控站利用大约一周的观测资料计算得到的。

由于卫星在运行过程中会受到摄动力的影响，导致实际的轨道偏离参考轨道，其偏离程度主要取决于观测历元和参考历元的时间差。如果在 GPS 卫星的二体运动基础上加入摄动改正项，就可以推算出任意观测历元的卫星星历。这种经过修正的星历即称为卫星轨道预报星历。卫星预报星历的精度和所选参考历元的时间间隔有关，为了保证卫星预报星历的精度，通常采取限制预报星历外推时间间隔的方法进行控制，GPS 卫星参考星历的更新周期是 1 h，参考历元选取两次更新星历的中间时刻，因而参考历元的外推时间间隔最大值不超过 0.5 h。该方法可以在采用同样摄动力模型的情况下，有效地保持外推轨道参数的精度。

GPS 用户获取的卫星预报星历中，包含了 17 个卫星星历参数，其中 6 个为相应参考时刻的开普勒轨道参数，9 个为反映摄动力影响的参数，1 个为参考时刻和 1 个星历数据龄期。其定义如表 3-2 所示：

表 3-2　GPS 卫星预报星历参数

参数	参数定义	参数	参数定义
t_{oe}	星历参数的参考历元	$\dot{\Omega}/(\text{rad/s})$	升交点赤经变化率
AODE	星历数据的龄期	$\dot{i}/(\text{rad/s})$	轨道倾角变化率
M_0/rad	依据参考历元计算得到的平近点角	C_{uc}/rad	升交角距 $(\omega+V)$ 的余弦调和改正项的振幅
$\Delta n/(\text{rad/s})$	依据精密星历算得的卫星平均角速度与给定参数计算得到的平均角速度之差	C_{us}/rad	升交角距 $(\omega+V)$ 的正弦调和改正项的振幅
e	卫星轨道偏心率	C_{rc}/m	轨道半径的余弦调和改正项的振幅
$\sqrt{a}/\text{m}^{0.5}$	卫星轨道长半径的平方根	C_{rs}/m	轨道半径的正弦调和改正项的振幅
Ω_0/rad	依据参考历元计算的升交点赤经	C_{ic}/rad	轨道倾角的余弦调和改正项的振幅
i_0/rad	依据参考历元计算的轨道倾角	C_{is}/rad	轨道倾角的正弦调和改正项的振幅
ω/rad	近地点角距		

注：其中，参考历元 t_{oe} 是从星期日子夜零点开始计算的参考时刻；AODE 为从最后一次注入电文起，预报星历的外推时间间隔。

图 3-10 为上述卫星实际轨道参数的描述。

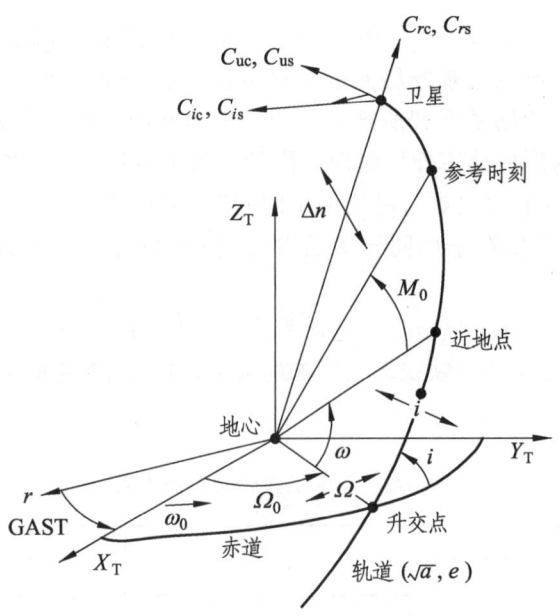

图 3-10 预报星历参数图示

GPS 卫星播发广播星历的方式有两种，分别为利用 C/A 码和 P 码两种信号码进行传送。其中：P 码主要是供军方和特许用户使用，其精度往往较广播星历高出 1~2 个量级，具体精度指标不详；C/A 码主要交付民用，SA 政策实施时，广播星历的精度被人为降低至 50~100 m，SA 取消后，其精度迅速提高至 5~7 m。GPS 现代化实施以来，广播星历的精度进一步提高，截至 2022 年 1 月，GPS 广播星历的整体轨道精度已优于 0.3 m。

3.4.2　GPS 卫星的后处理星历

GPS 卫星预报星历的外推误差，导致 GPS 卫星定位精度受到限制。为满足精密定位工作用户的需求，需要提供一个比预报星历更为精密的卫星星历——精密星历。精密星历是由一些地面跟踪站所获得的对 GPS 卫星的精密观测资料，应用与广播星历相似的计算方法所计算得到的星历，是一种不含外推误差的实测星历。

然而，精密星历无法像广播星历那样通过 GPS 卫星播发获取，只能在事后通过互联网等方式进行获取，由于精密星历是实测星历，故存在一定的延时，因此精密星历又被称为后处理星历。目前有许多国家都在对 GPS 卫星进行精密定轨，对 GPS 独立跟踪系统进行建设和维持，为用户提供精密的星历服务。我国的 GPS 卫星跟踪站网在"八五"期间已经建成，"九五"期间已向国内用户提供包括精密星历等服务。

3.4.3　IGS 的产品及其精度

1. IGS 组织简介

国际 GNSS 服务（International GNSS Service，IGS）是国际大地测量协会（International Association of Geodesy，IAG）为支持大地测量和地球动力学研究而建立的一个国际协作组织，1994 年 1 月 1 日正式开始工作，后来由于 GLONASS 等 GNSS 新成员的加入更名为国际 GNSS

服务，其职责包括：提供 IGS 跟踪站的 GNSS 观测资料，以及生产 GPS 和 GLONASS 卫星星历、地球自转参数、极移及日长变化、IGS 跟踪站的坐标及其变化等数据产品，为精密定位和其他地球动力学研究提供数据支持。

2. IGS 卫星星历及钟差产品

IGS 提供的 GPS 卫星星历及钟差产品相关参数见表 3-3。

表 3-3 GPS 卫星轨道及钟差产品精度指标

卫星星历		精度	滞后时间	更新率	采样间隔
广播星历	轨道	~ 100 cm	实时		
	卫星钟差	~ 55 ns RMS ~ 2.5 ns SDev			
超快星历 （预报部分）	轨道	~ 5 cm	实时	1 次/6 h，每天 UTC（协调世界时）3、9、15、21 时发布	15 min
	卫星钟差	~ 3 ns RMS ~ 1.5 ns SDev			
超快星历 （实测部分）	轨道	~ 3 cm	3 ~ 9 h	1 次/6 h，每天 UTC3、9、15、21 时发布	15 min
	卫星钟差	~ 150 ps RMS ~ 50 ps SDev			
快速星历	轨道	~ 2.5 cm	17 ~ 41 h	每天 1 次，UTC 17 时发布	15 min
	卫星钟差和跟踪站钟差	~ 75 ps RMS ~ 25 ps SDev			5 min
最终星历	轨道	~ 2.5 cm	12 ~ 18 d	每周 1 次，每周四发布	15 min
	卫星钟差和跟踪站钟差	~ 75 ps RMS ~ 20 ps SDev			卫星钟差：30 s 跟踪站钟差：5 min

3.5 GPS 卫星信号

GPS 卫星所发射卫星信号由载波信号、测距码和导航电文等三部分组成。其中测距码分为 P 码和 C/A 码，GPS 卫星信号组成如图 3-11 所示。

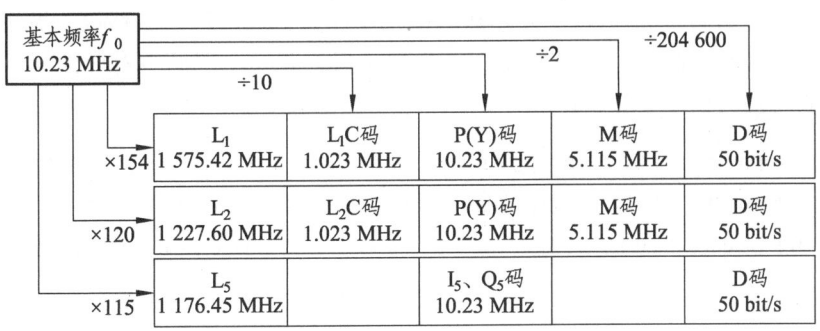

图 3-11 GPS 卫星信号组成

3.5.1 GPS 卫星的载波信号

GPS 信号中的测距码和导航电文均为低频信息,因此很难将其从离地约 20 000 km 的卫星成功传输到地面。为了有效地进行高质量信息的传播,需要将频率较低的信号加载在频率较高的信号中进行播发,这种可运载调制信号的高频率振荡波称为载波,频率较低信号加载在高频载波上的过程称为调制。GPS 卫星的测距码和数据码是通过调相技术调制到载波上的。

GPS 卫星所发射的载波信号有 3 种频率,又由于这 3 种频率的载波均位于微波的 L 波段,因此将这 3 个波段分别称为 L_1 载波、L_2 载波和 L_5 载波。这 3 种载波是由卫星上的原子钟所产生的基准频率 f_0 = 10.23 MHz 经过振荡器震荡产生的,倍频分别为基准频率的 154 倍、120 倍和 115 倍。其波长和频率如下:

L_1 载波:频率 f_1 = 1 575.42 MHz,λ_1 = 19.03 cm
L_2 载波:频率 f_2 = 1 227.60 MHz,λ_2 = 24.42 cm
L_5 载波:频率 f_5 = 1 176.45 MHz,λ_5 = 25.50 cm

这 3 种载波频率的选择主要是为了较完善地消除由于电离层效应所引起的信号延迟误差,从而提高 GPS 导航定位的精度。载波除能够搭载测距码和导航电文外,其本身相位还能用于测距,基于载波相位测量的测距精度较伪距测量高出了 2 ~ 3 个数量级,因此在精密定位中得到了广泛的应用。

3.5.2 GPS 卫星的测距码

测距码是用于测定从卫星至接收机间距离的二进制码。GPS 的测距码分为 C/A 码和 P 码,它们都是二进制伪随机噪声序列,具有特殊的统计性质。在现代通信技术中,信息普遍采用二进制数 0 和 1 进行表示,我们将这些二进制数的组合称为码。其中,一个二进制数称为一个码元或者一个比特(bit),比特是码的度量单位,每秒钟传输的比特数叫作数码率。

1. 伪随机噪声码及其自相关特性

(1)伪随机噪声码。

随机码具有良好的自相关特性,但是其不具有周期性和没有确定的编码规则,在实际应用中无法复制和利用。为解决这一问题,GPS 利用多级反馈移位寄存器制造出伪随机噪声码(Pseudo Random Noise,PRN),简称为伪随机码或伪码。伪随机噪声码是 m 序列,其特点是具有类似随机码的良好自相关特性,同时具有某种确定的编码原则和周期性,可以进行人工复制。

(2)伪随机噪声码的自相关特性。

具有相同结构的两个 m 序列,无论其从第几位开始,经过若干次移位,最终都可以"对齐"。我们定义:两个同结构 m 序列经过 n 次移位后,若一个周期中对应的元素完全相同,则相关系数取得最大值 1(图 3-12)。

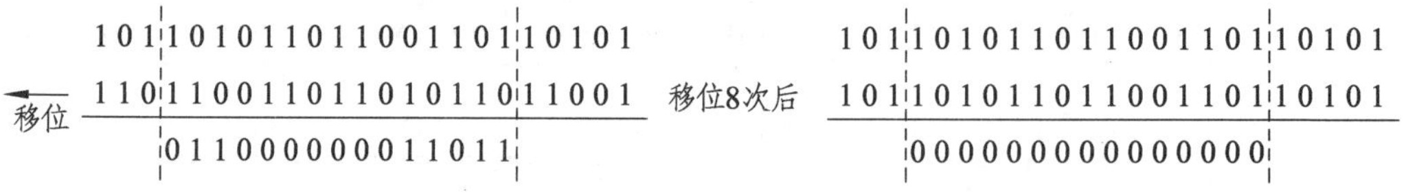

```
         101 10101101100110110101                    101 10101101100110110101
移位     110 11001101101011011001    移位8次后       101 10101101100110110101
         011 00000000011011                          000 00000000000000

              (a)                                        (b)
```

图 3-12 伪随机噪声码的自相关特性

自相关系数定义为：

$$R(j) = \frac{A-D}{A+D} = \frac{A-D}{m} \tag{3-3}$$

式中：A 为接收机产生的 C/A 码（一个周期）移位 j 次后与接收机接收到的 C/A 码对应元素相同的数目；D 为对应元素不同的数目。在图 3-12（a）中，$j=0$，$A=9$，$D=6$。

$$R(0) = \frac{A-D}{A+D} = \frac{A-D}{m} = \frac{9-6}{15} = 0.2000$$

在图 3-12（b）中，经过 8 次移位已经完全"对齐"，$j=8$，$A=15$，$D=0$。

$$R(8) = \frac{A-D}{A+D} = \frac{A-D}{m} = \frac{15-0}{15} = 1$$

如果两个结构相同的 m 序列存在延时（移位 $j \neq 0$），则它们的相关系数总是小于 1；只有当这两个序列完全"对齐"（无延时，移位 $j=0$）时，相关系数才等于 1。

GPS 接收机接收到的 C/A 码与接收机内产生的本地 C/A 码，经过多次移位，并计算每次移位后的相关系数，当相关系数取得最大值时，也就表示两个码序列完全对齐，这时的移位次数就代表了信号传播过程中的延时，进而可以求得测站与卫星距离，并可以辅助捕获 P 码。

2. 测距码

（1）C/A 码。

C/A 码是由 2 个 10 级反馈移位寄存器产生的 m 序列，共可能产生 1 023 种结构不同的码供选用。从中选出 32 种以 PRN1……PRN32 命名各个 GPS 卫星。C/A 码的码长、码元宽度、周期和数码率分别为：

码长：$N_\mu = 2^{10} - 1 = 1023$ bit

码元宽度：$t_\mu = 1/f = 0.977\,52$ μs

周期：$T_\mu = N_\mu t_\mu = 1$ ms

数码率：$P_\mu = 1.023$ Mbit/s

在 GPS 的各个卫星使用的 C/A 码中，上述 4 个参数的数值均相同，但是其结构存在差异。这样的做法既有利于进行复制又能对卫星信号来源进行区分。C/A 码存在以下特点：

① C/A 码的码长比较短，容易进行捕获。在进行 GPS 定位的过程中，为了测定卫星信号传播的延迟时间，通常对 C/A 码进行逐个搜索的方式进行捕获，若速度为 50 bit/s，则只需要 20 s 左右就可以完成。由于其易于捕获，同时利用 C/A 码的信息可以轻松地进行 P 码的捕获，因此 C/A 码又被称为捕获码。

② C/A 码的码元宽度较大，假设两个序列的码元对其误差为码元宽度的 1/10～1/100，则其相应的测距误差可达到 29.3～2.9 m，因此 C/A 码也称为粗码。

利用 C/A 码实现距离测量的原理如下：在 GPS 卫星导航定位时，在卫星和接收机高精度时钟的精确控制下，接收机收到某一卫星 C/A 码的同时，接收机会产生一个结构完全相同的本地 C/A 码，根据 C/A 码的自相关特性，使两个 C/A 码的码元通过移位对齐，当自相关系数获得最大值时认为已经完全对齐，这时的移位计数所对应的时间就是信号从卫星到接收机的传播时间，乘以光速即可求得卫星到接收机的距离。

（2）P码。

P码是由两组各有两个12级反馈移位寄存器的电路产生的，其形成原理与C/A码相似，但其线路设计细节比C/A码复杂。其特征如下：

码长：$N_\mu \approx 2.35 \times 10^{14}$ bit

码元宽度：$t_\mu = 1/f = 0.097\,752$ μs

周期：$T_\mu = N_\mu t_\mu \approx 267$ d

数码率：$P_\mu = 10.23$ Mbit/s

上述参数表明，P码的周期很长。在实际应用中，将P码的周期分成38部分，每个部分的周期为7 d。将其中的5部分交由地面控制站控制，32部分分配给每颗卫星使用，剩余部分进行闲置，这样的做法保证了每颗卫星所使用的P码码长和周期相同，但是在结构上又存在一定差异。

与C/A码不同，P码的码长较大，因此如果采用与C/A码相同的逐个搜索的方式，耗费的时间非常长，实践中难以实现。因此，在实际操作过程中通常先对C/A码进行捕获，再根据导航电文的信息进行P码的捕获，同时，P码的码元宽度仅为C/A码的1/10，所以其测距误差也仅为C/A码的1/10，利用这一特点，P码可以用于较为精密的导航定位，所以P码也称为精码。

相对于C/A码，P码的结构是不公开的，仅供美军军方和特许用户使用。但随着P码的结构逐渐为大家所悉知，其结构已难以进行保密，为此，美国实施了AS限定政策，将P码与完全保密的W码进行模二相加形成新的保密Y码以取代原来的P码，我们在习惯上依然将其称为P码，又称为P（Y）码。

（3）其他测距码。

① L_2C码。

L_2C码称为城市码，其被调制于L_2载波上。L_2C信号包括CM码和CL码。L_2C码第一次应用于2005年9月23日发射的GPS卫星SLC-17A上。其主要是用于解决C/A码调制于L_1载波上无法精确消除电离层延迟的问题。目前，L_2C码采用窄距相关间隔技术后，其测量精度达到了分米级，可以与P码的测距精度相媲美。

② M码。

M码主要是供军方使用的保密码，又称为新军码，其生成方法和码结构不对外公开。M码对于信号的捕获更加迅捷稳定，抗干扰能力更强。

③ L_5码。

为了解决C/A码的互相关性差、抗干扰能力弱和易受多路径效应影响等缺陷，美国军方设计出了L_5码。相对于C/A码，L_5码的波长更长，衍射能力更好，自由空间衰减更小，到达地面的功率也会更高。L_5码速率提高了10倍，码长变小为1/10，提高了抗多路径的能力，具有导航电文纠错能力，可在低功率环境下提高定位速度。

3.5.3 GPS卫星的导航电文

卫星导航电文包括卫星星历、时钟改正参数、电离层延迟改正参数、遥测码，以及由C/A

码确定 P 码信号时的交接码等参数。电文以二进制码的形式发送，码率为 50 bit/s，每个二进制码为 20 ms。电文按帧传送，每帧电文包含 1 500 个二进制码元，播发时间为 30 s。每帧又分为 5 个子帧，每个子帧都包含 300 个二进制码，播发时间为 6 s。每个子帧又分为 10 个字，这样一个字就包含 30 个二进制码，其最后 6 个比特是奇偶校验位，用以检查传送的信号是否出错，并能纠正单个错误，故通常又称为纠错码。完整的导航信息由 25 帧数据组成。由于播发速度为 50 bit/s，所以全部播完要 12.5 min，其结构如图 3-13 所示。

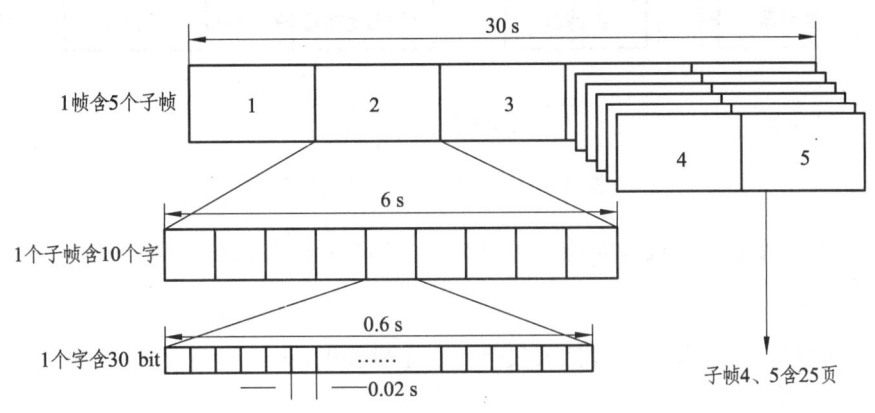

图 3-13　导航电文格式

每帧导航电文中，各子帧的主要内容如图 3-14 所示。

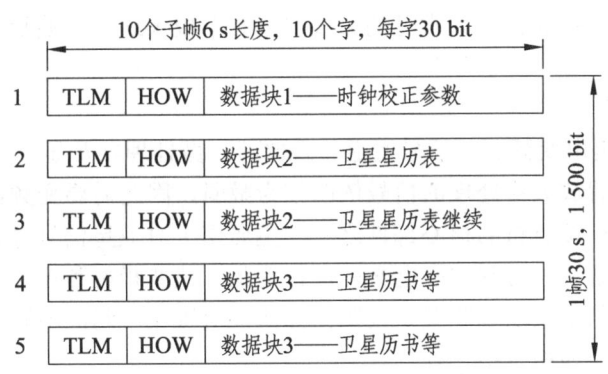

图 3-14　一帧导航电文的内容

3.6　GNSS 接收机

GNSS 接收机是 GNSS 系统中的重要组成成分，是实现卫星导航定位的终端仪器。GNSS 接收机是用于接收、跟踪、变换和测量卫星导航定位信号的无线电接收设备，通过接收机对 GNSS 卫星导航定位信号进行处理，就可以实时测出测站的三维位置、三维速度和时间。

3.6.1　GNSS 接收机的组成

GNSS 接收机主要由天线单元、主机和电源等三部分组成，其基本结构如图 3-15 所示。

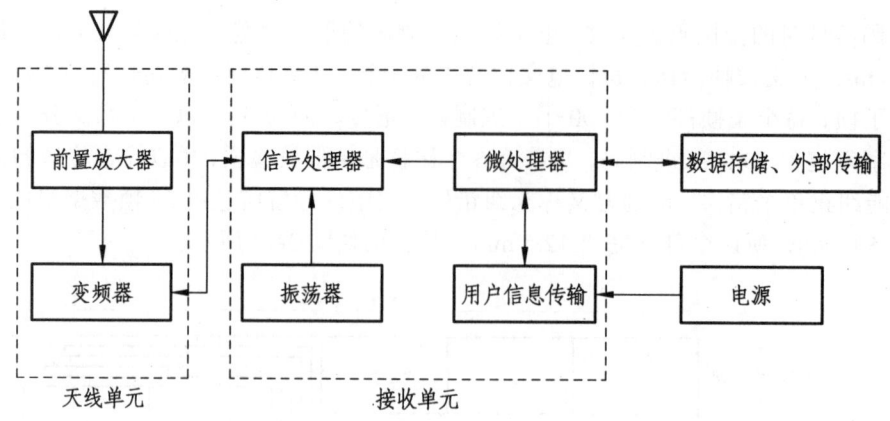

图 3-15 信号接收系统的结构

GNSS 接收机按照其构成和功能，可分为硬件部分和软件部分：

1. 硬件部分

GNSS 接收机硬件部分主要包括天线单元、主机和电源。

（1）天线单元部分。

GNSS 接收机天线单元主要由接收机天线和前置放大器两部分所组成，主要功能是对卫星信号进行转换、放大和变频处理。其中，接收机天线主要用于将 GNSS 卫星信号由微弱的电磁波转化为对应的电流信号；前置放大器主要是用于对转换而成的电流信号进行放大和变频处理。目前，GNSS 接收机较为常见的天线类型有单极天线、螺旋形天线、微带天线和锥形天线。

（2）主机。

GNSS 接收机主机由变频器、信号通道、存储器、微处理器及显示屏组成。

变频器：经过前置放大器处理的信号依旧较为微弱，因此需要变频器进行再次处理。

信号通道：GNSS 接收机的核心部件之一。主要用于对卫星信号进行搜索、对广播电文数据信号进行解扩和解调，得到导航电文；进行伪距、载波相位和多普勒频移测量。它是一种软件和硬件相结合的复杂电子装置。按照其捕获伪随机噪声码的不同方式，主机信号通道可分为相关型、平方型和相位型三种。

存储器：主要对接收机采集到的码相位伪距观测值、载波相位观测值和多普勒频移等数据进行存储。

微处理器：GNSS 接收机的导航计算工作主要由微处理机和机内软件配合完成。微处理器的主要功能是对信号进行捕获、跟踪和定位计算。通过结合接收机内的处理软件，微处理器可以完成以下具体工作：

① 开机后控制 GNSS 接收机进行各波道自检，并对各波道的时延值进行测定、校正和存储进行存储；

② 对卫星星历进行解译，计算出测站的三维坐标；

③ 由测站坐标和卫星星历计算所有卫星的升降时间、方位和高度角，提供可视卫星数据及卫星的工作状况，以便获得最佳定位星位，提高定位精度。

显示屏：GNSS 接收机的显示面板主要是负责接收机的显示工作，通过显示屏可以实时了解 GNSS 接收机的工作状态和工作模式等信息。

（3）电源。

GNSS 接收机的电源分为两种：一种是随机配置的内置电池，通常为锂电池；另一种为外接电源，常用的有汽车电瓶或专用的电源适配器。在进行长时间的 GNSS 测量时，通常采用外接电源作为 GNSS 接收机的供电电源。此时，内置电源起到的作用主要是在机外电池电压不足或进行机外电池更换时，使 GNSS 接收机的工作不受到影响。

2. 软件部分

软件部分分为内部软件和外部软件。内部软件主要包括自测试软件、卫星预报软件、导航电文解码软件、GNSS 单点定位软件及自动操作程序等；外部软件是指各类数据后处理软件，如天宝公司的 TBC 及中海达的 HGO 等。

3.6.2 GNSS 接收机的分类

随着 GNSS 技术的发展和应用领域的不断扩展，世界各国对接收机的研发也越来越重视。目前，GNSS 接收机的生产厂家约有数十家，其型号也达到了几百种，依据 GNSS 接收机的工作原理、用途、接收信号的频率和通道数目可以将其分为不同的类别。

1. 按接收机的工作原理分类

按接收机的原理可将 GNSS 接收机分为码相关型接收机、平方型接收机、混合型接收机三类。

（1）码相关型接收机：码相关型接收机可利用码相关技术得到伪距观测值进而实现导航定位，一般市场销售的导航型接收机多属于该类型。

（2）平方型接收机：平方型接收机通过利用载波信号的平方技术去掉调制信号，从而恢复完整的载波信号。此类接收机利用相位计测定接收机内产生的载波信号与接收到的载波信号间的相位差，获得伪距观测值，这类接收机无须知道测距码的结构，因而又被称为无码接收机。

（3）混合型接收机：兼具以上两种接收机的优点，既可以得到伪距观测值，又可以得到载波相位观测值，目前常用的测地型接收机均属于此类。

2. 按接收机的用途分类

按接收机的用途，可将 GNSS 接收机分为导航型接收机、测地型接收机和授时型接收机。

（1）导航型接收机：主要用于确定船舶、车辆、飞机和导弹等运动载体的实时位置和速度。该类型接收机主要用于导航，即保证载体按预定的路线航行。这类接收机主要利用 C/A 码进行单点定位，因此精度较低，但由于结构简单、操作方便且价格便宜，应用十分广泛。按照运载速度可将导航型接收机分为低动态型、中动态型和高动态型。低动态型主要是车载和船载导航型接收机；中动态型主要是用于飞行速度低于 400 km/h 的民用机载接收机；而高动态型主要是用于飞行时速大于 400 km/h 的飞机、导弹的机载接收机，此类接收机的用户往往为特许用户，在定位过程中通常采用 P 码，因而定位精度较高。

（2）测地型接收机：测地型接收机在早期的测量工作中主要用于大地测量和工程控制测量，一般采用载波相位观测量进行相对定位，其定位精度可以达到厘米级甚至是毫米级。近年来，测地型接收机在技术上有了重大的突破，分别开发出测码伪距观测量为基础的实时动态差分定位技术（Real Time Differential GNSS，RTD）和以载波相位观测量为基础的实时载波相位差分技术（Real Time Kinematic GNSS，RTK）。其中：RTD技术能提供分米级至米级精度的流动站坐标，主要用于精密导航和海上定位；RTK技术可提供厘米级精度的流动站坐标，主要用于精密定位应用，是地理信息数据采集的重要手段之一。

（3）授时型接收机：主要用于天文台或地面监控站进行时间频标的同步测定。

3. 按接收机接收的载波频率分类

按接收机接收的载波频率可分为单频接收机和双频接收机。

（1）单频接收机：单频接收机仅可用于接收单个载波信号，并通过载波相位观测值进行定位。由于接收机只能接收单个载波信号而无法进行差分处理以消除电离层延迟的影响，因此单频接收机一般只适用于短基线（<15 km）的精密定位。

（2）双频接收机：双频接收机可同时接收两个载波信号，通过双频信号进行差分可以消除电离层延迟的影响，因此双频接收机可用于长达几千千米的精密定位。

（3）三频接收机：三频接收机可同时接收三种载波信号，其定位精度较双频接收机有进一步提高。

此外，若GNSS接收机可同时接收来自多个GNSS系统的多个载波信号，则其又被称为多模多频GNSS接收机。

4. 按接收机的通道数分类

为了分离GNSS接收机所接收的不同卫星信号，实现对卫星信号的处理和测量，需要采用若干分离信号的通道。因此，依据信号通道数目的不同可将接收机分为多通道接收机、序贯通道接收机、多路复用通道接收机。

（1）多通道接收机：此类接收机具有4个及以上信号通道，能不间断地跟踪每个卫星信号，从而可连续地对卫星信号的测距码和载波进行测量且具有较高的信噪比。但由于通道数量较多且结构复杂，该类接收机的体积和质量较大；同时，由于各通道间存在信号延迟误差，因此需要进行改正。

（2）序贯通道接收机：此类接收机只有一个通道，因此其结构简单且体积较小、质量较轻。但由于序贯通道在对多个卫星进行量测时，其在不同信号之间的转换率与导航电文的比特率不同，因此在对一个卫星信号进行测量时，将丢失其他一些卫星信号的信息，无法获得卫星完整的导航电文。为此，一个序贯通道接收机一般需要一个额外的通道进行导航电文的获取。

（3）多路复用通道接收机：原理与序贯通道接收机相似，但由于多路复用接收机能在不同卫星信号及L_1、L_2信号之间进行高速转换，转换的速率与导航电文地的比特率相同，因此在对一个卫星信号进行测量时可以获得完整的导航电文，同时该接收机的信噪比低于多通道接收机。

5. 常用的测地 GNSS 接收机

目前市场上常用的 GNSS 接收机及其性能见表 3-4。

表 3-4 常用的测地 GNSS 接收机

品牌	Trimble R12	徕卡 GS16	南方创享 RTK	中海达 F91
接收机				
通道	通道数：440 BDS、GPS、GLONASS、Galileo、SBAS、QZSS、NAVIC	通道数：555 BDS、GPS、GLONASS、Galileo、SBAS	通道数：220 BDS、GPS、GLONASS、Galileo、SBAS、INRNSS、MSSL-Band	通道数：220 BDS、GPS、GLONASS、Galileo、SBAS
定位精度	RTK 定位精度： 平面：±8 mm+0.5×10^{-6}·D 高程：±15 mm+1×10^{-6}·D 静态定位精度： 平面：±3 mm+0.1×10^{-6}·D 高程：±3.5 mm+0.4×10^{-6}·D D 为所测基线长度	RTK 定位精度： 平面：±8 mm+0.5×10^{-6}·D 高程：±15 mm+0.5×10^{-6}·D 静态定位精度： 平面：±3 mm+0.3×10^{-6}·D 高程：±5 mm+0.3×10^{-6}·D D 为所测基线长度	RTK 定位精度： 平面：±8 mm+1×10^{-6}·D 高程：±15 mm+1×10^{-6}·D 静态定位精度： 平面：±2.5 mm+0.5×10^{-6}·D 高程：±5 mm+0.5×10^{-6}·D D 为所测基线长度	RTK 定位精度： 平面：±8 mm+1×10^{-6}·D 高程：±15 mm+1×10^{-6}·D 静态定位精度： 平面：±2.5 mm+1×10^{-6}·D 高程：±5 mm+1×10^{-6}·D D 为所测基线长度
工作温度	−40～65℃	−40～65℃	−25～65℃	−45～75℃

3.6.3 GNSS 接收机的选用与检验

GNSS 测量精度很大程度上取决于 GNSS 接收机的测量精度。因此，依据精度要求选择合适的 GNSS 接收机显得尤为重要。

1. GNSS 接收机的选用

A 级网测量采用的接收机的选用按照《全球导航卫星系统连续运行参考站网建设规范》（CH/T 2008—2005）的有关规定执行，B、C、D、E 级网测量根据《全球定位系统（GPS）测量规范》（GB/T 18314—2009）并结合观测等级按表 3-5 的规定执行。

表 3-5 接收机选用

级别	B	C	D、E
单频/双频	双频/全波长	双频/全波长	单频/双频
观测量	L_1、L_2 载波相位	L_1、L_2 载波相位	可仅有 L_1 载波相位
同步观测接收机数	≥4	≥3	≥2

2. GNSS 接收机的检验

为保证 GNSS 测量的正常进行和测量的观测精度，必须在测量前进行检验，其注意事项如下：

（1）当使用新购置的接收机、接收机更换部件、接收机天线受到强烈撞击时或更新接收机部件后以及接收机与天线匹配关系后的接收机，应按规定进行全面检验后方可使用。

（2）GNSS 接收机的检验内容和方法应按照《全球定位系统（GPS）测量型接收机检定规程》(CH 8016—95) 执行。

（3）在进行 GNSS 测量时，当有不同类型接收机共同参与作业时，应在已知基线上进行比对测试，若超过相应等级限差则不得使用。

（4）作业期间，天线或基座圆水准器、光学对中器和天线测高尺至少一个月检校一次。

（5）通风干湿表、空盒气压表等辅助设备，应定期送计量检定部门检验，并在有效期内使用。

3. GNSS 接收机的维护

有效的维护手段能够延长 GNSS 接收机的使用寿命，保证测量工作有序高效地进行。下面讲述 GNSS 接收机的维护方法和注意事项：

（1）GNSS 接收机在运输过程中应采取相应的防震措施，不得使仪器受碰撞、倒置或受重压。

（2）接收机应注意防震、防潮、防晒、防尘、防蚀、防辐射。

（3）接收机电缆线不应扭折，不应在地面拖拉、被碾压，电缆线接头和连接器应保持清洁。

（4）作业期间，应严格按技术规定和操作要求操作接收机，未经允许，非作业人员不得擅自操作仪器。

（5）测量结束后，应及时擦净接收机上的水汽和尘埃并及时将其存放在仪器箱内。仪器箱应置于通风、干燥阴凉处。若箱内干燥剂呈粉红色应及时更换。

（6）在进行仪器交接时，应按规定的一般检视项目进行检查并对交接情况进行记录。

（7）接收机在使用外接电源前，应检查电源电压是否正常。在连接电源时应保证正负极连接正确，防止接收机出现短路。

（8）当接收机天线置于楼顶、高标或其他设施的顶端进行测量作业时，应采取相应加固措施；如有雷电天气，应有避雷设施或停止观测。

思考题

1. 简述 GPS 的基本构成及各个组成部分的作用。
2. 简述 GPS 卫星信号的构成。
3. 简述广播星历与精密星历各自的特点。
4. 应对 GPS 限定政策的措施有哪些?

第 4 章 GNSS 定位基本原理

GNSS 观测量和观测方程是进行数据处理、获得定位结果的基础，本章详细介绍了 GNSS 的定位方式、观测量和观测方程，并在此基础上着重介绍了常见定位模式的基本定位原理。熟悉 GNSS 定位的基本原理对于利用 GNSS 测量技术进行测绘生产具有非常重要的指导意义。

4.1 GNSS 测量概述

4.1.1 GNSS 定位的方式

GNSS 定位的方式有多种，依据不同的分类标准可做如下划分：

（1）根据参考点位置的不同，GNSS 定位可分为绝对定位和相对定位。

绝对定位又称单点定位，即直接确定观测站在协议地球坐标系中相对于地球质心的位置，它是以地球质心为参考点的；相对定位则是在协议地球坐标系中，确定观测站与某一地面参考点的相对位置。

（2）根据接收机运动状态的不同，GNSS 定位可分为静态定位、准动态定位和动态定位。

在定位过程中，接收机持续处于静止状态（或运动非常细微以致人无法感知），这种定位方法被称为静态定位；准动态定位法（Go and stop）指的是接收机在迁站过程中也需保持不间断观测（通常无须记录），直至到达下一测站进行快速静态数据采集。从本质上看，准动态定位是一种快速静态定位方法，这种定位方式在迁站过程中之所以要开机进行观测并不是为了确定接收机在迁站过程中的运动轨迹，而是为了能将初始化阶段所确定的整周模糊度保持并传递至下一个待定测站，以便在该待定点上实现快速定位；动态定位是指在定位过程中，接收机处于连续运动状态。

（3）根据定位所采用观测量的不同，GNSS 定位可分为伪距定位和载波相位定位。

伪距定位所采用的观测量为测距码（如 GPS 的 C/A 码或 P 码），而载波相位定位所采用的观测量为载波相位观测值。由于不同距离观测值的精度不同，两种定位方法获得的结果精度也差异较大。

（4）根据获取定位结果时间的不同，GNSS 定位可分为实时定位和非实时定位。

可即时获得定位结果的定位方式称为实时定位；非实时定位又称后处理定位，它是通过对观测数据进行后处理来获取定位结果的，其定位结果的获取存在一定的滞后性。

4.1.2 GNSS 观测量

GNSS 定位是通过对接收机捕获的各种观测量进行数据处理来实现的，各种观测量是 GNSS 定位的基础。GNSS 卫星信号中包含多种定位信息，不同的定位方式采用的观测值类型和数学模型也不尽相同。

1. 测码伪距观测值

含有多种误差影响的距离观测值称为伪距。测距码是一种按照一定的规律排列的伪随机码，可以采用码相关技术测定卫星至接收机天线间的伪距（以下简称"站星距"），利用测距码获得的伪距观测值被称为测码伪距观测值。

利用测距码测定卫星到地面站（接收机）间伪距的基本原理如下：假设卫星钟和接收机钟均无误差，均可保持与标准的 GNSS 时间严格同步。在某一时刻 t 卫星在卫星钟的控制下发出某一结构的测距码，与此同时，接收机在接收机钟的控制下产生或者说复制出同一结构的测距码（复制码），由卫星所产生的测距码经过 Δt 时间的传播后，到达接收机并被接收机接收，由接收机产生的复制码则经过一个时间延迟器延迟时间 τ 后与接收到的卫星测距码进行比对，如果这两个信号尚未对齐，则调整延迟时间 τ，直至这两个信号完全对齐，此时复制码的延迟时间 τ 就等于卫星信号的传播时间 Δt。将其与真空中的光速 c 相乘，即可获得站星伪距观测值：

$$\tilde{\rho} = \Delta t \cdot c = \tau \cdot c \tag{4-1}$$

由于卫星钟、接收机钟均不可避免地存在误差以及无线电信号经过电离层和对流层中的延迟等因素的影响，故由此获得的距离 $\tilde{\rho}$ 与真实几何距离 ρ 有一定的差值，因此该距离观测值被称为测码伪距观测值，简称伪距。

GNSS 测量用测距码来测定伪距主要有下列优点：

（1）依据测距码的独特结构，使得接收机易于从各种噪声中将微弱的卫星信号提取出来。

（2）可提高测距精度。

（3）便于用码分多址技术对卫星信号进行识别和处理，接收机只要通过多个通道分配对多个卫星进行伪距测量，就可以方便地实现对卫星信号的识别和处理。

（4）便于对系统进行控制和管理。

2. 载波相位观测值

（1）重建载波。

GNSS 信号中由于已用相位调整的方法在载波上调制了测距码和导航电文，因而接收到的载波相位不再连续，所以在进行载波相位测量以前，要进行重建载波工作，以设法将调制在载波上的测距码和卫星电文去掉，重新获得载波。重建载波常采用以下两种方法：

码相关法：接收机产生复制码，其结构与拟观测卫星测距码结构完全相同，通过相关处理即可获得伪距观测值。当两组信号对齐后，若用复制码再对卫星信号进行一次二进制相位调制，即可将测距码去掉，仅留下载波和导航电文。由于载波与导航电文的频率相差悬殊，故很容易用滤波器将它们分开。

平方法：用户无须知道测距码的结构，但只能获得载波信号而无法获得测距码和导航电文。

（2）载波相位测量原理。

若某卫星 S 发出一载波信号，该信号向各处传播，在某一瞬间，该信号在接收机 R 处的相位为 φ_R，在卫星 S 处的相位为 φ_S。此处的 φ_R 和 φ_S 为从同一起点开始计算的包括整周数在内的完整的载波相位。相位一般均以"周"为单位，则卫地距 ρ 为：

$$\rho = \lambda(\varphi_S - \varphi_R) \tag{4-2}$$

式中：λ 为载波的波长；相位差 $(\varphi_S - \varphi_R)$ 中既包含着不足一周的小数部分，也包含着整周部分。所以载波相位测量实际上就是以 λ 作为长度单位，以载波作为一把"尺子"来量测卫星至接收机间的距离。

在实践中，由于卫星并不量测载波相位 φ_S，故上述方法无法直接应用，但如果接收机中的振荡器能产生一组与卫星载波的频率及初相完全相同的基准信号（即用接收机来复制载波），那么该问题便可迎刃而解。也就是说，只要接收机钟与卫星钟能保持严格同步，且选用同一起算时刻，那么我们就能用接收机所产生的基准振荡信号（复制的载波）去取代卫星所产生的载波，因为在这种情况下，任一时刻在接收机处的基准振荡信号的相位 Φ_R 都等于卫星处的载波相位 φ_S，于是有：

$$\varphi_S - \varphi_R = \Phi_R - \varphi_R$$

某一瞬间的载波相位观测值指的是该瞬间由接收机所产生的基准信号的相位 Φ_R 与接收到的来自卫星的载波相位 φ_R 之差 $\Phi_R - \varphi_R$。如果我们能求得完整的相位差 $\Phi_R - \varphi_R$，就可据此求得卫星至接收机间的精确距离 ρ：

$$\rho = \lambda(\varphi_S - \varphi_R) = \lambda(\Phi_R - \varphi_R) \tag{4-3}$$

（3）载波相位测量。

载波相位测量原理与相位式光电测距类似，不同之处在于测距仪采用双程测距方式，GNSS 采用单程测距方式，因此存在卫星钟差和接收机钟差的影响。此外，载波是正弦波，相位测量只能测出不足一周的相位，存在整周不确定的问题，相位式测距仪采用多个频率组合法解决，而 GNSS 采用复杂的算法解决。

接收机在某时刻锁定卫星信号并进行测量时，测相计只能测出不足一周的小数部分，而初始时刻的相位整周数是未知的，只要卫星信号不失锁，其相位整周数将保持不变，但从锁定开始累积的整周数可以利用整周计数器记录下来。目前载波相位测量的精度通常优于 0.01 周，在整周模糊度确定的情况下，利用载波相位测量进行静态相对定位，可获得毫米级的相对定位精度，是目前最精确的观测方式，载波相位测量方法如图 4-1 所示。

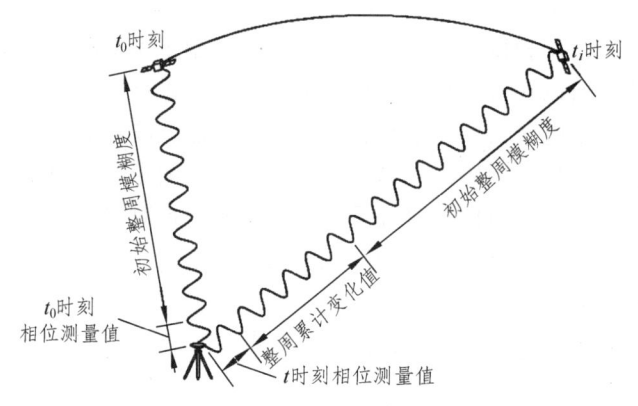

图 4-1 整周模糊度与相位观测值

4.1.3 GNSS 测量观测方程

1. 伪距测量观测方程

假设 $t^j(\text{GNSS})$ 表示卫星 S^j 发射信号时的理想 GNSS 时刻，$t_i(\text{GNSS})$ 表示接收机 R_i 收到

该信号时的理想 GNSS 时刻，t^j 表示卫星 S^j 发射信号时的卫星钟时刻，t_i 表示接收机 R_i 收到信号时的接收机钟时刻，Δt_i^j 表示卫星 S^j 的信号到达接收机 R_i 的传播时间，δt^j 表示卫星钟相对于理想 GNSS 时的钟差（卫星钟差），δt_i 表示接收机相对于理想 GNSS 时的钟差（接收机钟差），则有：

$$\begin{cases} t^j = t^j(\text{GNSS}) + \delta t^j \\ t_i = t_i(\text{GNSS}) + \delta t_i \end{cases} \tag{4-4}$$

故信号的传播时间为：

$$\Delta t_i^j = t_i - t^j = t_i(\text{GNSS}) - t^j(\text{GNSS}) + \delta t_i - \delta t^j \tag{4-5}$$

如果以 $\tilde{\rho}_i^j$ 表示卫星至接收机的伪距观测量，ρ_i^j 表示相应的几何距离，$X^j(t)$、$Y^j(t)$、$Z^j(t)$ 代表卫星发送信号瞬间的坐标，X_i、Y_i、Z_i 代表接收机的坐标，则在忽略大气折射影响的情况下，由上式可得：

$$\tilde{\rho}_i^j = c\Delta t_i^j = \rho_i^j + c\left(\delta t_i - \delta t^j\right) \tag{4-6}$$

其中：

$$\rho_i^j = \sqrt{\left[X^j(t) - X_i\right]^2 + \left[Y^j(t) - Y_i\right]^2 + \left[Z^j(t) - Z_i\right]^2}$$

若进一步考虑电离层延迟量 $\Delta_{i,\text{ion}}^j(t)$ 以及对流层延迟量 $\Delta_{i,\text{trop}}^j(t)$ 的影响，则伪距测量观测方程为：

$$\tilde{\rho}_i^j(t) = \rho_i^j(t) + c[\delta t_i(t) - \delta t^j(t)] + \Delta_{i,\text{ion}}^j(t) + \Delta_{i,\text{trop}}^j(t) \tag{4-7}$$

其线性化形式为：

$$\begin{aligned} \tilde{\rho}_i^j(t) = \rho_{i0}^j(t) - l_i^j(t)\mathrm{d}X_i - m_i^j(t)\mathrm{d}Y_i - n_i^j(t)\mathrm{d}Z_i + \\ c\delta t_i(t) - c\delta t^j(t) + \Delta_{i,\text{ion}}^j(t) + \Delta_{i,\text{trop}}^j(t) \end{aligned} \tag{4-8}$$

其中：

$$l_i^j(t) = \frac{1}{\rho_{i0}^j(t)}\left[X^j(t) - X_{i0}\right]$$

$$m_i^j(t) = \frac{1}{\rho_{i0}^j(t)}\left[Y^j(t) - Y_{i0}\right]$$

$$n_i^j(t) = \frac{1}{\rho_{i0}^j(t)}\left[Z^j(t) - Z_{i0}\right]$$

式中：X_{i0}、Y_{i0}、Z_{i0} 为测站近似坐标；$\mathrm{d}X_i$、$\mathrm{d}Y_i$、$\mathrm{d}Z_i$ 为测站坐标的改正数。

2. 载波相位观测方程

下面直接给出其观测方程：

$$\lambda\varphi_i^j(t) = \rho_i^j(t) + c[\delta t_i(t) - \delta t^j(t)] - \lambda N_{0i}^j(t) + \Delta_{i,\text{ion}}^j(t) + \Delta_{i,\text{trop}}^j(t) \tag{4-9}$$

其线性化形式为：

$$\lambda \varphi_i^j(t) = \rho_{i0}^j(t) - l_i^j(t)\mathrm{d}X_i - m_i^j(t)\mathrm{d}Y_i - n_i^j(t)\mathrm{d}Z_i - \lambda N_{0i}^j(t) +$$
$$c\left[\delta t_i(t) - \delta t^j(t)\right] + \Delta_{i,\mathrm{ion}}^j(t) + \Delta_{i,\mathrm{trop}}^j(t) \quad (4\text{-}10)$$

可见，与测码伪距的观测方程相比，载波相位测量的观测方程中仅新增了一个未知参数整周模糊度 $N_{0i}^j(t)$，载波相位观测方程在精密定位中应用广泛。

4.2　GNSS 静态定位原理

GNSS 静态定位指接收机在定位过程中位置静止不动，包含绝对定位与相对定位两种方式。根据观测量的不同，静态定位又可分为测码伪距静态定位和测相伪距静态定位，其中基于载波相位测量的静态相对定位在大地测量等高精度定位领域得到了广泛应用。

4.2.1　静态定位概述

1. 静态绝对定位

绝对定位又称单点定位，可分为测码伪距单点定位即标准单点定位 SPS 和精密单点定位 PPP（Precise Point Positioning）。

根据广播星历所给出的观测瞬间卫星在空间的位置和卫星钟差，以及由一台 GNSS 接收机所测定的卫星与接收机间的距离（测码伪距观测值），通过空间距离交会的方法（图 4-2）来独立确定该接收机在协议地球坐标系中的三维坐标的定位方法称为测码伪距单点定位即 SPS。测码伪距单点定位仅用一台接收机即可独立确定测站的空间位置，目前单频测码伪距单点的定位精度约为 5~10 m，其在车船等运动载体的导航定位中得到了广泛的应用。

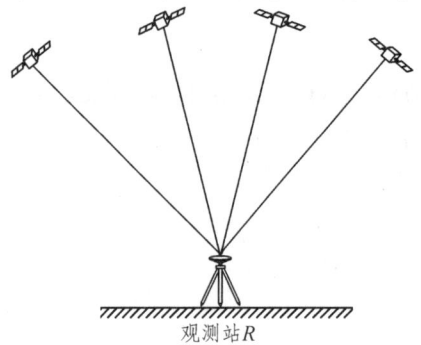

图 4-2　静态绝对定位

当接收机处于静止状态时，由于可以连续地测定卫星至观测站的伪距，所以可获得充分的多余观测量，相应地可提高定位精度。但是，标准单点定位 SPS 并没有其他测站的同步观测数据比较，大气折光、卫星钟差等误差项无法通过同步观测量的线性组合加以消除或削弱，只能依靠相应的模型来修正。因此，即便在静态模式下，标准单点定位 SPS 的精度提高仍然极为有限。

利用 IGS 提供的或自己计算的 GNSS 卫星的精密星历和精密钟差，用户利用单台 GNSS 双频双码接收机的观测数据（测码伪距观测值及载波相位观测值）在全球范围内的任意位置都可以实现实时的或事后的高精度绝对定位,这一定位方法称为精密单点定位(PPP)。研究表明,静态 PPP 的定位精度可达厘米级,实时动态 PPP 的定位精度约 10 cm。这一概念最初是由美国喷气推动实验室(JPL)的 Zumbeger 等人提出并在他们开发的数据处理软件 GIPSY 上予以实现。

2. 静态相对定位

在一个观测时段内,若所有接收机的位置是不变的(或者说其变化微量而无法获取),则确定这些"固定点"之间的相对位置(坐标差)的工作被称为静态相对定位,如图 4-3 所示。

在两个观测站或多个观测站同步观测相同卫星的情况下,卫星轨道误差、卫星钟差、接收机钟差、电离层折射误差和对流层折射误差等,对观测量的影响具有一定的相关性。所以,利用这些观测量的不同组合进行相对定位,便可有效地消除或削弱上述误差的影响,从而提高相对定位的精度。静态相对定位一般采用载波相位观测量作为基本观测量,是目前 GNSS 定位中精度最高的一种方法,被广泛应用于大地测量、精密工程测量、地球动力学研究等领域。

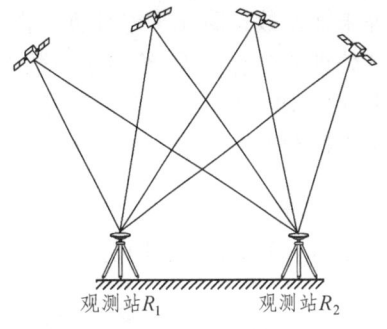

图 4-3 静态相对定位

4.2.2 基本观测量与观测模型

1. 基本观测量及其线性组合

静态相对定位一般均采用载波相位观测量作为基本观测量,如图 4-4 所示,假设安置于基线两端点的接收机 R_1 和 R_2,于历元 t_1 和 t_2 对卫星 S^j 和 S^k 进行了同步观测,得到如下独立的载波相位观测量 $\varphi_1^j(t_1)$、$\varphi_1^j(t_2)$、$\varphi_1^k(t_1)$、$\varphi_1^k(t_2)$、$\varphi_2^j(t_1)$、$\varphi_2^j(t_2)$、$\varphi_2^k(t_1)$、$\varphi_2^k(t_2)$。

在静态相对定位中,普遍应用这些独立观测量的不同差分形式。

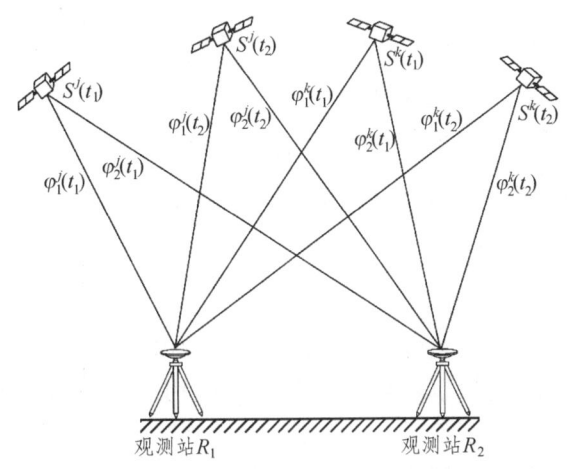

图 4-4 静态相对定位基本观测量

设 $\Delta\varphi^j(t)$、$\Delta\varphi_i(t)$ 和 $\delta\varphi_i^j(t)$ 分别表示不同接收机之间、不同卫星之间和不同观测历元之间的观测量之差,即:

$$\Delta\varphi^j(t) = \varphi_2^j(t) - \varphi_1^j(t)$$
$$\Delta\varphi_i(t) = \varphi_i^k(t) - \varphi_i^j(t) \quad (4-11)$$
$$\delta\varphi_i^j(t) = \varphi_i^j(t_2) - \varphi_i^j(t_1)$$

在 GNSS 相对定位中，除了直接采用原始的伪距观测值和载波观测值外，还大量采用经线性组合后形成的各种虚拟观测值，其主要目的是消除卫星钟差、接收机钟差及整周模糊度等未知参数，简化平差计算工作。GNSS 测量中的未知参数有必要参数和多余参数两种，而其处理方法有：① 给多余参数以一定的约束条件；② 通过观测值相减来消除多余参数。考虑到 GNSS 测量定位时的误差源，广泛使用的求差法有：单差（接收机间求一次差）、双差（在接收机和卫星间求二次差）和三差（在接收机、卫星和历元间求三次差）。

2. 单差、双差和三差观测方程

（1）单差：在相同历元、不同观测站间同步观测相同卫星的观测量之差。其表达形式为：

$$\lambda\Delta\varphi^j(t) = \rho_2^j(t) - \rho_1^j(t) + c\Delta t(t) - \lambda\Delta N_0^j(t) + \Delta A_{i,\text{ion}}^j(t) + \Delta A_{i,\text{trop}}^j(t) \quad (4-12)$$

式中：$\Delta\varphi^j(t) = \varphi_2^j(t) - \varphi_1^j(t)$

$\Delta t(t) = \delta t_2(t) - \delta t_1(t)$

$\Delta N_0^j(t) = \Delta N_{02}^j(t) - \Delta N_{01}^j(t)$

$\Delta A_{i,\text{ion}}^j(t) = A_{2,\text{ion}}^j(t) - A_{1,\text{ion}}^j(t)$

$\Delta A_{i,\text{trop}}^j(t) = A_{2,\text{trop}}^j(t) - A_{1,\text{trop}}^j(t)$

可见，卫星钟差的影响被消除了，而两观测站接收机的相对钟差$\Delta t(t)$，对于同一历元同步观测量的所有单差的影响均是相同的。由于卫星轨道误差和大气折射误差，对同步观测的两观测站具有一定的相关性；因此，在观测站间求单差后，它们的影响将明显减弱，尤其对于短基线（<20 km）观测，效果更为显著。忽略其影响后单差观测方程可简化为：

$$\lambda\Delta\varphi^j(t) = \rho_2^j(t) - \rho_1^j(t) + c\Delta t(t) - \lambda\Delta N_0^j(t) \quad (4-13)$$

（2）双差：在相同历元、不同观测站间同步观测不同卫星所得观测量的单差之差，应用于两颗同步观测卫星 S^j 和 S^k。其表达形式为：

$$\lambda\nabla\Delta\varphi^{jk}(t) = \rho_2^k(t) - \rho_2^j(t) - \rho_1^k(t) + \rho_1^j(t) - \lambda\nabla\Delta N_0^{jk}(t) \quad (4-14)$$

式中：$\nabla\Delta\varphi^{jk}(t) = \Delta\varphi^k(t) - \Delta\varphi^j(t)$

$\nabla\Delta N_0^{jk}(t) = \Delta N_0^k(t) - \Delta N_0^j(t)$

由于 GNSS 接收机使用的石英钟稳定性较差，难以用模型表示，如果将每个历元的接收机钟差都作为未知数求解，将使解算基线向量的法方程中的未知数个数大大增加。使用双差模型后，接收机钟差的影响被消除了，它既不涉及钟差模型，又使法方程中未知数个数大大减少，很方便地解决了 GNSS 数据处理中的一个棘手问题。因此，几乎所有的 GNSS 基线解算软件，都使用双差观测模型。

（3）三差：在不同历元、不同观测站间同步观测不同卫星所得观测量的双差之差。其表达形式为：

$$\lambda\delta\nabla\Delta\varphi^{jk}(t_{12}) = \left[\rho_2^k(t_2) - \rho_2^j(t_2) - \rho_1^k(t_2) + \rho_1^j(t_2)\right] - \\ \left[\rho_2^k(t_1) - \rho_2^j(t_1) - \rho_1^k(t_1) + \rho_1^j(t_1)\right] \quad (4\text{-}15)$$

式中：$\delta\nabla\Delta\varphi^{jk}(t_{12}) = \nabla\Delta\varphi^{jk}(t_2) - \nabla\Delta\varphi^{jk}(t_1)$

三差观测方程的最主要优点是进一步消除了整周未知数的影响，且求三差后相位观测值 $\delta\nabla\Delta\varphi^k(t)$ 的有效数字位大为减少；但是求三差增大了计算过程的凑整误差，这些将对未知参数的解算产生不良影响，所以三差模型求得的基线结果精度不够高，在数据处理中，通常只作为初解用于协助求解整周未知数和修复周跳等。

3. 求差法的缺陷

与非差法相比，求差法也存在一些缺陷。

（1）数据的利用率较低。一些好的观测值会因为与之配对的数据出了问题而无法使用。求差的次数越多，数据利用率越低。例如，一个双差观测值是由4个原始观测值组成的，只要丢失一个观测值，其余3个观测值就无法使用。

（2）数学模型不够严密。若在两个测站 i、j 上同时对5颗卫星进行同步观测，在接收机间求一次差后，可组成5个一次差观测方程。如认为两个测站上的10个观测值是相互独立的，则在接收机间求差后产生的5个一次差观测值也可视为独立观测值。如果我们选择其中一个卫星作为基准星（如卫星1），将其余卫星的单差观测值皆与卫星1的单差观测值相减而产生4个双差观测值（卫星2-1、3-1、4-1、5-1），由于每个双差观测值中皆含有卫星1的单差观测值，所以这些双差观测值为相关观测值。若不顾及观测值之间的相关性，仍将它们当作独立观测值，从理论上讲不够严密；若顾及观测值间的相关性，又会增加平差计算的工作量（通常不采用这种方法）。

（3）解的通用性差。由于与某类用户无法直接关联的一些参数已被作为多余参数在求差的过程中被消去，所以数据处理结果就难以直接被其他类型的用户所应用。非差法虽然数据处理的工作量大，但由于所有的参数均得到了保留并被解出，其结果应用更为广泛。

4.2.3 静态绝对定位原理

静态绝对定位以卫星至观测站的伪距为观测量，根据已知的卫星瞬时坐标，同步观测至少4颗卫星来确定观测站的位置。静态绝对定位要求接收机静止不动，静止不动意味着在一个待定点上可取得更多的观测量，一般来说多余观测量越多，相应的定位精度也就越高。

1. 测码伪距静态绝对定位

首先讨论只有一个观测历元的情况，假设于历元 t，所获得的伪距观测量已经电离层折射、对流层折射和卫星钟差修正，根据式（4-7），测码伪距观测方程可表示为：

$$\tilde{r}_i^j(t) = \rho_i^j(t) + c\delta t_i(t) \quad (4\text{-}16)$$

式中：$\tilde{r}_i^j(t) = \tilde{\rho}_i^j(t) + c\delta t^j(t) - \Delta_{i,\text{ion}}^j(t) - \Delta_{i,\text{trop}}^j(t)$

伪距观测值已知（观测数据文件），卫星钟差、电离层改正和对流层改正均可采用相应的误差改正模型进行处理，此时方程（4-7）可写为：

$$\tilde{r}_i^j(t) = \sqrt{\left[X^j(t)-X_i\right]^2 + \left[Y^j(t)-Y_i\right]^2 + \left[Z^j(t)-Z_i\right]^2} + c\delta t_i(t) \quad (4\text{-}17)$$

式中：卫星坐标可采用广播星历计算得到。此时方程中仅有测站坐标（X_i、Y_i、Z_i）和接收机钟差 $\delta t_i(t)$ 共 4 个待定参数，当单个历元有 4 颗卫星的伪距观测值时，即可通过求解方程组计算出测站坐标。静态观测时，随着观测历元的增加，观测方程数量将大大多于待定参数的个数，可通过最小二乘法获得测站坐标的最或然值。

2. 测相伪距静态绝对定位

在单历元情况下，根据载波相位测量观测方程，所获得的载波相位观测量已经电离层折射、对流层折射和卫星钟差修正，根据式（4-9），测相伪距观测方程可表示为：

$$\tilde{R}_i^j(t) = \rho_i^j(t) + c\delta t_i(t) - N_{0i}^j(t) \quad (4\text{-}18)$$

式中：$\tilde{R}_i^j(t) = \lambda \varphi_i^j(t) + c\delta t^j(t) - \Delta_{i,\text{ion}}^j(t) - \Delta_{i,\text{trop}}^j(t)$

式（4-18）展开后，则可得到如下方程：

$$\tilde{R}_i^j(t) = \sqrt{\left[X^j(t)-X_i\right]^2 + \left[Y^j(t)-Y_i\right]^2 + \left[Z^j(t)-Z_i\right]^2} + c\delta t_i(t) - N_{0i}^j(t_0) \quad (4\text{-}19)$$

与式（4-17）对比，式（4-19）仅增加了初始整周模糊度 $N_{0i}^j(t_0)$，共含有 $4+n$ 个未知数，n 为观测卫星数。当卫星数≥4时，至少需要同步观测两个历元方可解算出测站坐标。由于载波相位观测值求解整周未知数的难度较大，故采用该方法进行绝对定位的应用较为少见。

4.2.4 静态相对定位原理

将多台 GNSS 接收机安置在不同的观测站上，保持各接收机不动，同步观测相同的 GNSS 卫星，以确定各观测站在坐标系中的相对位置（空间距离）或基线向量（坐标差）的方法，称为静态相对定位。下面以两个测站为例对相对定位的数学模型进行推导。

若在 1、2 测站上对卫星 i 进行同步观测后，可得到线性化后的载波相位观测方程：

$$\lambda\varphi_1^i(t) = [\rho_1^i(t)]_0 - l_1^i(t)\text{d}X_1 - m_1^i(t)\text{d}Y_1 - n_1^i(t)\text{d}Z_1 - \\ \lambda N_{01}^i(t) + c\left[\delta t_1(t) - \delta t^i(t)\right] + \Delta_{1,\text{ion}}^i(t) + \Delta_{1,\text{trop}}^i(t) \quad (4\text{-}20)$$

$$\lambda\varphi_2^i(t) = [\rho_2^i(t)]_0 - l_2^i(t)\text{d}X_2 - m_2^i(t)\text{d}Y_2 - n_2^i(t)\text{d}Z_2 - \\ \lambda N_{02}^i(t) + c\left[\delta t_2(t) - \delta t^i(t)\right] + \Delta_{2,\text{ion}}^i(t) + \Delta_{2,\text{trop}}^i(t) \quad (4\text{-}21)$$

式（4-21）减式（4-20）得 1、2 测站对卫星 i 的单差方程：

$$\lambda[\varphi_2^i(t) - \varphi_1^i(t)] = -[l_2^i(t)\text{d}X_2 - l_1^i(t)\text{d}X_1] - [m_2^i(t)\text{d}Y_2 - m_1^i(t)\text{d}Y_1] - \\ [n_2^i(t)\text{d}Z_2 - n_1^i(t)\text{d}Z_1] - \lambda\Delta N_0^i(t) + c\Delta t(t) + \Delta\Delta_{\text{ion}}^i(t) + \\ \Delta\Delta_{\text{trop}}^i(t) + \{[\rho_2^i(t)]_0 - [\rho_1^i(t)]_0\} \quad (4\text{-}22)$$

假设测站 1 坐标已知，并令其为 0，令 $L_{1,2}^i(t) = [\rho_2^i(t)]_0 - [\rho_1^i(t)]_0$，则式（4-22）可简化为：

$$\lambda\Delta\varphi_{1,2}^i(t) = -l_2^i(t)\text{d}X_2 - m_2^i(t)\text{d}Y_2 - n_2^i(t)\text{d}Z_2 - \\ \lambda\Delta N_0^i(t) + c\Delta t(t) + \Delta\Delta_{\text{ion}}^i(t) + \Delta\Delta_{\text{trop}}^i(t) + L_{1,2}^i \quad (4\text{-}23)$$

若 1、2 测站还对 j 卫星进行了同步观测，可得这两个测站对卫星 j 的单差方程：

$$\lambda\Delta\varphi_{1,2}^{j}(t) = -l_2^j(t)\mathrm{d}X_2 - m_2^j(t)\mathrm{d}Y_2 - n_2^j(t)\mathrm{d}Z_2 - \\ \lambda\Delta N_0^j(t) + c\Delta t(t) + \Delta\Delta_{\mathrm{ion}}^j(t) + \Delta\Delta_{\mathrm{trop}}^j(t) + L_{1,2}^j \qquad (4\text{-}24)$$

由式（4-24）减去式（4-23），则电离层和对流层影响略去不计时双差观测方程为：

$$\lambda\nabla\Delta\varphi_{1,2}^{i,j}(t) = -[l_2^j(t) - l_2^i(t)]\mathrm{d}X_2 - [m_2^j(t) - m_2^i(t)]\mathrm{d}Y_2 - \\ [n_2^j(t) - n_2^i(t)]\mathrm{d}Z_2 - \lambda\nabla\Delta N_0(t) + L_{1,2}^{i,j} \qquad (4\text{-}25)$$

式中：常数项 $L_{1,2}^{i,j} = L_{1,2}^j - L_{1,2}^i$。此时计算出来的结果是测站 2 的坐标，但该坐标值是相对于测站 1 的，其本身无太大实际意义。从这个意义上来说，采用 GNSS 静态相对定位方法建立的控制网是一种"独立网"，后续通过联测高等级地面控制网点，用平差的方法获得的测站坐标才具有实际意义。

公式（4-25）用基线向量改正数代替测站坐标改正数后，方程表达式为：

$$\lambda\nabla\Delta\varphi_{1,2}^{i,j}(t) = -[l_2^j(t) - l_2^i(t)]\mathrm{d}\Delta X_{12} - [m_2^j(t) - m_2^i(t)]\mathrm{d}\Delta Y_{12} - \\ [n_2^j(t) - n_2^i(t)]\mathrm{d}\Delta Z_{12} - \lambda\nabla\Delta N_0(t) + L_{1,2}^{i,j} \qquad (4\text{-}26)$$

公式（4-26）即为相对定位数学模型的实用形式。式中 $\mathrm{d}\Delta X_i$、$\mathrm{d}\Delta Y_i$、$\mathrm{d}\Delta Z_i$ 为测站间的基线向量改正数，该方程中仅含有 3 个基线向量改正数，以及 $n-1$ 个双差模糊度。可见，无论采用多少个测站同步观测多少颗卫星，待定参数总是多于方程个数，要获得基线向量改正数进而求得测站坐标需不少于 2 个历元的同步观测。

在实际工作中，基线起算点坐标的获取建议按照下列顺序进行：
（1）与测区周围的 IGS 站联测，这些站的坐标及观测资料可方便地通过互联网下载。
（2）与附近的大地点联测。
（3）采用观测时间较长的测站单点定位结果。

4.3 GNSS 动态相对定位原理

4.3.1 GNSS 动态定位概述

用户接收机安置于运动的载体上，确定载体瞬时绝对位置的定位方法称为动态绝对定位。动态绝对定位一般只能得到没有或很少多余观测量的实时解，被广泛应用于实时测定车辆、船舶、飞行器和航天器等运动载体的定位和导航。

动态相对定位是用一台接收机安置在基准站上固定不动，另一台接收机安置在运动的载体上，两台接收机同步观测相同的卫星，以确定运动载体相对于基准站位置的方法。在同步观测相同卫星的情况下，卫星轨道误差、卫星钟差、电离层折射误差和对流层折射误差等，对不同观测站的 GNSS 观测量的影响具有较强的相关性，特别是对于 20 km 以下的短距离观测，其相关性更好。因此，我们同样可以利用各观测量的不同线性组合进行相对定位，来有效地消除或削弱上述各项误差对定位结果的影响，从而提高动态定位的精度。目前，基于测相伪距动态相对定位的 RTK 技术其精度通常可达厘米级。

动态相对定位的数据处理方式可分为测后处理与实时处理。数据的测后处理需要存储观测数据，在观测工作结束后，通过数据处理获得定位结果。测后处理可对观测数据进行详细分析，易于发现粗差，不需要进行数据的实时传输，主要用于基线较长、不需实时获得定位结果的测量工作，如航空物探等。实时处理则无须存储观测数据，通过数据传输系统，实时地将基准站的观测数据或观测量的修正数据传输给流动站，在观测过程中实时获得定位结果。实时处理需要解决数据通信的问题，这种处理方式对于运动目标的导航、监测和管理具有重要意义。

4.3.2 动态相对定位原理

如图 4-5 所示，B_i 为基准站，安置于基准站的接收机固定不动，另一台接收机安置于运动的载体上，其位置 M_i 是运动变化的，这是其与静态相对定位的基本区别。

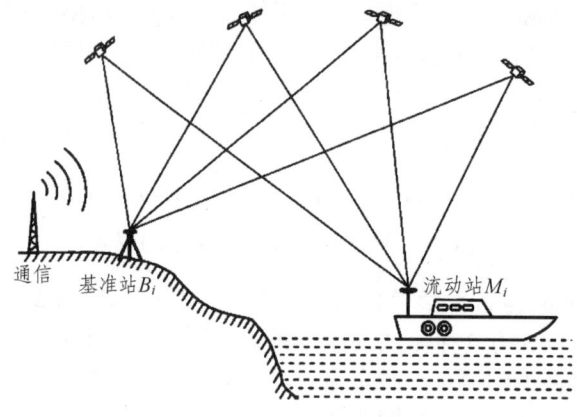

图 4-5 动态相对定位

动态相对定位基本原理：基准站 B_i 实时或事后将其测量获得的载波相位观测值和基准站坐标（X_B，Y_B，Z_B）等用电台（或者其他数据通信链）实时或事后传送给流动站 M_i，流动站实时或事后将接收到的基准站数据与流动站数据进行相对定位处理，计算出基准站和流动站间的基线向量（ΔX，ΔY，ΔZ），进而根据基准站坐标计算出流动站的坐标。

根据获得定位结果的时效性，动态相对定位又分为实时动态和事后动态两种。实时动态相对定位技术又被称为 RTK（Real Time Kinematic），事后动态相对定位技术又被称为 PPK（Post Process Kinematic）。

动态相对定位的观测方程与静态相对定位是相同的，详见公式（4-26），但由于流动站处于运动状态，其坐标值不断变化，因此必须逐历元进行解算。设基准站和流动站对 n 颗卫星进行了同步观测，则可列出 $n-1$ 个双差方程，其中有 3 个基线向量改正数和 $n-1$ 个双差整周模糊度，此时在单历元解算时，未知数的个数总是多于双差方程的个数，其方程组是秩亏的。若可事先确定整周模糊度参数，则可计算出流动测站相对于基准站的坐标值（或基线向量），进而解算出流动坐标。

4.4 周跳分析与整周未知数的确定

4.4.1 周跳分析

任意时刻的载波相位实际观测量是由两部分组成的：一部分是不足整周的部分，能以极高的精度被测定；另一部分是整周计数部分，只要接收机对卫星信号的跟踪不中断（不失锁），接收机便会自动给出在跟踪期间载波相位整周数的变化。

但在实际工作中，往往由于某种原因，如卫星信号被暂时阻挡或外界干扰等因素的影响，引起卫星跟踪的暂时中断。这样一来，接收机对整周的计数也会随之中断。虽然当接收机恢复对该卫星的跟踪后，所测相位的小数部分将不受跟踪中断的影响，仍是连续的，但整周计数由于失去了在失锁期间载波相位变化的整周数，便不再连续了，而且使其后的相位观测量均含有相同的整周误差。这就是所谓的整周跳变现象，简称周跳。

发生周跳并不会影响载波相位观测量的不足整周部分的正确性，如果能探测出在何时发生周跳并求出丢失的整周数的话，我们就有可能对中断后的整周计数进行改正，将其恢复为正确的计数，这一工作称为整周跳变的探测与修复。在 GNSS 定位工作中，周跳的产生是难免的，特别是随着观测时间的延长。周跳会显著影响定位成果的精度，因此，在对观测数据进行平差处理前，必须对其中可能存在的周跳加以探测与修复。修复周跳的方法主要有：

（1）利用高次差探测与修复周跳。
（2）利用单差观测值的高次差探测与修复周跳。
（3）利用双差观测值的高次差探测与修复周跳。
（4）利用平差后的残差探测与修复周跳。

整周跳变的产生与 GNSS 接收机的质量和野外观测环境密切相关。因而在组织外业观测时，要合理选择接收机的机型、观测站的位置、卫星分布较好的观测时段，以便获得质量可靠的观测值。

4.4.2 整周未知数的确定方法

当卫星于历元 t_0 被跟踪后，多普勒整周计数值 $N_{0i}^j(t-t_0)$ 可由接收机自动连续计数，因此，载波相位观测量中的 $\varphi_i^j(t)+N_{0i}^j(t-t_0)$ 可视为已知量，于是，在利用载波相位观测量进行精密定位时，整周未知数 $N_{0i}^j(t_0)$ 的确定便成为一个关键问题。准确和快速地解算整周未知数，对于确保相对定位的高精度，缩短观测时间以提高作业效率，开拓高精度动态定位新方法，都具有极其重要的意义。

目前，确定整周未知数的方法有很多。若按解算所需时间的长短来分，可分为经典静态相对定位法和快速解算法，而快速解算法又包括交换天线法、P 码双频技术、滤波法、搜索法和模糊函数法等；若按确定整周未知数时 GNSS 接收机所处的状态来分，又可分为静态法和动态法。上述各种快速解算法皆属于静态法的范畴。所谓动态法，是指在接收机的运动过程中确定整周未知数的方法，它是实施高精度实时动态定位的基础。

确定整周未知数的方法有 4 种，分别是：

（1）经典静态相对定位法：该方法是将整周未知数 $\nabla\Delta N_0(t)$ 作为待定参数，在平差计算中与其他未知参数一并求解的方法。一般是由载波相位观测值组成双差观测方程，并对观测方程进行线性化，得到误差方程，则该误差方程中仅包含待定测站的 3 个坐标改正数 dX_i、dY_i、dZ_i（或者基线向量改正数 $d\Delta X_i$、$d\Delta Y_i$、$d\Delta Z_i$）以及整周未知数的线性组合 $\nabla\Delta N_0(t)$ 这 4 个未知数。

（2）交换天线法：该方法把固定参考站和天线交换点间的基线向量作为起始基线向量，并利用天线交换前后的同步观测量求解起始基线向量，进而确定整周未知数。

（3）P码双频技术：如可将GPS系统的L_1和L_2载波相位观测值进行某种线性组合，使其变成一种波长较长的组合波——宽波（或称宽巷），而将调制于载波L_1和L_2上的P码相位观测值组合成虚拟P码窄巷相位观测值；然后将这两种组合后的相位观测值进行综合处理来求解整周未知数。

（4）搜索法：该方法以数理统计理论的参数估计和假设检验为基础，利用初始平差向量的解（点的坐标及整周未知数的实数解）及其精度信息（方差与协方差和单位权中误差），确定在某一置信区间，整周未知数可能的整数解的组合；然后，依次将整周未知数的每一组合作为已知值代入观测方程，重复地进行平差计算。其中使估值的验后方差（或方差和）为最小的一组整周未知数即为所搜索的整周未知数的最佳估值。

思考题

1. GNSS定位方式如何分类？
2. 请说明测码伪距观测方程中的各个参数的意义。
3. 请说明载波相位观测方程中的各个参数的意义。
4. 简述单差、双差和三差观测方程的特点。
5. 为什么在短基线GNSS测量时一般都采用双差固定解？
6. 什么是伪距单点定位？说明用户在使用GNSS接收机进行伪距单点定位时，为何需要同时观测至少4颗GNSS卫星？

第 5 章 GNSS 测量误差

在利用 GNSS 定位过程中不可避免地会受到测量误差的影响。本章将对各种影响 GNSS 定位的主要误差源进行讨论和分析，研究它们的性质、大小及对定位结果产生的影响，并在此基础上介绍了消除或削弱这些误差影响的措施和方法。

5.1 GNSS 测量误差概述

GNSS 定位中出现的各种误差，按性质可分为系统误差（又称偏差）和偶然误差两大类，其中系统误差无论从误差的大小还是对定位结果的危害性来讲，都比偶然误差大得多，一般可达数十米至数百米。系统误差通常与某些变量如时间、位置和温度等有函数关系，是有规律可循的，一般可通过对系统误差源建模的方法消除或削弱其影响。偶然误差包括卫星信号产生部分和接收机信号接收处理部分的随机噪声、观测误差和多路径效应等其他外部某些具有随机特征的影响，对卫星定位系统影响较小，通常从厘米级至米级不等。一般可采用平差方法削弱其影响。

卫星导航定位中出现的各种误差，从误差产生的阶段来讲又可以分为以下三类：与卫星有关的误差、与卫星信号传播有关的误差以及与接收机有关的误差。

各类误差来源给 GNSS 相对定位带来的影响见表 5-1。

表 5-1 GNSS 定位中的各种误差及其对相对定位的影响

误差来源	误差分类	对基线测量的影响/m
GNSS 卫星	卫星星历误差、卫星钟的钟误差、相对论效应	1.5~15
信号传播	电离层的延迟误差、对流层延迟误差、多路径效应	1.5~15
接收机	钟误差、位置误差、相对中心变化引起的误差	1.5~5
其他影响	地球潮汐、负荷潮	1

5.2 与卫星有关的误差

与卫星有关的误差主要包括：① 卫星星历误差；② 卫星钟的钟误差；③ 相对论效应。

5.2.1 卫星星历误差

卫星作为在高空运行的动态已知点，其瞬时的位置是由卫星星历提供的。卫星星历误差的实质就是卫星位置的确定误差，即由卫星星历计算得到的卫星空间位置与卫星实际位置之差，卫星的轨道误差是 GNSS 定位的重要误差来源之一。

1. 卫星星历误差对定位的影响

（1）标准对单点定位的影响。

广播星历误差对标准单点定位的影响较大，目前所有 GNSS 系统的广播星历精度已均优于 1 m。不同卫星的星历误差可以看成相互独立的，但同一卫星的星历误差在一段时间内呈现系统性的偏差，即使连续观测时间较长（1~2 h），也难以消除它对标准单点定位结果的影响。

（2）对相对定位的影响。

利用两站的同步观测资料进行相对定位时，由于星历误差对两站的影响具有很强的相关性，因而在求取坐标差时其共同的影响可自行消去，从而获得精度很高的相对坐标。星历误差对相对定位的影响通常采用下式估算：

$$\frac{d_b}{b} = \frac{d_s}{\rho} \tag{5-1}$$

式中：b 为基线长；ρ 为星站距离；d_s 为星历误差；d_b 为星历误差引起的基线误差；$\frac{d_s}{\rho}$ 称为星历的相对误差。

2. 削弱或消除卫星星历误差影响的措施

（1）采用精密星历。

采用 IGS 提供的精密星历产品或自行计算精密星历，可大幅削弱卫星轨道误差，提高定位精度。目前 IGS 提供的 GPS 最终星历其精度优于 2.5 cm，此外，我们还可以建立自己的 GNSS 卫星跟踪网实现对 GNSS 卫星的独立定轨生产精密星历。精密星历对确保导航和实时定位的可靠性和精度有很重要的意义。

（2）相对定位（同步观测值求差）。

利用卫星星历误差对相距不太远的两个测站的影响基本相同这一特性，可使得两站间的相对位置基本上不受星历误差的影响（只留下星历误差对两站影响不同的部分）。

实测结果表明，采用广播星历，可以保证 $1~2×10^{-6}·D$（D 为基线长度）的相对定位精度。由此可见，广播星历只适用于基线较短且定位精度要求不是很高的相对定位。若要进行长距离、高精度的相对定位，应该优先选用精密星历。

（3）轨道松弛法。

在平差模型中把卫星星历中的卫星轨道作为初始值，将其改正数作为待定参数，通过平差求得测站位置及轨道改正数，这种方法称为轨道松弛法。该方法数据处理相当复杂，工作量非常大，因此其应用受到限制，只适用于无法获取精密星历或特殊情况下的补救，生产中较少采用。

5.2.2 卫星钟的钟误差

卫星上使用的高精度原子钟稳定度约为 $10^{-12}~10^{-15}$，其误差既包含着系统性的误差，也包含着随机误差。在卫星钟的钟误差中，系统误差远比随机误差值大，且可以通过检验和比对来确定并通过模型来加以改正；而随机误差只能通过钟的稳定度来描述其统计特性，无法确定其符号和大小。

1. 卫星钟的钟误差对定位的影响

卫星钟的钟面时与 GNSS 标准时间之间的偏差称为物理同步误差。卫星钟的这些偏差总量在 1 ms 以内，但由此引起的等效距离误差可达 300 km。在 GNSS 定位中，GNSS 卫星作为高空观测目标，其位置在不断变化，必须要有严格的瞬间时刻卫星的位置才有意义。因此，GNSS 定位的实现，要求卫星钟和接收机钟保持严格同步，并能够和 GNSS 时间一致，这样才可以准确地测定信号传播的时间，从而准确地测定卫星与测站之间的距离。

2. 削弱或消除卫星钟的钟误差影响的措施

（1）采用卫星钟的钟差改正数。

$$\Delta t_s = a_0 + a_1(t - t_{0e}) + a_2(t - t_{0e})^2 \tag{5-2}$$

其中：t_{0e} 为参考历元；a_0、a_1 和 a_2 分别表示在 t_{0e} 时刻的卫星钟的钟差、钟速（或频率偏差）及钟速变化率（或称老化率）。a_0、a_1 和 a_2 由地面控制系统根据前一段时间的跟踪资料推算出来，并通过卫星的导航电文提供给用户。经过上述改正后，各卫星钟之间的同步差可保持在 20 ns 以内，由此引起的等效距离偏差不会超过 6 m。

（2）采用精密钟差。

目前，IGS 提供的 GPS 精密钟差产品其精度已优于 20 ps，详见表 3-3，用户可采用精密钟差产品进一步削弱卫星钟差对定位结果的影响。

（3）相对定位。

对同一卫星进行同步观测时，对观测值在接收机间求差后，组合观测值中将不存在卫星钟误差，达到了消除其影响的目的。

5.2.3 相对论效应

相对论效应是由于卫星钟和接收机钟所处的状态（运动速度和重力位）不同而引起的两台钟之间产生的相对钟误差现象。相对论效应主要取决于卫星的运动速度和重力位。GNSS 卫星如 GPS 卫星在离地面 20 200 km 高空的轨道上运行，相对论效应使一台钟放到卫星上去后的频率发生了变化。

相对论效应对钟的影响可以分为狭义相对论和广义相对论影响两部分：① 根据狭义相对论，位于高速运动的卫星上的钟频率将变慢；② 根据广义相对论的影响，卫星钟从地面随卫星发射到太空中，因重力位的变化其钟频将变快。上述两者叠加后，卫星钟在轨道上的频率将比在海平面上增加 $\Delta f = 4.449 \times 10^{-10} f_0$，$f_0$ 为其在海平面上的基本频率。解决相对论效应影响最简单的方法就是在制造卫星钟的时候预先将钟频降低 Δf。上述结论是在卫星轨道为圆形、运动为匀速（轨道半径 $R = 26\,560$ km，运动速度 $v = 3\,874$ m/s，光速度 $c = 299\,792\,458$ km/s，地球半径 $R = 6\,378$ km，万有引力常数与地球质量的乘积 $GM = 3.986\,005 \times 10^{14} \text{m}^3/\text{s}^2$）的情况下推导出来的，但实际上 GNSS 卫星的轨道是一个椭圆，卫星的运行速度也随时间变化而不断发生变化，故此时将相对论效应视为常数显然不符合实际情况。

实际工作中相对论效应是时间的函数，按上述降频的方法改正以后仍存在残差。若当 GPS 卫星轨道椭圆的偏心率等于 0.01、卫星的偏近点角等于 90°时，相对论效应的影响达到最大值，它对 GPS 时间的影响最大可达 22.897 ns，相当于 6.864 m 的站星距离，故在精密定位中相对论效应的影响仍是不容忽视的。

5.2.4 卫星天线相位中心偏差

GNSS 距离测量测定的是从卫星发射天线的相位中心到接收机天线相位中心之间的距离，而 IGS 精密星历给出的是卫星质心的三维坐标。卫星天线相位中心与卫星质心间的差异称为卫星天线相位中心偏差，其具体数值由 IGS 测定并予以公布，用户可以据此进行改正。

5.3 与卫星信号传播有关的误差

与卫星信号传播有关的误差主要包括：① 电离层延迟误差；② 对流层延迟误差；③ 多路径效应。

5.3.1 电离层延迟

1. 电离层及其影响

电离层（含平流层）是高度在 60~1 000 km 的大气层。在太阳紫外线、X 射线、γ 射线和高能粒子的作用下，该区域内的气体分子和原子将产生电离现象，形成自由电子和正离子。带电粒子的存在将影响 GNSS 卫星信号的传播，使其传播速度发生变化，传播路径产生弯曲，从而使得信号传播时间 Δt 与真空中光速 c 的乘积 $\rho = c \cdot \Delta t$ 不等于卫星到接收机之间的几何距离，这种偏差被称为电离层延迟。电离层延迟量的大小取决于信号传播路径上的电子总含量 TEC 和传播信号的频率 f，而 TEC 与时间、地点、太阳黑子数等多种因素有关。

由于电离的原动力来自太阳，电子密度随着距离地面的高度、时间变化、太阳活动程度、季节不同、年份不同、测站位置等多种因素而变化，目前还无法用一个严格的数学模型来描述电子密度的大小和变化规律。有关研究成果表明：电离层的电子密度白天约为夜间的 5 倍；在一年当中，夏季为冬季的 4 倍；太阳黑子活动最激烈时可为最小时的 4 倍；测站高度角为 20°时约为天顶方向（高度角为 90°）的 3 倍；日间 11~15 时（地方时）达到最大值，约为早 8 时的 2~3 倍。对 GNSS 信号来讲，电离层延迟对距离测量的影响，在天顶方向最大可达 50 m，在高度角为 20°时可达 150 m，因此必须仔细地加以改正，否则将严重损害定位的精度。

在拟订 GNSS 作业计划时，应该避开电离层活动最活跃的时段，即不要在太阳辐射强烈的正午时分观测，可选择适当的作业季节和一天中的最佳时段（如夜间）来进行观测。

2. 削弱或消除电离层延迟影响的措施

（1）双频改正。

信号所受到的电离层延迟 V_{ion} 与信号频率 f 的平方成反比。如果能同时用两种已知频率 f_1 和 f_2 来发射卫星信号，则两种不同频率的信号将沿着同一路径传播到达接收机处。由于信号频率不同，这两种信号所受到的电离层延迟也不同，因此，同时发射的这两种信号将先后到达接收机，若能精确地测定这两种信号到达接收机的时间差 Δt，就能准确地反推出两种信号所受到的电离层延迟。

采用双频接收机进行伪距测量，就能根据电离层延迟与信号频率有关的特性，从两个伪距观测值中求得电离层延迟改正数。这种利用电离层的色散效应，依靠两种不同频率的信号来消除电离层延迟影响的方法，称为双频改正法。双频改正法的精度可达厘米级，故双频 GNSS 接收机在精密定位中得到了广泛的应用。

（2）电离层改正模型。

采用双频改正技术可以有效地减弱电离层延迟的影响,但在电子含量很大、卫星高度角较小时其误差可能达到厘米级。为了满足更高精度 GNSS 测量的需要,Fritzk、Brunner 等人提出了电离层延迟改正模型。该模型考虑了折射率中的高阶项影响及地磁场的影响,并且是沿着信号传播路径进行积分。计算结果表明,无论在任何情况下改进模型的精度均优于 2 mm。

而对单频接收机而言,减弱电离层影响的有效手段,一般是采用导航电文提供的电离层改正模型加以改正,常用的模型有 Klobuchar 模型、IRI 模型、ICED 模型、FAIM 模型等。

由于影响电离层延迟的因素很多,故无法建立严格的数学模型,且所提供的改正模型只能反映全球的平均状况,与各地的实际情况必然有一定的差异。试验资料表明:采用上述电离层改正模型大体上可以消除电离层延迟误差的 75%。

（3）相对定位（同步观测值求差）。

因为当两站相距较近时（≤20 km）,由卫星至两观测站电磁波传播路径上的大气状况、路径甚为相似,电子密度变化不大,卫星的高度角相差不多,从而大气状况的系统影响便可以通过两台或多台接收机对同一组卫星的同步观测值求差而得以减弱。利用同步观测值求差对于短基线的效果尤为明显,即使不进行电离层延迟的改正,基线长度的残差一般也不会超过 $1 \times 10^{-6} \cdot D$,D 为基线长度（km）。因此,对短距离的相对定位,使用单频接收机也可达相当高的精度,但是随着基线长度的增加,其精度将明显降低。

5.3.2 对流层延迟

1. 对流层及其影响

对流层是高度在 60 km 以下的大气层。整个大气层中的绝大部分质量集中在对流层中,主要由氮和氧组成,此外,还包含少量的水蒸气、氢、二氧化碳、氩等气体,以及有某些不定量的混合物,如硫化物、煤烟和粉尘等。GNSS 卫星信号在对流层中的传播速度为 $v = c/n$（c 是真空中的光速;n 是大气折射率,其取值大小与气温、气压和相对湿度等因素有关）,也就是说电磁波在其中的传播速度与频率无关。此外,信号的传播路径在对流层中也会产生弯曲,从而使得测量距离产生偏差。由于上述原因使距离测量值产生的系统性偏差称为对流层延迟。

对流层大气密度比电离层更大,大气的对流作用很强,大气状态变化非常复杂。对流层延迟量与信号的高度角有关:在天顶方向其影响达 2~3 m;在高度角为 10°时其影响可达 20 m;在高度角为 5°时其影响可达 25 m。

2. 减弱对流层延迟影响的措施

（1）相对定位（同步观测值求差）。

当两站相距较近时（20 km 以内）,由于信号通过对流层的路径相似,所以对同一卫星的同步观测值求差,可以明显地减弱对流层延迟的影响,这一方法在精密相对定位中广泛被应用。但当距离增大时,求差法的有效性随之明显降低。当距离大于 100 km 时,对流层延迟的影响成为制约 GNSS 定位精度的重要因素。

（2）对流层改正模型。

由于水汽在空间的分布并不均匀,不同时间不同地点水汽的含量相差甚远,对流层延迟对 GNSS 信号传播的影响情况比较复杂，难以用统一的模型来准确描述。利用现有的各种数学模型，加上在测站直接测定的气象参数，可以消除 92%～95%的对流层延迟的影响。该方法设备简单、方法易行。目前采用的对流层延迟改正模型主要有霍普菲尔德（Hopfield）模型、萨斯塔莫宁（Sastamoinen）模型和勃兰克（Black）模型。

（3）引入待估参数。

将对流层延迟作为待估参数在网平差处理中一并求取。

5.3.3 多路径效应

经过某些物体表面反射后（反射波）到达接收机的信号如果与直接来自卫星的信号叠加干扰后进入接收机，就将使得测量值产生系统误差。这种由于多路径的信号传播所引起的干涉时延效应被称为多路径效应，其实质是反射波对直射波的破坏性干涉引起的站星距离误差。多路径误差对测码伪距观测值的影响比对载波相位观测值的影响要大得多，它取决于测站周围的环境、接收机的性能以及观测时间的长短等。反射波包括地面反射波、星体反射波和介质散射波，其中又以地面反射波为主。多路径效应的影响随着天线周围反射物面的性质而异。

不同反射物面对微波信号的反射系数不同，反射系数为 0 表示信号完全被吸收不反射，反射系数为 1 表示信号不吸收完全反射。不同反射物面对频率为 2 GHz、3 GHz 的微波信号的反射系数见表 5-2。

表 5-2 常见地物的反射系数

频率	水面		稻田		野地		森林山地	
	a	损耗/dB	a	损耗/dB	a	损耗/dB	a	损耗/dB
2 GHz	1.0	0	0.8	2	0.6	4	0.3	10
3 GHz	1.0	0	0.8	2	0.5	6	0.2	14

多路径误差是偶然误差，其大小取决于反射波的强弱和用户接收天线抵御反射波的能力。它将严重损害 GNSS 测量的精度，严重时还将引起信号失锁，是 GNSS 测量中一种主要的误差源。

在实际工作中，避免或削弱多路径误差的措施有：

1. 选择合适的站址

多路径误差取决于反射物离测站的距离、反射系数及卫星信号的方向等因素，难以建立起准确的误差改正模型，较为有效的办法是选择恰当的站址。选择站址时应注意：

（1）测站应避免邻近有大面积的平静水域。较好的站址可选在有草丛、农作物或粗糙不平的地面等反射系数较小的地方。

（2）测站不宜选择在山坡、山谷和盆地中。当山坡坡度较大时，在高度截止角以上便会出现障碍物，影响卫星信号的接收。即使坡度较小，反射信号也能从天线上方进入天线，产生多路径误差，因此应尽量避免，山谷和盆地情形与山坡类似。

（3）测站应注意离开高层建筑物，汽车也不要停放在测站附近。因为卫星信号会通过墙壁或汽车玻璃反射进入接收机天线。

2. 选择合适的接收机

（1）在天线下设置抑径板。

为了避免地面反射波进入接收天线，减少因此而引起的多路径误差，可在接收机天线下面附设抑径板或抑径圈（图 5-1）。适当设置的抑径板可有效地抑制地面反射波，显著提高 GNSS 定位的精度。若观测时高度截止角为 $Z_限$，则抑径板的半径 r 至少应为：

$$r = \frac{h}{\sin Z_限} \tag{5-3}$$

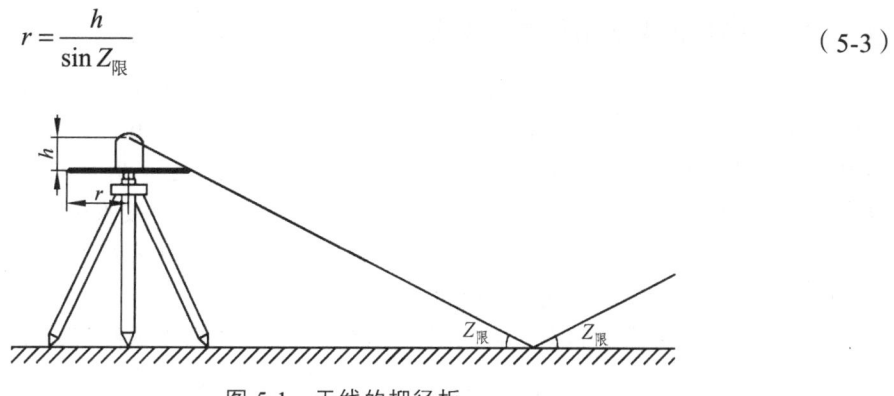

图 5-1 天线的抑径板

若某一接收机天线相位中心至抑径板的高度 $h = 70$ mm，高度截止角为 $Z_限 = 10°$，则抑径板的半径 r 不得小于 40 cm。

（2）接收机天线应该有比较强的抑制作用。

GNSS 信号是左旋极化波，经反射后的信号极化特性会发生改变，所以，若接收机的天线对极化特性不同的信号有较强的抑制作用，也可以减弱多路径效应的影响。此外，某些接收机天线外壳的涂层材料可吸收电磁波信号，从而显著降低多路径效应影响。

3. 延长观测时间

由于多路径效应是时间的函数，多路径误差的大小和符号会随着卫星高度的变化而变化，所以在静态定位中经过较长的时间观测后，多路径误差可大大减弱。

5.4 与接收机有关的误差

与接收机有关的误差主要包括：① 接收机钟的钟误差；② 天线相位中心的位置误差；③ 接收机的位置误差。

5.4.1 接收机的钟误差

GNSS 接收机钟大多采用高精度的石英钟，其稳定度约为 10^{-9}，接收机钟差数值大、变化快且变化的规律性也更差，其影响比卫星钟误差更大。接收机钟误差主要取决于钟的质量，与使用时的环境也有一定的关系，对测码伪距观测值和载波相位观测值的影响是相同的。卫星钟和接收机钟之间的相对钟差乘上光速后就等于测距误差，若卫星钟和 GNSS 接收机之间的同步差为 1 μs，则由此而引起的等效距离误差将达到 300 m。

减弱接收机钟差的方法有：

（1）把每个观测时刻的接收机钟差当作一个独立的待定参数，在数据处理中与观测站的位置参数一并求解。

（2）利用相对定位的方法消除接收机钟差。

（3）认为各观测时刻的接收机钟差间是相关的，设法建立一个钟误差模型，将接收机钟差表示为时间的多项式，在平差计算中求解多项式系数。

5.4.2 接收机天线相位中心偏差

接收机天线在对中及量取天线高时都是以天线参考点（ARP）作为基准的。对中时一般直接使 ARP 与标石中心位于同一铅垂线上，使两者的平面位置相同；天线高即从标石中心至 ARP 间的垂直距离，据此可以将 ARP 的高程归算到标石中心。但是 GNSS 测量测定的是天线相位中心的位置。接收机天线相位中心与 ARP 间的差异称为接收机天线相位中心偏差，这种偏差的影响可达数毫米至数厘米。目前 IGS 等组织已测定并公布了各种常用的接收机天线相位中心偏差值，用户可据此进行改正。

在实际中，还可借助同类型天线同步观测同一组卫星所得观测值，在观测值之间求差以削弱天线相位中心偏差的影响。但是在观测中，各观测站的天线应该按天线附有的方位标来进行定向，使之根据罗盘指向磁北极；如果没有方位标，可以自行确定一个，并在每次实测中以它为准来进行定向，通常定向偏差应保持在 3°以内。

5.4.3 接收机的位置误差

接收机天线相位中心相对于测站标石中心位置的偏差称为接收机的位置误差。在进行授时和定轨时，接收机的位置是已知的。若接收机天线相位中心对于测站标石中心有误差，即存在接收机位置误差，这种误差将对授时和定轨的结果产生系统性的影响。在精密相对定位中，接收机位置误差的影响也不可忽视。

位置误差包括天线的整平和对中误差，以及天线高的量取误差。若天线高为 1.6 m，整平误差为 0.1°，则会产生 3 mm 的对中误差。因此在精密定位中，必须仔细操作，以尽量减少位置误差的影响；尤其在变形监测中应采用有强制对中装置的观测墩。

5.5 卫星分布的精度衰减因子及其他误差

5.5.1 等效距离误差和精度衰减因子

GNSS 定位的精度取决于两个因素：测量误差和精度衰减因子。GNSS 测量实质是距离测量，为了研究的方便，人们总是将各项误差投影到测站至卫星的连线上，以此来讨论它们对距离测量的影响，并将该影响称为等效距离误差 σ_0，它是各项误差投影到测站至卫星方向上的具体数值。

若各项误差之间相互独立，就可以求出总的等效距离误差，因此 σ_0 可以作为 GNSS 定位时衡量观测精度的客观标准。

GNSS 定位的基本原理是空间距离后方交会，决定其定位精度的另一个因素是卫星分布确定的精度因子。GNSS 星座与测站构成的几何图形不同，即使是相同精度的观测值所求得的点位精度也不会相同，因此需要研究卫星星座几何图形与定位精度之间的关系。

在 GNSS 测量中通常用精度衰减因子 DOP 来表示几何图形精度，DOP 是描述卫星的几何位置对误差贡献的因子。GNSS 的定位误差为等效距离误差与精度衰减因子之乘积，即：

$$m_x = DOP \cdot \sigma_0 \tag{5-4}$$

式中：m_x 为某定位元素的标准差；DOP 为精度衰减因子；σ_0 为等效距离的标准差。

精度衰减因子是一个直接影响定位精度但又独立于观测值和其他误差之外的量，其值的大小随时间和测站位置可在[1，10]变化。在 GNSS 定位中，DOP 值越小越好，如在 GNSS 观测中，通常要求 PDOP 值小于 6 才能进入观测。

在实际工作中，常根据不同的要求采用不同的评价模型和相应的精度衰减因子。

HDOP（Horizontal DOP）：水平精度衰减因子，表征卫星几何分布对 GNSS 平面位置精度影响的因子。

VDOP（Vertical DOP）：垂直精度衰减因子，表征卫星几何分布对 GNSS 高程定位精度影响的因子。

PDOP（Position DOP）：位置精度衰减因子，表征卫星几何分布对 GNSS 三维位置精度影响的因子。

TDOP（Time DOP）：时间精度衰减因子，表征卫星几何分布对 GNSS 授时时间精度影响的因子。

GDOP（Geometric DOP）：几何精度衰减因子，表征卫星几何分布对 GNSS 三维位置误差和时间误差综合影响的因子。

若测站与 4 颗卫星构成一个六面体，则位置精度衰减因子 PDOP 与该六面体体积成反比（图 5-2）。也就是说，所测卫星在空间分布范围越大，六面体的体积越大，PDOP 值就越小，图形强度就越高，定位精度也越高。

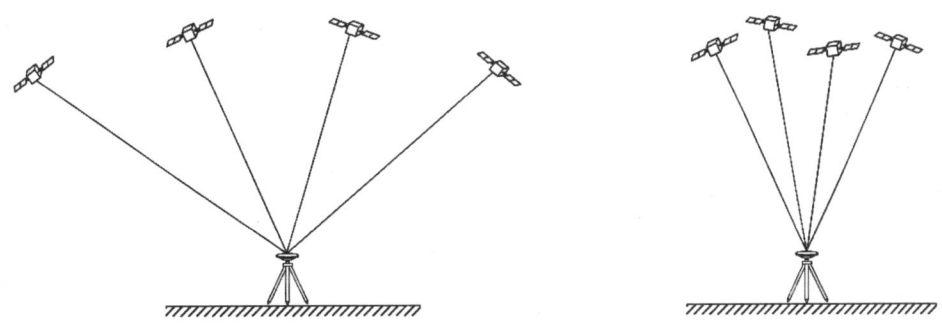

图 5-2 卫星分布与 PDOP 值的关系

5.5.2 地球潮汐

由于地球不是刚体，在太阳和月球的万有引力作用下，固体地球将产生周期性的弹性形变，这种现象称为固体潮。另外，在日月引力的作用下，地球上的负荷也将产生周期性的变化，使得地球产生周期的形变，称为负荷潮，海潮就是最典型的例子。由固体潮和负荷潮引起的测站位移可达 80 cm，由此可使不同时间的测量结果不一致，因此在高精度的相对定位中应该考虑其影响。

5.5.3 地球自转

当卫星信号到达地面测站时,与地球相固联的协议地球坐标系相对于卫星信号发送瞬时的位置已经绕 Z 轴产生了旋转,地球的自转对高精度定位有一定的影响,因此研究它的影响对高精度定位有重要意义。

思考题

1. 简述 GNSS 测量误差的特点。
2. GNSS 测量的误差来源有哪些?
3. 多路径效应是如何产生的?如何有效避免或者削弱其影响?
4. 为什么相对定位可以获得较标准单点定位 SPS 更高的定位精度?
5. 什么是精度衰减因子 DOP?
6. 接收机钟差和卫星钟差在相对定位中是如何处理的?

第6章 GNSS 控制网技术设计

GNSS 控制网测量又被称为 GNSS 经典静态相对定位测量,其实质是静态相对定位,即通过在多个测站上进行若干时段的同步观测,以确定测站之间相对位置。在多个观测站同步观测相同卫星的情况下,卫星轨道误差、卫星钟差、接收机钟差、电离层延迟误差和对流层延迟等误差对观测量的影响具有一定的相关性,GNSS 静态相对定位可有效地消除或削弱上述误差的影响,从而可获得高精度的定位结果。GNSS 控制网测量是目前 GNSS 定位中精度最高的一种方法,被广泛应用于大地测量、精密工程测量、地球动力学研究等领域。

6.1 GNSS 控制网作业流程

GNSS 控制网测量工作与传统的常规测量类似,其实施过程可划分为三个阶段:第一阶段为项目准备,主要工作为测量方案设计;第二阶段为项目生产,包括野外观测数据采集和内业数据处理两部分;第三阶段为项目验收,包括资料整理归档和成果质量检查与项目验收。其中:外业观测主要包括选择站址(选点)、建立观测标志(埋石)、野外观测作业及质量检核等,内业数据处理主要包括观测数据处理、成果质量检核和技术总结等,整个作业流程详见图 6-1。

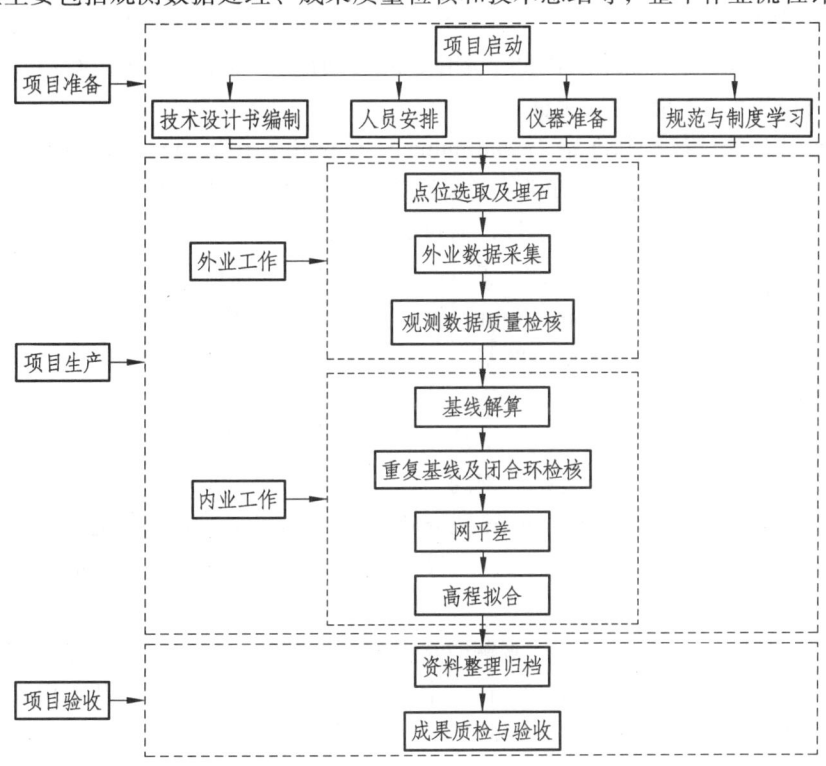

图 6-1 GNSS 控制网作业流程

GNSS 控制网测量技术复杂、要求严格、耗费较大，对其项目实施的全过程均需要精心设计、严密组织、认真落实，以避免造成人力、经费等资源的浪费。技术设计是依据 GNSS 网的用途及用户的要求，按照国家及行业主管部门颁布的 GNSS 测量规范（规程），对精度、密度、基准及作业要求（如观测的时段数、每个观测时段的长度、采样间隔、截止高度角、接收机的类型及数量、数据处理的方案）等作出的具体规定和要求。技术设计是建立 GNSS 控制网的首要工作，它提供了建立 GNSS 控制网的技术准则，是项目实施过程中以及成果检查验收时的技术依据，编制技术设计书是 GNSS 控制网测量中重要的基础工作。

6.2 专用术语

为了理解和叙述方便，这里先对 GNSS 测量中的一些专用术语加以介绍。

（1）观测时段（Observation session）：测站上从开始接收卫星信号到停止接收连续观测的时间间隔称为观测时段，简称时段。

（2）同步观测（Simultaneous observation）：两台或两台以上的 GNSS 接收机在相同的时间段内连续跟踪接收同一组卫星的信号。

（3）同步观测环（Simultaneous observation loop）：三台或三台以上接收机同步观测所获得的基线向量构成的闭合环。

（4）异步观测环（Independent observation loop）：由非同步观测获得的基线向量构成的闭合环。

（5）数据剔除率（Percentage of data rejection）：在同一时段中，删除的观测值个数与获取的观测值总数的比值。

（6）GNSS 静态定位（Static GNSS positioning）：通过在多个测站上进行同步观测，确定测站之间相对位置的 GNSS 定位测量。

（7）卫星定位连续运行基准站（Continuously operating reference station，CORS）：由卫星定位系统接收机（含天线）、计算机、气象设备、通信设备及电源设备、观测墩等构成的观测系统。它长期连续跟踪观测卫星信号，通过数据通信网络定时、实时或按数据中心的要求将观测数据传输到数据中心。它可独立或组网提供实时、快速或事后的数据服务。

（8）单基线解（Single baseline solution）：在多台 GNSS 接收机同步观测中，每次选取两台接收机的 GNSS 观测数据解算相应的基线向量。

（9）多基线解（Multi-baseline solution）：从 m（$m \geq 3$）台 GNSS 接收机同步观测值中，由 $m-1$ 条独立基线构成观测方程，统一解算出 $m-1$ 条基线向量。多基线解顾及了同步观测基线间的误差相关特性，它在理论上是严密的。

（10）国际导航卫星系统服务（International GNSS service，IGS）：提供全球导航卫星系统，包括 GPS、GLONASS、Galileo、北斗等卫星星历、卫星钟差以及相应卫星系统地面基准站坐标等方面信息的国际组织。

（11）天线高（Antenna height）：观测时接收机天线相位中心至测站中心标志面的高度。

（12）参考站（Reference Station）：在一定的观测时间内，将一台或几台接收机分别固定在一个或几个测站上，一直保持跟踪观测卫星，其余接收机在这些测站的一定范围内流动设站作业，这些固定站就称为参考站。

（13）流动站（Mobile station）：在参考站一定范围内流动设站作业的接收机所设测站。

（14）GNSS 快速静态定位测量（GNSS Fast static positioning measurement）：利用快速整周模糊解算法原理所进行的 GNSS 静态定位测量。

（15）永久性跟踪站（Permanent tracking station）：长期连续跟踪接收卫星信号的永久性地面观测站。

6.3　技术设计的依据

在测量方案的准备阶段，为了满足实际生产项目的需求和保证测量成果的质量，应根据测量任务书/测量合同书、现行的测量规范和测区已有的资料进行技术设计。

1. 测量任务书/测量合同书

测量任务书是上级测绘管理部门或建设单位下达给测量单位的关于测量任务的说明文件，其内容主要包括项目概况、技术指标、测量内容和工期要求等。而测量合同书是测量单位与甲方用户签订的关于测量工作内容和技术要求的合同文件。测量任务书和测量合同书都是测量成果验收的重要参考文件，测量单位必须根据这些测量文件所规定的工作要求和精度指标进行测量作业，因此测量任务书/测量合同书是 GNSS 测量技术设计的基本依据。

2. GNSS 控制网测量相关技术标准

测量规范是国家质量技术监督局或有关行业主管部门制定的测量技术标准，是测量工作必须遵守的指令性法规。目前现行的与 GNSS 控制网测量有关的规范（或标准）主要有如下几种：

（1）《全球定位系统（GPS）测量规范》（GB/T 18314—2009）。
（2）《卫星定位城市测量技术标准》（CJJ/T 73—2019）。
（3）《公路勘测规范》（JTG C10—2007）。
（4）《铁路工程测量规范》（TB 10101—2018）。
（5）《高速铁路工程测量规范》（TB 10601—2009）。
（6）《工程测量标准》（GB 50026—2020）。
（7）《水利水电工程测量规范》（SL 197—2013）。
（8）《水运工程测量规范》（JTS 131—2012）。
（9）《测绘技术设计规定》（CH/T 1004—2005）。
（10）《测绘技术总结编写规定》（CH/T 1001—2005）。
（11）《测绘产品检查验收规定》（CH/T 1002—95）。
（12）《测绘作业人员安全规范》（CH 1016—2008）。
（13）《测绘成果质量检查与验收》（GB/T 24356—2009）。

3. 测区已有的资料

测区已有资料是指测区内及测区周围地区的现有测绘成果资料，包括高等级控制点、测区的地形图、测区交通路线图和测区遥感影像图等，其中上述图件资料主要用于布网工作，目前采用在线电子地图的方式进行布网工作更为便利。

6.4 GNSS 控制网的级别和用途

GNSS 控制网的用途主要取决于服务对象的具体行业。在实践中，不同项目应根据工程实际选择相应技术规范。如服务的具体行业有行业规范，通常选择行业规范；否则，可选用国家规范。

下面以《全球定位系统（GPS）测量规范》（GB/T 18314—2009）和《工程测量标准》（GB 50026—2020）为例介绍控制网级别和用途。不同规范因其用途不同，控制网级别的划分也不相同。

6.4.1 GNSS 控制网的级别

1. 《全球定位系统（GPS）测量规范》（GB/T 18314—2009）

根据控制网的实际用途和测量精度共分为 A、B、C、D 和 E 等 5 个级别。A 级网由卫星定位连续运行基站构成，其精度应不低于表 6-1 的要求。

表 6-1 A 级 GNSS 网精度要求

级别	坐标年变化率中误差		相对精度	地心坐标各分量年平均中误差/(mm/a)
	水平分量/(mm/a)	垂直分量/(mm/a)		
A	2	3	1×10^{-8}	0.5

B、C、D 和 E 级网的精度应不低于表 6-2 的要求。

表 6-2 B、C、D 和 E 级 GNSS 网精度要求

等级	相邻点基线分量中误差		相邻点间平均距离/km
	水平分量/mm	垂直分量/mm	
B	5	10	50
C	10	20	20
D	20	40	5
E	20	40	3

用于建立国家二等大地控制网和三、四等大地控制网的 GNSS 测量，在满足表 6-2 规定的 B、C 和 D 级精度要求的基础上，其相对精度应分别不低于 1×10^{-7}、1×10^{-6} 和 1×10^{-5}。

2. 《工程测量标准》（GB 50026—2020）

工程测量标准适应于工程建设领域通用性测量工作，其平面控制网可按精度划分为等与级两种规格，由高向低依次宜为二、三、四等和一、二级。

工程用平面控制网，可采用卫星定位测量的方法建立。

卫星定位测量可用于二、三、四等和一、二级控制网的建立，各等级的主要技术指标应符合表 6-3 的规定。

表 6-3　各等级卫星定位测量控制网的主要技术指标

等级	基线平均长度 /km	固定误差 a /mm	比例误差系数 b /（mm/km）	约束点间的边长相对中误差	约束平差后最弱边相对中误差
二等	9	≤10	≤2	≤1/250 000	≤1/120 000
三等	4.5	≤10	≤5	≤1/150 000	≤1/70 000
四等	2	≤10	≤10	≤1/100 000	≤1/40 000
一级	1	≤10	≤20	≤1/40 000	≤1/20 000
二级	0.5	≤10	≤40	≤1/20 000	≤1/10 000

6.4.2　GNSS 控制网的用途

（1）用于建立国家一等大地控制网，进行全球性的地球动力学研究、地壳形变测量和精密定轨等的 GNSS 测量，应满足 A 级 GNSS 测量的精度要求。

（2）用于建立国家二等大地控制网，建立地方或城市坐标基准框架、区域性的地球动力学研究、地壳形变测量、局部形变监测和各种精密工程测量等的 GNSS 测量，应满足 B 级 GNSS 测量的精度要求。

（3）用于建立三等大地控制网，以及建立区域、城市及工程测量的基本控制网等的 GNSS 测量，应满足 C 级 GNSS 测量的精度要求。

（4）用于建立四等大地控制网的 GNSS 测量应满足 D 级 GNSS 测量的精度要求。

（5）用于中小城市、城镇以及测图、地籍、土地信息、房产、物探、勘测、建筑施工等的控制测量等的 GNSS 测量，应满足 D、E 级 GNSS 测量的精度要求。

6.5　GNSS 控制网的布网原则

6.5.1　基本原则

（1）各级 GNSS 网一般逐级布设，在保证精度、密度等技术要求时可跨级布设。

（2）各级 GNSS 网的布设应根据其布设目的、精度要求、卫星状况、接收机类型和数量、测区已有的资料、测区地形和交通状况以及作业效率等因素综合考虑，按照优化设计原则进行。

（3）各级 GNSS 网最简异步观测环或附合路线的边数应不大于表 6-4 的规定。

表 6-4　最简异步观测环或附合路线的边数

级别	B	C	D	E
闭合环或附合路线的边数/条	6	6	8	10

（4）各级 GNSS 网点位应均匀分布，相邻点间距离最大不宜超过该网平均点间距的 2 倍。

（5）新布设的 GNSS 网应与附近已有的国家高等级 GNSS 点进行联测，联测点数不应少于 3 个。

（6）为求定 GNSS 点在某一参考坐标系中的坐标，应与该参考坐标系中的原有控制点联测，联测的总点数不应少于 3 个。在需用常规测量方法加密控制网的地区，D、E 级网点应有 1~2 个方向通视。

（7）A、B 级网应逐点联测高程，C 级网应根据区域似大地水准面精化要求联测高程，D、E 级网可视具体情况联测高程。

（8）A、B 级网点的高程联测精度应不低于二等水准测量精度，C 级网点的高程联测精度应不低于三等水准测量精度，D、E 级网点按四等水准测量或与其精度相当的方法进行高程联测。各级网高程联测的测量方法和技术要求应按《国家一、二等水准测量规范》（GB/T 12897—2006）或《国家三、四等水准测量规范》（GB/T 12898—2009）的规定执行。

（9）B、C、D、E 级网布设时，测区内高于施测级别的 GNSS 网点均应作为本级别 GNSS 网的控制点（或框架点），并在观测时纳入相应级别的 GNSS 网中一并施测。

（10）在局部补充、加密低等级的 GNSS 网点时，采用的高等级 GNSS 网点点数应不少于 4 个。

（11）各级 GNSS 网按观测方法可采用基于 A 级点、区域卫星连续运行基准站网、临时连续运行基准站网等的点观测模式，或以多个同步观测环为基本组成的网观测模式。网观测模式中的同步环之间，应以边连接或点连接的方式进行网的构建。

（12）采用 GNSS 测量建立各等级大地控制网时，其布设还应遵循以下原则：

① 用于国家一等大地控制网时，其点位应均匀分布，覆盖我国国土。在满足条件的情况下，点位宜布设在国家一等水准路线附近或国家一等水准网的结点处。

② 用于国家二等大地控制网时，应综合考虑应用服务和对国家一、二等水准网的大尺度稳定性监测等因素，统一设计，布设成连续网。点位应在均匀分布的基础上，尽可能与国家一、二等水准网的结点、已有国家高等级 GNSS 点、地壳形变监测网点、基本验潮站等重合。

③ 用于三等大地控制网布测时，应满足国家基本比例尺测图的基本需求，并结合水准测量、重力测量技术，以精化区域似大地水准面。

6.5.2 控制网点名与点号编制要求

（1）GNSS 点名应以该点位所在地命名，无法区分时可在点名后加注（一）、（二）等予以区别。少数民族地区应使用规范的音译汉语名，在译音后可附上原文。

（2）新旧点重合时，应采用旧点名，不得更改。如原点位所在地名称已变更，应在新点名后以括号注明旧点名。如与水准点重合时，应在新点名后以括号注明水准点等级和编号。

（3）点名书写应准确、正规，一律以国务院公布的简化汉字为准。

（4）当对 GNSS 点编制点号时，应整体考虑统一编号，点号应唯一，且适于计算机管理。

6.6 GNSS 控制网的基准设计

GNSS 控制网的直接成果是基于参考椭球的空间三维坐标，而在实际的项目中，测量成果通常采用高斯平面坐标和正常高的组合形式，因此在进行 GNSS 控制网的技术设计时，需要根据参考椭球、测区的中央子午线经度、平面坐标的加常数、坐标的投影面高程和测区的平均高程等多种参数，确定 GNSS 控制网所采用的坐标参照系、控制网平差所需的起算点坐标和坐标转换所需的必要数据，此即 GNSS 控制网的基准设计。实际上，控制网的基准设计主要是解决控制网的平移、旋转和尺度缩放的问题，因此，其主要内容包括位置基准、方位基准和尺度基准等三个方面。

6.6.1 位置基准设计

位置基准即 GNSS 网平差时所采用的起算点坐标。一般情况下，位置基准设计采用的方法如下：

（1）选取 GNSS 网中一点或者若干点，固定这些点的三维坐标或并给予这些点合适的权重。

（2）在无已知固定点的条件下，可采用自由网秩亏平差或拟稳平差获取控制网的坐标基准。

（3）以 GNSS 网中高精度的多普勒点作为位置基准。

（4）以 GNSS 网中一点的高精度单点定位坐标作为位置基准。

若采用单个点的坐标作为位置基准，则无法形成方位角和距离的约束条件，网平差时对网的方位和尺度均无影响（最小约束平差）；而若采用多个点的坐标作为位置基准，则会在方位角和距离上形成多余观测，网平差时将对网的尺度和定向均产生影响。

6.6.2 方位基准设计

方位基准设计的主要目的是利用起算方位数据将控制网固定。其一般的确定方法如下：

（1）由于 GNSS 基线向量中包含方向信息，因此可以选择高精度的基线向量作为方位基准。

（2）由给定的起算方位角确定。

（3）在网中选择多个点，从而将控制网方位固定。

6.6.3 尺度基准设计

尺度基准设计的主要目的是利用边长起算数据，使得网点间的距离与地面的实际距离保持一致。其一般确定方法如下：

（1）由电磁波测距边的边长确定。

（2）由给定两个或两个以上的已知控制点的距离确定。

（3）由基线向量的距离确定。

6.6.4 GNSS 控制网的基准确定

GNSS 网的位置基准一般都是由给定的起算点坐标确定的。方位基准一般以给定的两个或以上起算点坐标确定，也可由 GNSS 基线向量的方位作为方位基准。尺度基准一般由地面电磁波测距边确定，也可由两个以上起算点间的距离确定，还可由 GNSS 基线向量的距离确定。因此，GNSS 网的基准设计，实际上主要是指确定网的位置基准。

GNSS 控制网的基准设计需要遵循以下原则：

（1）为了将 GNSS 网点的地心坐标值转换为国家或地方坐标值，应选定若干国家或地方控制网点与 GNSS 网联测。这时既要考虑充分利用旧资料，又要使新建的高精度 GNSS 网不受旧资料精度较低的影响。

（2）为了保证 GNSS 网进行约束平差后坐标精度的均匀性和减少尺度比误差的影响，应对 GNSS 网内重合的高等级国家点或地方控制网点适当地构成长边图形。

（3）GNSS 网经平差计算后，可以得到 GNSS 点在地面坐标系中的大地高，为了求得 GNSS 点的正常高，可根据具体情况联测高程点，联测的高程点应均匀地分布于网中。

（4）如果控制网采用地方独立或工程坐标系，一般还应了解以下参数：
① 所采用的参考椭球；
② 坐标系的中央子午线经度；
③ 纵、横坐标加常数；
④ 坐标系的投影面高程以及测区的平均高程异常值；
⑤ 起算点的坐标值。

6.7 GNSS 网的网特征条件

在进行 GNSS 网图形设计前，必须明确有关 GNSS 网构成的几个概念，掌握网的特征条件计算方法。

6.7.1 网特征条件的计算

若某 GNSS 网由 n 个网点组成，根据规范要求其观测时段数为 m，如采用 N 台接收机进行观测，则该网的理论最少观测时段数 $C_{\min}$ 可按公式（6-1）计算：

$$C_{\min} = \text{ceil}(n \cdot m / N) \tag{6-1}$$

式中：$C_{\min}$ 为理论最少观测时段数；ceil（ ）为天花板函数（对实数向上取整）；n 为网点数；m 为每点设站次数；N 为接收机数。

则在 GNSS 网中：

$$总基线数：J_{总} = C \cdot N \cdot (N-1)/2 \tag{6-2}$$

$$必要基线数：J_{必} = n - 1 \tag{6-3}$$

$$独立基线数：J_{独} = C(N-1) \tag{6-4}$$

$$多余基线数：J_{多} = C(N-1) - (n-1) \tag{6-5}$$

式中：C 为设计时段数，通常设计时段数会略大于理论最少观测时段数，若设计时段数较理论最少观测时段数大得多则可能需要予以优化，若设计时段数较理论最少观测时段数小则说明观测计划不符合规范要求。

依据以上公式，就可以确定出一个具体 GNSS 网图形结构的主要特征。

6.7.2 GNSS 网同步图形构成及独立边的选择

根据式（6-2），在对于由 N 台 GNSS 接收机构成的同步图形中，一个时段包含的 GNSS 基线（或简称 GNSS 边）数为：

$$J = N \cdot (N-1)/2 \quad (6\text{-}6)$$

其中只有 $N-1$ 条是独立的 GNSS 边，其余为非独立 GNSS 边。图 6-2 给出了 $N=2\sim5$ 台接收机同步观测所构成的图形。

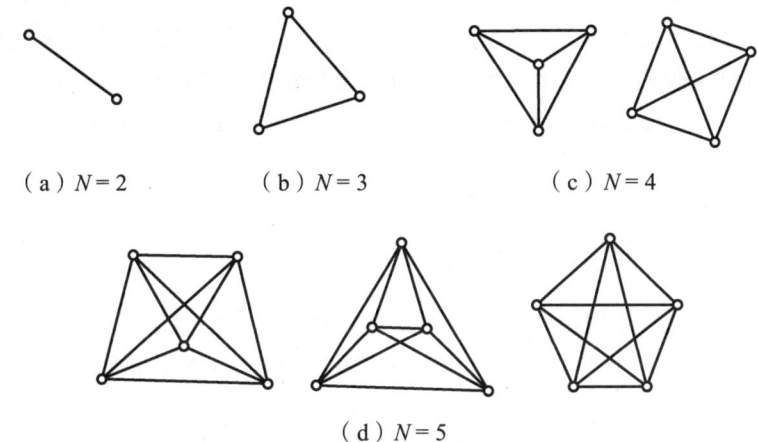

图 6-2　N 台接收机的同步观测图形

对应于图 6-2，独立的 GNSS 边可以有不同的选择，如图 6-3 所示。

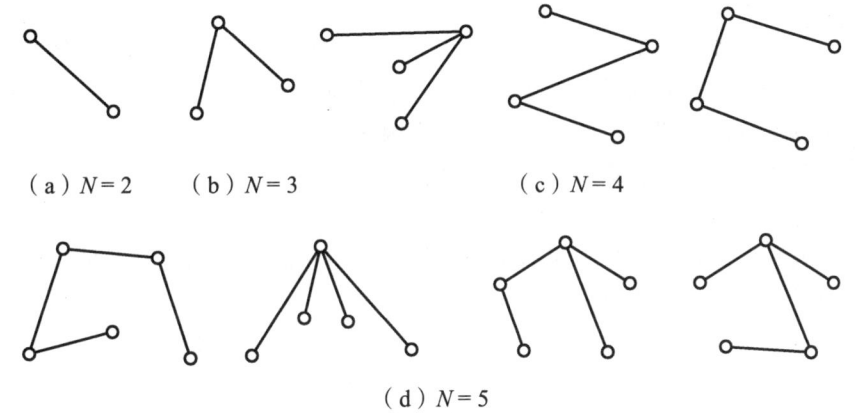

图 6-3　GNSS 独立边的不同选择

当同步观测的 GNSS 接收机数 $N \geqslant 3$ 时，同步闭合环的最少个数应为：

$$T = J - (N-1) = (N-1)(N-2)/2 \quad (6\text{-}7)$$

GNSS 接收机数 N、边数 J 及同步闭合环数 T（最少个数）的对应关系如表 6-5 所示。

表 6-5　GNSS 接收机数 N、边数 J 及同步闭合环数 T 的关系

接收机数 N	2	3	4	5	6	7	8
边数 J	1	3	6	10	15	21	28
同步闭合环数 T	0	1	3	6	10	15	21

理论上，同步闭合环中各 GNSS 边的坐标差之和（即闭合差）应为 0，但由于观测数据不完全同步、基线处理方式不完全相同、解算基线的数学模型不完善以及计算过程中的舍入误差等，同步闭合环的闭合差一般不等于零。GNSS 测量规范对这一闭合差的限差作了规定，值得注意的是，当同步闭合环的闭合差较小时，通常只能说明 GNSS 基线向量的计算合格，并不能说明基线的观测精度高，也不能发现接收机信号受到干扰而产生的某些粗差。

为了确保 GNSS 观测成果的可靠性，有效地发现粗差，各同步闭合环应先选取 $N-1$ 条不构成任何闭合图形的独立基线组合，最后将所有不同时段独立基线组合拼接成一个闭合几何图形进行平差计算。

6.8 GNSS 控制网的图形设计及原则

GNSS 控制网的图形结构由测站点和测站点之间的基线向量组成，图形设计的任务即是根据测量任务书/测量合同书的要求，结合测区的观测条件、GNSS 接收机的数量和已知控制点的情况，对控制网的空间范围、测站的数量和分布、独立基线和重复基线的数量、同步图形和异步图形的几何结构以及观测时段的时长和数量进行合理设计，从而使 GNSS 控制网的精度指标、经济指标、几何强度、可靠性和观测效率满足应用需求。

6.8.1 技术设计应考虑的因素

技术设计主要是根据测量合同或上级主管部门下达的测量任务书，以及有关 GNSS 测量规范或规程进行的。总的原则是，在满足用户要求的前提下，尽可能减少人力、物资和时间上的消耗。在技术设计过程中，应充分考虑以下因素：

（1）测站因素。同测站布设有关的技术因素有：网点的密度、网的图形结构、时段分配、重复设站和重合点的布置等。

（2）卫星因素。同观测对象卫星有关的因素有：卫星高度角和可见卫星数目、卫星分布的精度衰减因子和卫星信号质量等。

（3）仪器因素。同仪器有关的因素有：用于相对定位的接收机数量、天线质量和记录设备等。

（4）后勤因素。后勤保障方面的因素有：接收机总台数、使用时间、各观测时段的机组调度、交通工具和通信设备的配置等。

6.8.2 GNSS 控制网图形设计原则

根据不同的组网形式，GNSS 网应设计成一个比较实用的网形，使其既可以满足一定的精度和可靠性要求，又有较高的经济指标。GNSS 网形设计应遵循以下原则：

（1）GNSS 网应根据测区实际需要和交通状况、作业时的卫星情况、预期达到的精度、成果的可靠性以及工作效率，按照优化设计的原则进行。

（2）GNSS 网应按"每个控制网点至少应独立设站观测两次"的原则进行布网。这样不同接收机观测量所构成网的精度和可靠性指标比较接近。

（3）GNSS 网一般应通过独立观测边构成闭合图形，以提高网的可靠性。

（4）在 GNSS 网中不应存在自由基线，因为自由基线不构成任何闭合图形，不具备发现粗差的能力。

（5）为了便于施测，GNSS 点位应选在交通便利、视野开阔的地方。

（6）GNSS 网点之间虽不要求必须通视，但考虑到采用常规测量方法加密的需要，应适当设置一些通视边。

（7）在可能的条件下，新布测的 GNSS 网应与附近已有的高等级 GNSS 点进行联测。

（8）GNSS 网点选择应考虑高程联测的因素。

6.8.3　GNSS 控制网图形结构形式

GNSS 控制网是由同步图形作为基本图形扩展得到的，采用的连接方式不同，网的形状结构也不同。GNSS 控制网的图形设计就是将各同步图形合理地连接为一个整体，使其达到图形强度高、精度好、可靠性强及观测效率高的目的。

根据不同的用途，GNSS 网的布设按网的结构形式可分为星状网、点连式、边连式、边点混合式和网连接式等形式。

1. 星状网

（1）布网形式。

星状网的布网图形如图 6-4 所示。该类网是以一个固定的中心点作为基准站，而其他网点均作为流动站。在观测期间，中心点的 GNSS 接收机保持连续观测状态至所有的流动站完成观测任务，而流动站的 GNSS 接收机在一个观测时段结束后，即可前往下一个网点进行观测。

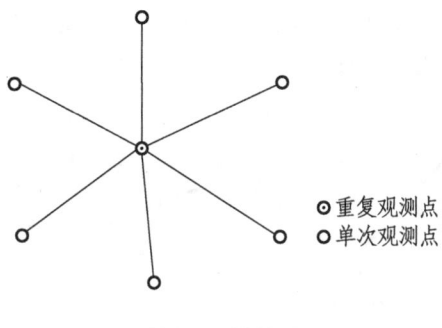

图 6-4　星状网

（2）特点。

星状网的优点在于作业方便、观测效率高和所需的 GNSS 接收机数量少（最少仅需两台即可完成定位）。但其缺点是每时段网中的流动站与基准站仅形成一条独立基线，各独立基线之间又没有形成闭合图形，从而使得星状网的精度、可靠性和几何强度均较低。为了提高精度和可靠性，每个流动站应进行重复观测（至少有两个观测时段）。星状网广泛应用于工程测量、边界测量、地籍测量和碎部测量等精度要求不高、作业时间短的测量任务。

2. 点连式

（1）布网形式。

点连式的布网图形如图 6-5 所示。该类网由多个闭合图形组成，相邻的闭合图形之间仅由一个公共点连接，图中加有黑点的圆圈表示重复观测的网点。

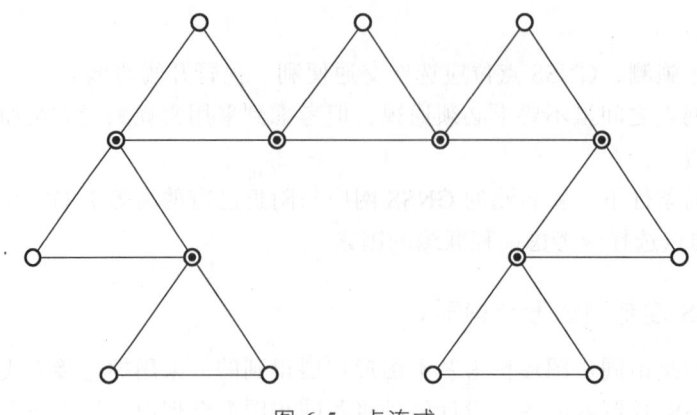

图 6-5 点连式

（2）特点。

点连式布网方式所构成的几何图形中虽然含有多个闭合图形，但是由于闭合图形之间无法形成有效的闭合条件，若连接点或同步环出现粗差，则所有的同步图形均受影响，所以点连式网的几何强度较低，发现和抵抗粗差的能力较弱，因此在一般作业中，不单独使用点连式网形结构。若在实际中布设了点连式网，可增加每个闭合图形的观测时段数量，以增加多余观测数（重复基线、异步环闭合条件数），从而提高控制网的观测精度和可靠性。

3. 边连式

（1）布网形式。

边连式的布网图形如图 6-6 所示。该类网中存在多个闭合图形，相邻的闭合图形间由一条公共基线边（图中加粗的边）相连接。

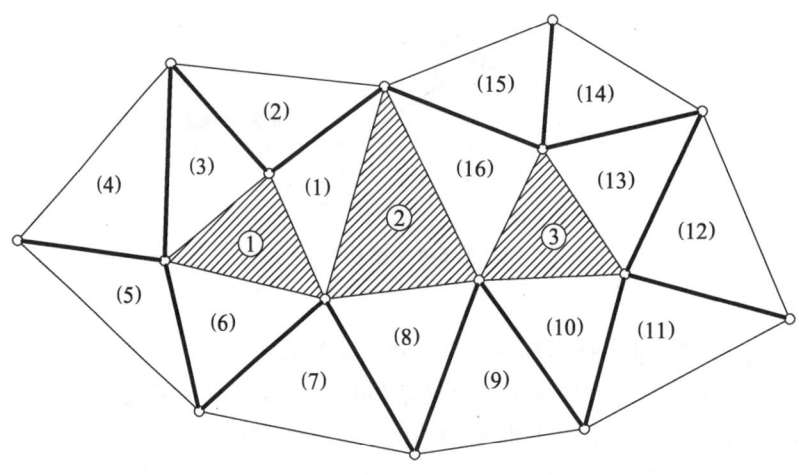

图 6-6 边连式

（2）特点。

与点连接式相比，边连式网可形成较多数量的重复基线和异步闭合图形，几何强度高。图 6-6 中的边连式控制网，有 15 个网点，16 个观测时段，15 条复测边（图中加粗的实线），基线总数为 48，必要基线数为 14，独立基线数为 32，多余基线数为 18。边连式布网方式具有较多的图形闭合条件，探测和抵御粗差的能力较强，网的精度和可靠性较高。

4. 边点混合式

（1）布网形式。

边点混合式的布网是将点连式和边连式有机结合在一起，既能保证网形的几何结构强度，又能够适当减少观测工作量以降低成本。

（2）特点。

如图 6-7 所示，在点连式网的基础上增加 6 条基线（虚线），即可形成多个异步闭合环。边点混合式网形结构同时具备点连式布网的高效率及边连式布网的高精度和高可靠性等优点，形式灵活，适应性强。

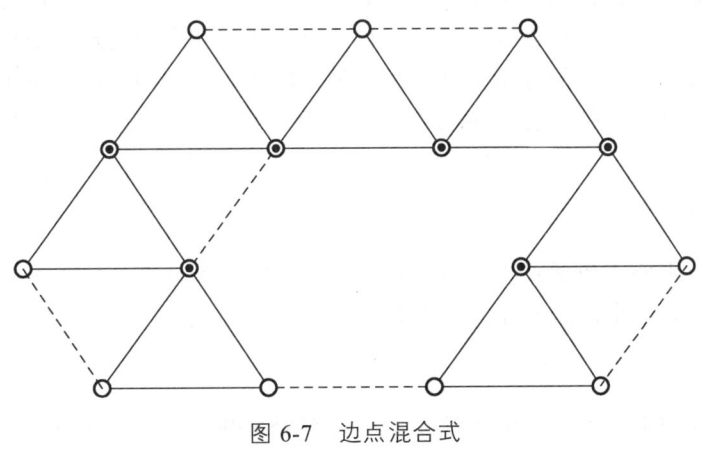

图 6-7 边点混合式

5. 网连接式

（1）布网形式。

网连接式是一种密集的布网方法，相邻同步图形之间由 3 个或以上的公共点相连。如图 6-8 所示的 GNSS 控制网，使用了 6 台接收机，观测了 3 个时段，相邻同步图形之间有一个三角形进行连接。

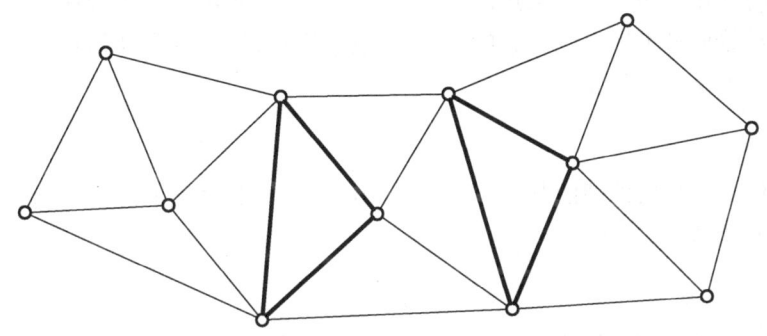

图 6-8 网连接式

（2）特点。

网连接式结构是特殊的边连式结构，其几何强度和可靠性较边连式结构更高，但显然这种方式观测效率低下，实施成本极高，一般仅用于网点数量较多、精度和可靠性要求极高的控制测量。

6.9 GNSS 控制网技术设计书的编写

技术设计书是 GNSS 控制网项目实施最重要的技术文件，经济合理、计划周密、精度与可靠性有保障的技术设计书是保障项目顺利实施的前提，实践中需要特别重视项目技术设计书的编制工作。

技术设计书的主要内容包括：

1. 工程及测区概况

工程及测区概况包括：GNSS 测量任务的来源和性质、GNSS 网的用途及意义等；测区的行政隶属，测区范围的地理坐标、控制面积、交通状况和人文地理、地形及气候状况，测区控制点的分布及对控制点的分析、利用和评价；GNSS 控制网点的数量（包括埋设点数、约束点数、水准点数、检查点数）、精度指标及坐标系统、高程系统，点位的保存状况，可利用情况等。

2. 作业依据及技术要求

作业依据及技术要求包括：项目生产所依据的有关技术标准、任务书或合同提出的具体精度指标要求、提交成果的坐标系统和高程系统等。

3. 布网方案

在适当比例尺地形图或在线电子地图上进行 GNSS 网的图上设计，包括 GNSS 网的图形、网点的数量、点位选择、连接方式，GNSS 网特征条件的测算与统计、点位图的绘制等。

4. 选点与埋石

选点与埋石包括：GNSS 点位的选择要求、埋设方法及网点编号等。

5. GNSS 网的外业观测

GNSS 网的外业观测包括：采用的仪器与测量模式，观测的基本程序与基本要求，观测计划的制订；对数据采集提出应注意的问题，包括外业观测时的具体操作步骤、对中整平的要求、天线高的测量方法与要求。

6. 数据处理

数据处理包括：数据处理的基本方法及使用的软件、起算点的选择、闭合环和重复基线的检验、网平差及高程拟合等。

7. 质量保证措施

质量保证措施要求措施具体，方法可靠，能在实际中贯彻执行，包括人员配备情况、设备配备情况、作业的进度计划、经费预算、质量保证措施、数据安全及保密措施、安全生产措施等。

8. 提交成果资料清单

提交成果资料包括：测量任务书、技术设计书、自检报告、点之记、环视图和测量标志委托保管书，卫星可见性预报表和观测计划，外业观测记录（包括原始记录的存储介质及其备份）、测量记录手簿，仪器设备的检定资料，外业观测数据的质量分析及野外检核计算资料，数据加工中生成的文件、资料和成果表，GNSS 网图，技术总结和成果验收报告等。

思考题

1. GNSS 控制网外业工作包括哪些？
2. GNSS 控制网技术设计的主要技术依据有哪些？
3. 按照 GB/T 18314—2009 规范要求，GNSS 控制网的精度等级如何划分？各等级控制网的用途是什么？
4. GNSS 控制网技术设计书的主要组成部分有哪些？
5. GNSS 控制网的图形结构形式有哪些？
6. GNSS 控制网技术设计应考虑的因素有哪些？

第 7 章　GNSS 控制网项目生产

GNSS 控制网项目生产可分为外业工作（野外观测数据采集）和内业工作（内业数据处理）两部分。其中：外业工作即根据技术设计书的要求，到实地进行野外数据采集，主要工作内容包括选择站址（选点）、标石埋设（埋石）、数据采集（观测）、数据传输及数据质量检核等；内业工作主要包括数据传输、数据预处理、基线解算、闭合条件检核、网平差计算及高程拟合等。本章基于 GNSS 控制网项目生产流程，详细介绍了项目生产各阶段的工作内容及方法，并利用 GNSS 数据处理软件对某工程实例数据进行了处理。

7.1　GNSS 控制网外业工作

7.1.1　准备工作

1. 踏勘测区及收集资料

现场踏勘的目的主要是了解测区的基本情况以及与项目实施密切相关的一些关键要素，以修订前期编制的技术设计书，使其更加经济、可行，降低外业生产人员的劳动强度、提高企业的生产效率和经济效益。

踏勘的主要内容包括：

（1）交通情况：公路、铁路、乡村道路的分布及通行情况。

（2）水系分布情况：江河、湖泊、池塘、渠道的分布以及桥梁、码头、水路交通等情况。

（3）居民点情况：测区内城镇、村庄居民点的分布，食宿及供电情况。

（4）植被情况：森林、草原、农作物的分布等。

（5）测区风俗民情：民族的分布，习俗、习惯、方言以及社会治安情况。

（6）控制点情况：三角点、水准点、多普勒点、GNSS 点、卫星定位连续运行基准站等相关资料，包括其成果及其坐标系统、高程系统、点的分布及其密度、测量标志及其保存现状。在符合控制网要求的前提下，应尽可能多地利用原有控制点标石，以节省埋设标石的费用。

收集的资料包括：

（1）各类图件：1∶1 万～1∶10 万比例尺地形图、大地水准面起伏图、交通图等。

（2）各类控制点成果：三角点、导线点、水准点、多普勒点、GNSS 点及各控制点的坐标系统、技术总结等有关资料。

（3）测区有关的地理位置、气候特点：气象、地质、交通、通信等方面条件的资料。

（4）城镇、村庄的行政区划表。

2. 选　点

与常规的地面测量不同，GNSS 控制网的网点之间不需要通视，因此其选点相对灵活，但由于站址质量对观测精度和作业效率有较大的影响，站址质量不达标时甚至会导致控制网精度无法满足工程要求，实际工作中应予以高度重视。

根据《全球定位系统（GPS）测量规范》（GB/T 18314—2009），各级控制网选点要求如下：

（1）点位应选择在便于安置接收设备和操作、视野开阔、视场内障碍物的高度角不宜超过 15°的地方，以避免信号被遮挡和吸收。

（2）选点人员应按照技术设计中的控制网图进行点位选定，点位调整不宜过大。

（3）点位应远离大功率无线电发射源（如电视台、电台、微波站等），其距离不小于 200 m；远离高压输电线和微波无线电信号传送通道，其距离不应小于 50 m。

（4）点位附近不应有强烈反射卫星信号的物件（如大型建筑物等），以减弱多路径效应影响。

（5）点位应选在交通便利，并有利于其他测量手段扩展和联测的地方。

（6）点位应选在地面基础稳定、易于标石长期保存的地方。

（7）选点充分利用符合要求的已有控制点标石。

（8）选点时应尽可能使测站附近的局部环境（地形、地貌、植被等）与周围的大环境保持一致，以减少气象元素的代表性误差。

（9）非基岩的 A、B 级 GNSS 点的附近宜埋设辅助点，并测定其与该点的距离和高差，精度应优于 ±5 mm。

（10）各级 GNSS 网点可视需要设立与其通视的方位点，方位点应目标明显、观测方便，方位点距网点的距离一般不小于 300 m。

（11）当利用旧点时，应检查旧点的稳定性、可靠性和完好性，符合要求方可利用。

（12）需要水准联测的 GNSS 点，应实地踏勘水准路线情况，选择联测水准点并绘出联测路线图。

（13）不论新选定的点或利用旧点（包括辅助点与方位点），均应实地按表 7-2 的要求绘制点之记，其内容要求在现场详细记录，不得追记。

（14）A、B 级 GNSS 网点在其点之记中应填写地质概要、构造背景及地形地质构造略图。

（15）点位周围有高于 10°的障碍物时，应绘制点的环视图，其形式见有关规范。

（16）分区选点时，一个网区选点完成后，应绘制该网区选点图。

（17）选点工作结束后应上交的资料包括：① GNSS 网点点之记、环视图；② GNSS 网选点图（测区较小，选点、埋石与观测一起完成时，可以展点图代替）；③ 选点工作总结。

3. 埋 石

埋石工作即在控制点上建立观测标志或观测墩，主要工作包括标石制作（亦可现场浇筑）、现场埋设、标石整饰、绘制点之记等。埋设标石工作应严格按照规范的有关规定执行。GNSS 网点一般应埋设具有中心标志的标石，以精确标示点位。点的标石和标志必须稳定、坚固以利长期保存和利用。在基岩露头地区，也可直接在基岩上嵌入金属标志。

（1）标石类型。

依据控制网的精度指标和实际用途，标石可分为观测墩、天线墩、基本标石和普通标石四种类型，如表 7-1 所示。

表 7-1 标石类型

标石类别	标石形式	控制网等级	作业标准
观测墩	基岩观测墩、土层观测墩、屋顶观测墩	A	《全球导航卫星系统连续运行参考站网建设规范》（CH/T 2008—2005）
天线墩	基岩天线墩、岩石天线墩、土层天线墩	A、B	
基本标石	普通基本标石、冻土基本标石、固定沙丘基本标石	B、C、D、E	《全球定位系统（GPS）测量规范》（GB/T 18314—2009）
普通标石	地面普通标石、建筑物上标石	B、C、D、E	

图 7-1 所示为普通基本标石和建筑物上标石的规格。

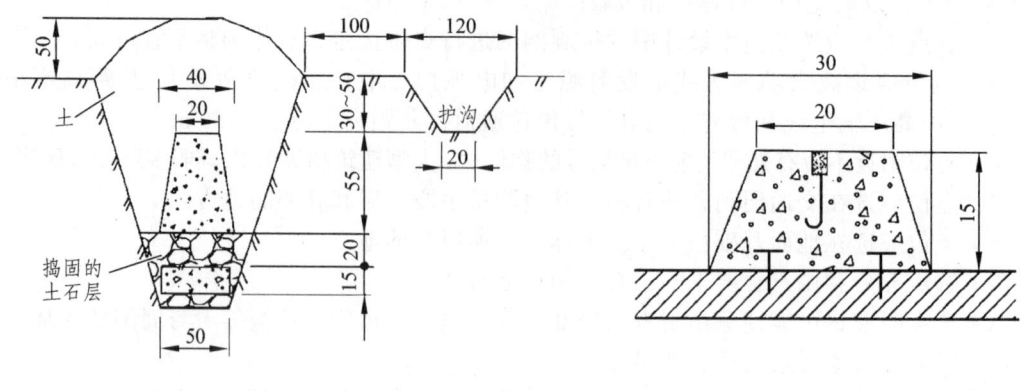

（a）普通基本标石　　　　　　　　（b）建筑物上标石

图 7-1　常用标石类型及规格（单位：cm）

（2）埋石作业。

在确定标石类型后，需联系相关单位制作标石并进行埋石工作。其作业要求如下：

① 各级控制点标石应用混凝土灌制或预制。有条件的地区，还可以用整块花岗石、青石等坚硬石料凿制，但其规格应不小于同类标石的规定。

② 埋设天线墩、基岩标石、基本标石时，应现场浇灌混凝土，而普通标石可预先制作，然后运往各点埋设。

③ 埋设标石时，须使各层标志（上下标石）中心严格在同一铅垂线上，其偏差应小于 2 mm。

④ 当利用旧点时，首先应检查该点标石的保存状况是否完好、规格是否满足要求，如遇上标石被破坏，可以下标石为准，重埋上标石。

⑤ 埋石所占土地，应经土地使用者或管理部门同意，并办理相应手续。新埋标石时应履行测量标志委托保管手续。

⑥ B、C 级网点标石埋设后，至少需经过一个雨季，冻土地区至少需经过一个冻解期，基岩或岩层标石至少需经一个月后，方可用于观测。

（3）标石整饰要求。

① B、C、D、E 级 GNSS 点混凝土标石灌制时，均应在标石上表面压印控制点的类级、埋设年代，B、C 级 GNSS 点还应在标石侧面压印"国家设施　请勿碰动"字样。

② B 级 GNSS 网点标石埋设后，宜在周围砌筑混凝土方井或圆井护框，其内径根据情况而定，但至少不小于 0.6 m，高为 0.2 m。

③ 荒漠或平原不易寻找的控制点还需在其近旁埋设指示碑。

（4）埋石后上交的资料。

每个点位标石埋设结束后，应按表 7-2 的格式填写点之记，并提交以下资料：

① 标石建造拍摄的照片。

② 测量标志委托保管书。

③ 埋石工作总结。

表 7-2 GNSS 点之记

测区：平陆区　　　　　　　　　　　　　　　所在图幅：149E008013　　点号：C002

点名	南疙瘩	级别	B 级	概略位置	$B = 34°50'$　$L = 111°10'$　$H = 484$ m	
所在地	山西省平陆县城关镇上岭村			最近住所及距离	山西省平陆县招待所，距点位 8 km	
地类	山地	土质	黄土	冻土深度		解冻深度
最近电信设施	平陆县邮电所			供电情况	上岭村每天可供交流电	
最近水源及距离	上岭村有自来水，距点 800 m			石子来源	点位附近	沙子来源	县城建筑公司

本点交通情况（至本点通路与最近车站、码头名称及距离）	由三门峡乘车轮渡过黄河，向北约 8 km 到山西省平陆县城，再由平陆县城乘车向东南约 7 km 至上岭村，再步行约 800 m 到点上。每天有两班车，两轮人力车可到达点位。	交通路线图

点位略图：1:200 000

选点情况		点位略图
单位	国家测绘局第一大队测量队	
选点员	李×	日期	2000-6-5	
是否联测坐标高程	联测高程	
联测等级与方法	二等水准测量	单位：m
起始水准点及距离	点号为Ⅱ西三 023，距离本点 1.5 km，联测里程大约 2 km。	1:200 00

地质概要、构造背景	地形地质构造略图

埋石情况		标石断面图	接收天线计划位置
单 位	国家测绘局第一大队测量队		
埋石员	张×	日期	2000-7-12		
利用旧点及情况	利用原有的墩标		
保管人	陈×		天线可直接安置在墩标顶上
保管人单位及职务	山西省平陆县上岭村会计		
保管人住址	山西省平陆县上岭村	单位：cm	
备 注			

4. 拟订观测计划

外业数据采集工作是 GNSS 控制网的主要工作之一。在数据采集作业前，拟订外业观测计划可以有效组织和协调人员，提高工作效率，顺利完成野外数据采集任务，以避免造成人力、物力的浪费，实践中须高度重视。

（1）拟订观测计划时的依据：

① GNSS 网规模的大小：网的规模越大，观测计划的制订应更加周密详尽。

② 观测时段的卫星数量和 PDOP 值：应选择满足规范要求的卫星数量和 PDOP 值不大于 6 的时间段进行数据采集。

③ 参加作业的 GNSS 接收机类型及数量：外业观测应尽量使用相同的接收机，若观测使用多种不同类型和型号的接收机，应有相应的保障措施。

④ 测区的交通、通信及后勤保障条件：合理安排人员与交通工具，配备必要的通信工具，设置观测时段和迁站方案，保障作业顺利实施。

（2）观测计划的主要内容：

① 编制 GNSS 卫星的可见性预报图：使用距预报日期不超过 20 d 的星历文件，根据测站概略坐标、拟观测日期和时间段，利用星历预报软件生成卫星的可见性预报图和对应 PDOP 值的曲线（图 7-2）。

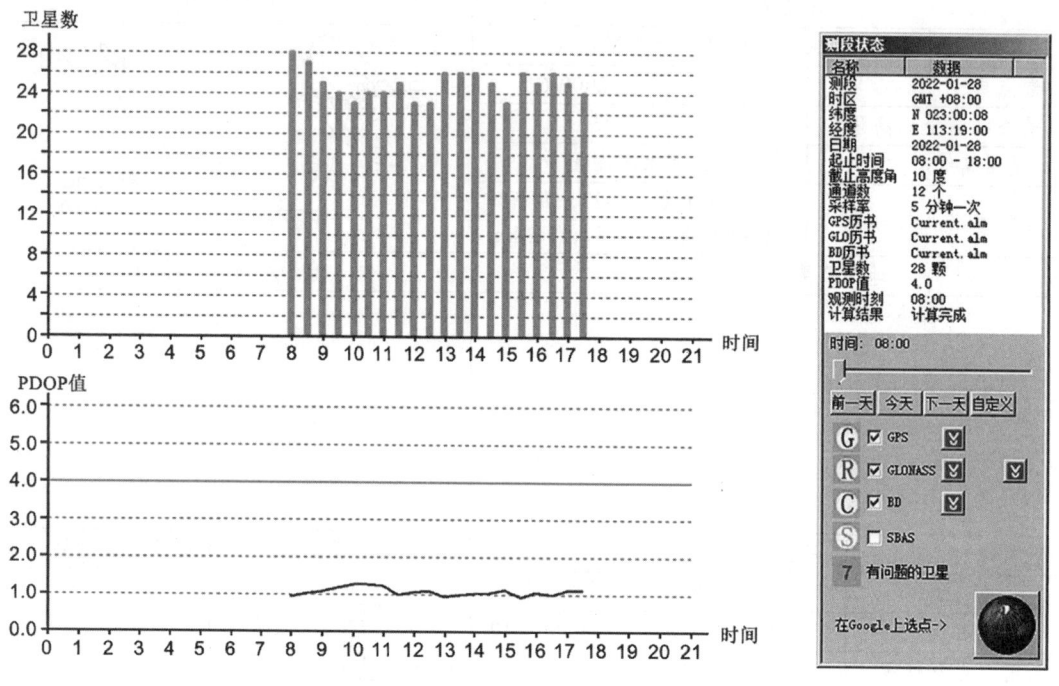

图 7-2 卫星的可见性预报及 PDOP 值曲线

② 观测时段：根据规范要求和卫星预报图提供的卫星数量及 PDOP 值曲线，在保证同步观测的基础上，选择合适的观测时段。

③ 作业调度表：根据测区的交通条件、气象状况、接收机的数量、卫星预报图等因素编制作业调度表。作业调度表中应记录观测时段的起始和结束时间、参与同步观测的接收机（数量、型号）和测站编号等。

④ 进度安排：根据测区状况、接收机数量和人员规模，设定作业时间节点及其工作内容，以在总体上把控项目的进展。

【例 7-1】 如图 7-3 所示的 D 级控制网，拟采用 5 台接收机作业，观测时段长度为 90 min，点间距平均约 5 km。由于地形复杂，网点间相距又较远，迁站时间安排 60~90 min，表 7-3 为综合各种因素制定的外业观测调度表。

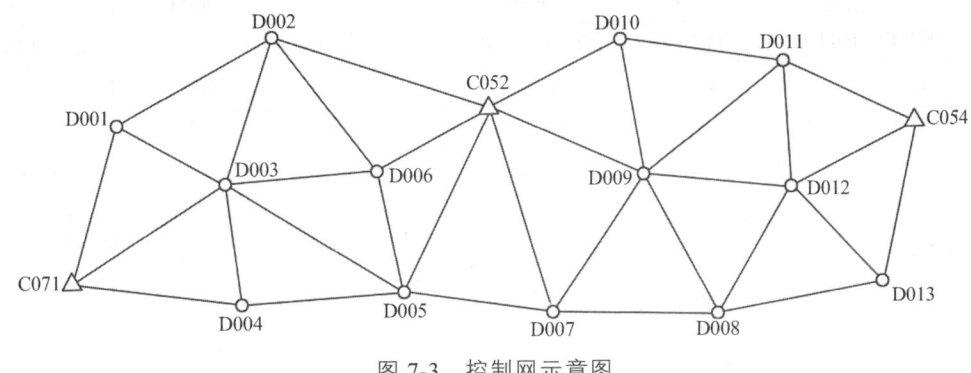

图 7-3 控制网示意图

在建立该 GNSS 工程控制网时，我们采用逐步推进方式分 6 个时段进行观测，图 7-4 是观测的推进过程示意图。

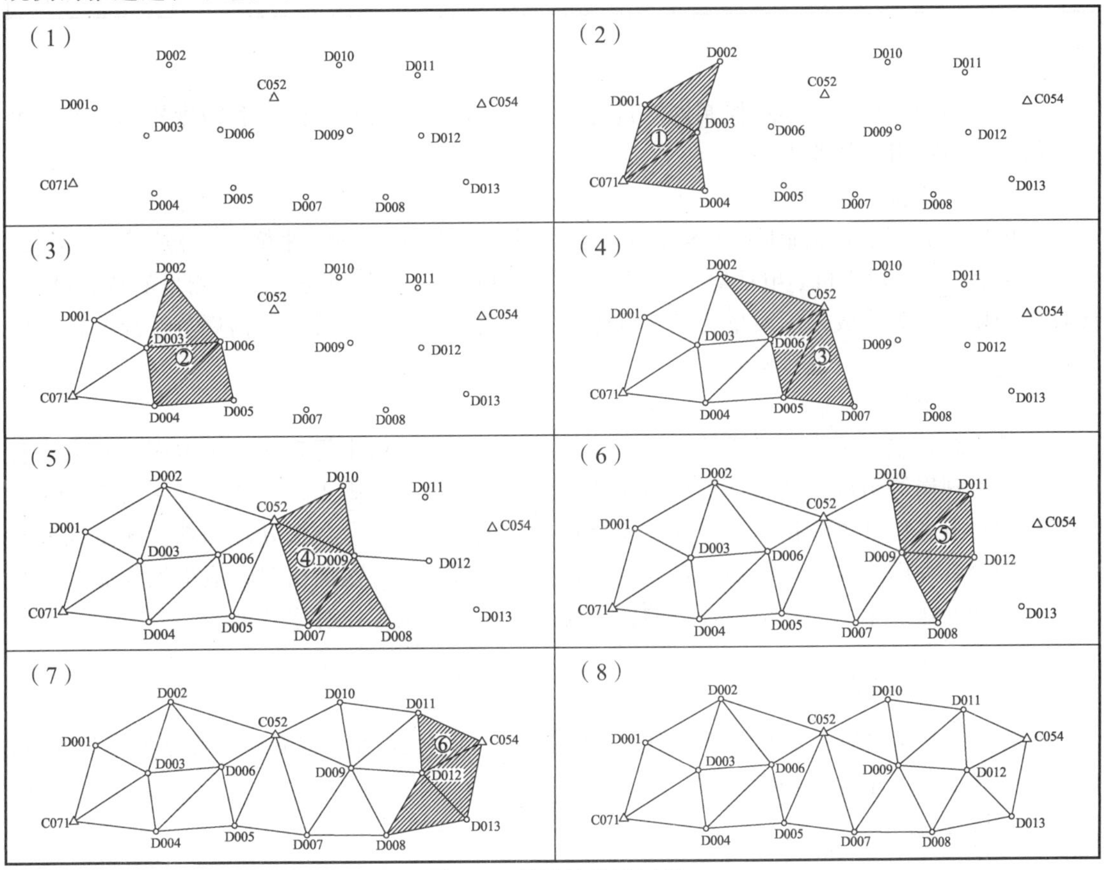

图 7-4 观测的推进过程

外业观测作业调度计划详见表 7-3。

表 7-3 GNSS 作业调度表（2021 年 11 月 15—16 日）

时段编号	观测时段	测站点号	测站点号	测站点号	测站点号	测站点号
		机号	机号	机号	机号	机号
1	11月15日 09:00—10:30	C071	D001	D002	D003	D004
		5911R24687	5913R03506	6008R24509	6008R03517	6008R03520
2	11月15日 11:30—13:00	D005	D006	D002	D003	D004
		5911R24687	5913R03506	6008R24509	6008R03517	6008R03520
3	11月15日 14:30—16:00	D005	D006	D002	D007	C052
		5911R24687	5913R03506	6008R24509	6008R03517	6008R03520
4	11月16日 09:00—10:30	D008	D009	D010	D007	C052
		5911R24687	5913R03506	6008R24509	6008R03517	6008R03520
5	11月16日 11:30—13:00	D008	D009	D010	D011	D012
		5911R24687	5913R03506	6008R24509	6008R03517	6008R03520
6	11月16日 14:30—16:00	D008	D013	C054	D011	D012
		5911R24687	5913R03506	6008R24509	6008R03517	6008R03520

5. 器材准备和人员组织

与常规测量一样，GNSS 控制网在进行正式施测前，需要根据经济和精度指标，筹备相关的仪器设备并组织作业人员。

（1）器材准备。

在仪器方面，需要提前准备 GNSS 接收机及其配套设备（电池、手簿和三脚架等）、钢尺、电脑、通信设备（对讲机、电话等）和车辆等。其中 GNSS 接收机是 GNSS 测量的核心设备，接收机的质量对观测成果的质量起决定性作用，因此，筹备器材时应根据规范选择符合要求的接收机，并对接收机进行检验。

（2）人员组织。

人员组织的主要工作是组建外业测量队伍。测量队伍一般由管理岗、技术岗、质量检查岗和安全管理岗等组成，其中：管理岗主要负责项目筹划和组织工作，技术岗主要负责外业观测和编写技术设计书、技术总结等；质量检查岗主要负责内业数据处理和核验测量成果的质量；安全管理岗主要负责仪器设备和施工作业安全管理。筹建队伍时，应根据作业人员的工作经验和专业技术水平，给予合适的作业岗位，以使测量工作有序开展。

7.1.2 外业观测

GNSS 外业观测的主要工作是利用接收机获取卫星定位信息，按流程主要分为作业准备、数据采集和成果质量检查等步骤。

1. 外业观测基本技术要求

各等级控制网观测作业时应遵循的原则如下：

（1）A级控制网外业观测按《全球导航卫星系统连续运行参考站网建设规范》（CH/T 2008—2005）的相关规定执行。

（2）B、C、D、E级控制网观测的基本技术规定应符合表7-4的要求。

表7-4 各等级控制网测量作业基本要求

项 目	级 别			
	B	C	D	E
卫星截止高度角/(°)	10	15	15	15
同时观测有效卫星数	≥4	≥4	≥4	≥4
有效观测卫星总数	≥20	≥6	≥4	≥4
观测时段数	≥3	≥2	≥1.6	≥1.6
时段长度	≥23 h	≥4 h	≥60 min	≥40 min
采样间隔/s	30	10~30	5~15	5~15

注：① 计算有效卫星总数时，应将各时段的有效观测卫星数扣除其间的重复卫星数。
② 观测时段长度，应为开始记录数据到结束记录的时间段。
③ 观测时段数≥1.6，指采用网观测模式时，每站至少观测一时段，其中二次设站点数应不少于控制网总点数的60%。
④ 采用基于卫星定位连续运行基准站点观测模式时，可连续观测，但观测时间应不低于表中规定的各时段观测时间的和。

（3）B、C、D、E级控制网观测可只记录天气状况，而不观测气象元素。

（4）观测数据文件名中应包含测站名称或测站编号、观测单元、测站类型、日期、时段号等信息。

（5）出现雷电、风暴天气时，不宜进行B级控制网观测。

2. 外业数据采集

外业数据采集的主要工作包括接收机（天线）对中整平、天线定向、量取仪器高、开机前检查、外业观测等，并依次填写GNSS测量记录手簿。

（1）安置接收机（天线）。

当接收机（天线）安装在三脚架上时，应注意接收机的位置不宜过低，一般应距地面1 m以上。进行对中整平时，接收机的对中误差不应大于1 mm，基座上的圆水准气泡必须严格居中。若在刮风天气下作业，应注意将接收机（天线）脚架的三个方向固定，以防倒地碰坏。出现雷雨天气时，应将接收机的底盘接地，以防雷击设备。

（2）天线定向。

将接收机天线上的定向标志指向正北，定向标志不明显的接收机天线可预先设置标记，每次按此标记安置仪器，以减弱相位中心偏差的影响。根据《全球定位系统（GPS）测量规范》（GB/T 18314—2009）的规定，加上当地磁偏角修正后，B级GNSS测量天线的定向误差应不大于±5°。

(3)量取接收机(天线)仪器高。

当接收机安置在三脚架上时,测前测后分别从脚架三个空当(互成120°)由地面标志点(MARKER)量到天线参考点(Antenna Reference Point,ARP)的斜距 L(互差应小于 3 mm 并取平均值作为最后结果),天线参考点(ARP)到天线相位中心(Antenna Phase Center,APC)的距离(Phase Center Offset,PCO,见图 7-5),然后按式(7-1)求出天线高。完成接收机(天线)仪器高量高工作后,须在测量手簿中绘出天线高量测方法略图。

$$H=\sqrt{L^2-R^2}+PCO \tag{7-1}$$

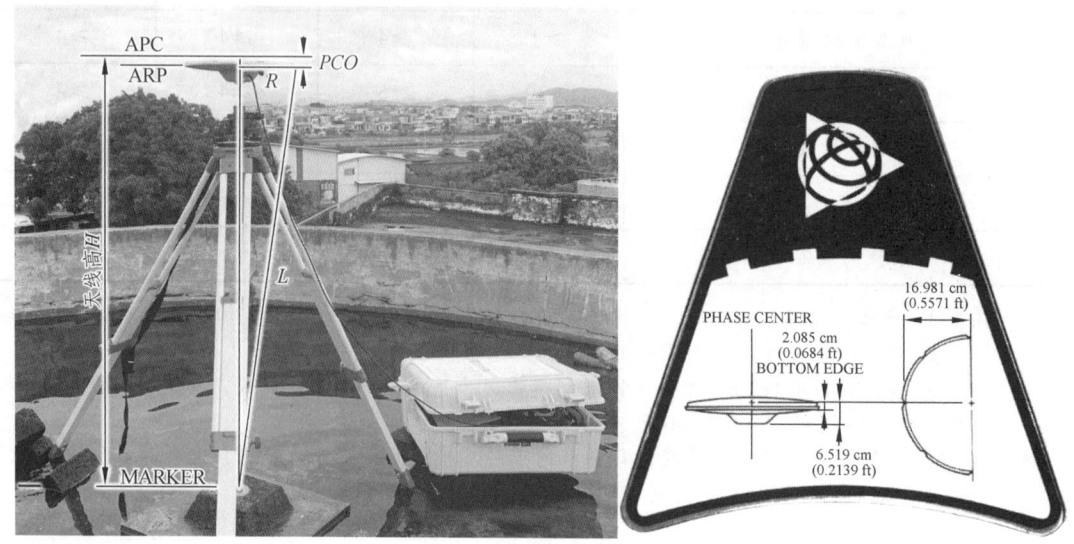

图 7-5 天线高的量取和计算

例如,某测站观测选用的是美国天宝公司的 R9s 接收机,配备的是 Zephr3 Geodetic 天线,其天线参数如下:PCO = 2.085 cm,R = 16.981 cm(图 7-5)。测前 3 次天线高量取值分别为 1.563 m、1.562 m、1.563 m,其互差未超过 3 mm,则取其平均值 1.563 m 为测前仪器高量取值(保留至毫米位);测后 3 次仪器高量取值分别为 1.564 m、1.563 m、1.563 m,其互差亦未超过 3 mm,同上,取其平均值 1.563 m 为测后天线高量取值。取测前测后仪器高量取值的平均值 1.563 m 作为测站仪器高量取值的最终结果,根据公式(7-1)计算该测站的天线高为 1.575 m。

(4)开机前检查。

开机前检查工作主要包括接收对中整平是否符合要求,电源电量是否充足。分体式接收机还应检查主机、电源、电缆及天线等各项连接是否正确。

(5)外业观测。

根据作业调度表及调度员指令启动接收机电源,仪器可自动或手动进行数据采集工作,不同品牌、类型的接收机静态数据采集的操作步骤和方法略有不同,观测开始前作业人员应根据设备制造商提供的操作手册设置作业模式和相关参数。GNSS 控制网观测员应按以下要求进行操作:

① 观测组应严格按规定的时间进行作业。

② 接收机在开始记录数据后，观测员可使用专用功能键和选择菜单，查看测站信息、接收卫星数、卫星号、卫星健康状况、各通道信噪比、相位测量残差、实时定位结果及其变化、存储介质记录和电源情况等，如发现异常情况或未预料到的情况，应记录在测量手簿的备注栏内，并及时报告作业调度者。

③ 每时段观测开始及结束前各记录一次观测卫星号、天气状况、实时定位的经纬度和大地高、PDOP 值等。时段长度超过 2 h 时，应每当 UTC 整点时增加观测记录上述内容一次，夜间放宽到 4 h。

④ 观测期间应防止接收设备震动，更不得移动，要防止人员和其他物体碰动天线或阻挡信号。

⑤ 观测期间，不能在天线附近 50 m 以内使用电台、10 m 以内使用对讲机。

⑥ 天气太冷时，接收机应适当保暖；天气很热时，接收机应避免阳光直接照晒，以确保接收机正常工作。

⑦ 一时段观测过程中不应进行以下操作：接收机重新启动；进行自测试；改变卫星截止高度角；改变数据采样间隔；改变天线位置；按动关闭文件和删除文件等功能键。

⑧ 接收机启动前与作业过程中，作业人员应随时填写测量手簿中的记录项目，不得事后追记。

⑨ 迁站前，观测人员应对所有作业项目、记录和资料进行全面检查，确认无误后，方可迁站。

3. 外业成果记录

外业成果记录主要是按《全球定位系统（GPS）测量规范》（GB/T 18314—2009）的规定依次填写 GNSS 测量手簿及其他记录（如偏心观测资料）等，GNSS 测量手簿是在接收机启动前和观测过程中，由观测人员实时填写的关于 GNSS 定位情况和测站信息的记录资料（如点号、观测日期、接收机类型、卫星数量和 PDOP 等）。观测人员必须认真、及时填写手簿，坚决杜绝事后补记和追记。

（1）GNSS 测量手簿的格式见表 7-5。手簿记录内容如下：

① 点号、点名、观测员、记录员。

② 图幅编号：填写点位所在 1/50 000 地形图图幅编号。

③ 时段号、观测日期：每个测站时段号按顺序连续编写，如：01、02、03…；观测时间填写年、月、日，并打一斜线填写年积日。

④ 接收机型号及编号、天线类型及编号：填写全名，如："Zephr3 Geodetic"，主机及天线编号（S/N、P/N）从主机及天线上查取，填写完整。

⑤ 原始数据文件名、RINEX 格式数据文件名。

⑥ 存储介质及编号、备份存储介质及编号。

⑦ 近似纬度、近似经度、近似高程：经纬度填至 1′，近似高程填至 100 m。

⑧ 采样间隔、开始和结束记录时间：采样间隔填写接收机实际设置的数据采样率。

⑨ 天线高及其测定方法和略图：天线高测定值取至 0.001 m。

表 7-5 GNSS 测量手簿记录格式

点 号		点 名		图幅编号	
观测记录员		观测日期		时段号	
接收机型号及编号		天线类型及编号		存储介质类型及编号	
原始观测数据文件名		RINEX 格式数据文件名		备份存储介质类型及编号	
近似纬度	° ′ ″N	近似经度	° ′ ″E	近似高程	m
采样间隔	s	开始记录时间	h min	结束记录时间	h min
天 线 高 测 定		天线高测定方法及略图		点 位 略 图	

测前：　　　　　　测后：
测定值 1：_____m　_____m
测定值 2：_____m　_____m
测定值 3：_____m　_____m
平均值：　_____m　_____m
天线高测定值：_____

时间（UTC）	跟踪卫星数	PDOP

记事

⑩ 点位略图：按点附近地形地物绘制，图中应有 3 个标定点位的地物点，图的比例尺大小视点位具体情况确定。点位环境发生变化后，应注明新增障碍物的性质，如树林、建筑物等。

⑪ 测站作业记录：记载有效观测卫星数、PDOP 值等，B 级控制网每 4 h 记录一次，C 级控制网每 2 h 记录一次，D、E 级控制网在观测开始与结束时各记录一次。

⑫ 记事：记载开机时的天气状况，观测过程中出现的问题，出现问题的时间及处理情况等。

（2）记录要求。

成果记录是外业观测的一项重要工作，应符合相关规范要求。GNSS 测量记录的要求如下：

① 观测前和观测过程中应按要求及时填写各项内容，书写要认真仔细，字迹工整、清晰、美观。

② 测量手簿各项观测记录一律使用铅笔，不得刮擦、涂改，不应转抄或追记，如有读、记错误，可整齐划掉，将正确数据写在上面并注明原因。其中天线高、气象读数等原始记录不应连环涂改。

③ 手簿整饰，存储介质注记和各种计算一律使用蓝黑墨水书写。

④ 外业观测中接收机内存储介质上的数据文件应及时拷贝一式两份，并在外存储介质外面的适当处制贴标签，注明网区名、点名、点号、观测单元号、时段名、文件名、采集日期、测量手簿编号等。两份存储介质应分别保存在专人保管的防水、防静电资料箱内。

⑤ 接收机内存数据文件在转录到外存介质上时，不得进行任何剔除、删改和编辑。

⑥ 测量手簿应事先连续编印页码并装订成册，不得缺损。其他记录，也应分别装订成册。

4. 数据传输

外业数据采集过程中，观测数据记录在接收机的内部存储器上。外业观测结束后须将其下载到计算机上以便进行后续的数据加工，这一过程称为数据传输。早期的接收机通常采用串口进行传输，流程较为复杂，目前该方式已基本被 USB 方式所取代，即通过接收机专用的 USB 连接线将计算机与接收机连接，实现外业观测数据下载。此外，越来越多的新型接收机同时支持 FTP 或者 HTTP 数据传输方式，具体可查阅相关设备说明书。

5. 质量检核

外业数据采集结束后，应对外业观测记录和接收机观测数据进行质量检查，其内容包括资料的完整性、作业流程的规范性和观测数据的质量等内容：

（1）资料的完整性。

资料的完整性检查主要包括：检查观测手簿中记录的内容是否完整，是否存在漏填、错填等情况；检查观测网图、点位略图和观测进度表是否如实填写；检查所有资料的记录是否符合规范，是否存在书写潦草、字迹不清等情况。资料的完整性检查应在作业结束前进行，以便于及时发现问题。

（2）作业流程的规范性。

作业流程的规范性检查的主要内容包括：检查观测后仪器的完好性，观测时段的数量和观测时间的长度是否符合要求。

（3）观测数据的质量。

通过专业的 GNSS 后处理软件进行数据解算，根据获得的重复基线较差、同步环和异步环的闭合差及网平差的精度等结果评价观测数据的质量是否合格。

7.1.3 重测和补测

外业数据采集完毕后,需要检查观测成果的质量是否符合要求,若观测作业流程出现严重错误或经过内业数据处理后观测数据无法满足精度要求,则必须进行外业重测或补测。重测或补测的要求和注意事项如下:

(1)未按施测方案要求、外业缺测、漏测,或数据处理后,观测数据不满足表 7-4 的规定时,有关成果应及时补测。

(2)允许舍弃在复测基线边长较差、同步环闭合差、独立环闭合差检验中超限的基线,而不必进行该基线或与该基线有关的同步图形的重测。但应保证舍弃基线后的独立环所含基线数满足表 6-4 的规定,否则,应重测该基线或有关的同步图形。

(3)对需补测或重测的观测时段或基线,要具体分析原因,在满足表 3-5 要求的前提下,尽量安排一起同步观测。

(4)补测或重测的分析应写入数据处理报告。

7.2 GNSS 控制网数据处理

7.2.1 数据处理基本流程

GNSS 静态控制网内业数据处理指采用专门的 GNSS 数据后处理软件对外业采集的原始观测数据进行加工处理,最终得到控制网成果的过程。其具体步骤主要包括:数据预处理、基线向量解算、基线向量网平差及高程拟合。数据处理基本流程详见图 7-6。

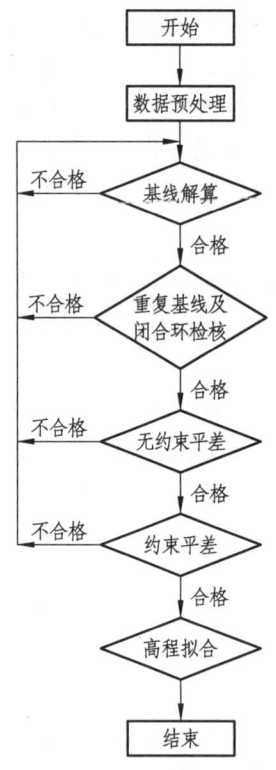

图 7-6 数据处理基本流程

与常规的测量数据处理相比，GNSS 控制网数据处理具有数据量大、处理过程复杂、处理方法多样和处理自动化程度高等特点。

1. 数据预处理

数据预处理的主要目的是对原始观测数据进行编辑、加工与整理，剔除粗差，剔除无效、无用数据，分流出各种专门的信息文件，为下一步的平差计算做准备。

数据预处理工作的主要内容包括：数据分流、数据文件格式标准化、整周跳变的修复、观测值的各种模型改正。

（1）数据分流。

数据分流是将各类观测值归入不同的文件，通过解码将各项数据分类整理，并剔除无效观测数据和冗余数据，建立不同的数据文件，为下一步的处理做准备。

（2）数据文件格式标准化。

将不同类型接收机的数据记录格式统一为国际通用的标准交换格式——RINEX 格式，以便进行统一处理。

（3）整周跳变的探测和修复。

探测并修复载波相位观测值中的整周跳变。

（4）观测值的各种模型改正。

对观测值进行各种模型改正，为后续的数据处理做准备。需要注意的是预处理所采用的模型和方法的优劣，将直接影响最终成果的质量。

2. 数据格式

（1）厂商格式。

传输到计算机中的原始数据通常采用接收机厂商所定义的专有格式并以二进制文件的形式进行存储。出于商业竞争目的，一般情况下不同厂商所定义的专有数据格式各不相同，例如我国广州南方测绘科技股份有限公司的 GNSS 接收机采用的数据格式扩展名为 sth，美国 Trimble 公司的 GNSS 接收机采用的数据格式扩展名有 T01、T02 及 DAT 等。原始观测数据往往只有对应厂家的专用软件才能处理，同时这些厂家的专用软件均支持各自数据格式向通用数据格式的转换。

（2）RINEX 格式。

RINEX 是英文 The Receiver Independent Exchange Format(接收机通用交换格式)的缩写。RINEX 格式采用文本文件存储数据，数据记录格式与接收机的制造厂商和具体型号无关。该数据格式具有通用性强、有利于多种型号的接收机联合作业、是一种在 GNSS 测量应用中普遍采用的标准数据格式。

RINEX 格式由瑞士伯尔尼大学天文学院（Astronomical Institute，University of Berne）的 Werner Gurtner 于 1989 年提出。提出该数据格式的主要目的是能够综合处理在 EUREF89 中多种类型接收机所采集的 GPS 数据。1989 年 3 月，在美国新墨西哥州举行的第五届国际卫星定位大地测量学术讨论会上，经过讨论形成了 RINEX（版本 1.0）数据交换格式。1989 年 8 月在英国爱丁堡举行的国际大地测量协会上，RINEX 格式被推荐为通用的标准交换格式。经过多年不断修订完善，目前 RINEX 格式已发展至 4.0 版。

（3）RINEX 格式文件的构成及命名。

通常的 RINEX4.0 文件包括 3 种类型的 ASCII 码文件，它保证了不同计算机系统之间很容易地进行数据交换。这 3 种类型的文件分别是观测数据文件、导航数据文件和气象数据文件。文件名由主文件名和扩展名组成。其中：主文件名由 8 个字符组成，扩展名由 3 个字符组成。主文件名的前 4 个字符为测站名，第 5 至 7 字符为儒略日（年积日），第 8 位为观测文件序号；扩展名前两个字符为年份，第 3 个字符为文件类型。命名规则如图 7-7 所示。

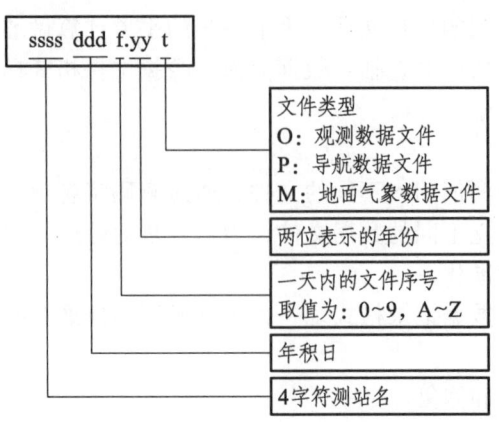

图 7-7 RINEX 格式文件命名规则

3. 数据处理基本要求

（1）A、B 级 GNSS 网基线数据处理应采用高精度数据处理专用的软件，C、D、E 级 GNSS 网基线解算可采用随接收机配备的商用软件。

（2）GNSS 网常用的数据处理软件见表 7-6。

（3）数据处理软件应经有关部门的试验鉴定并经业务部门批准方能使用。

（4）A 级 GNSS 网应以适当数量和分布均匀的 IGS 站的坐标和原始观测数据为起算数据；B 级 GNSS 网以适当数量和分布均匀的 A 级 GNSS 网点或 IGS 站的坐标和原始观测数据为起算数据；C、D、E 级 GNSS 网以适当数量和分布均匀的 A、B 级 GNSS 网网点的坐标和原始观测数据为起算数据。

（5）各种起算数据应进行数据完整性、正确性和可靠性检核。

表 7-6 常用 GNSS 网后处理软件

序号	控制网等级	GNSS 网数据处理软件		网平差软件	
		软件名称	版权所有方	软件名称	版权所有方
1	A、B	GAMIT/GLOBK	MIT&SIO	COSA TGPPSw	武汉大学 同济大学
		BERNESE	UB		
		EPOS	GFZ		
2	C、D、E	TBC	Trimble 公司		
		LGO	Leica 公司		
		SGO	南方测绘		
		HGO/HBC	中海达		
		CGO	华测		

7.2.2 GNSS 基线向量的解算

1. 基线向量

静态相对定位的目的是确定不同测站间的相对位置关系（三维坐标差）即基线向量。基线向量通常有两种表达方式：空间直角坐标差（$\Delta X, \Delta Y, \Delta Z$）和大地坐标差（$\Delta B, \Delta L, \Delta H$），如图 7-8 所示。在数学上两种形式是等价的，需要时可相互转换。

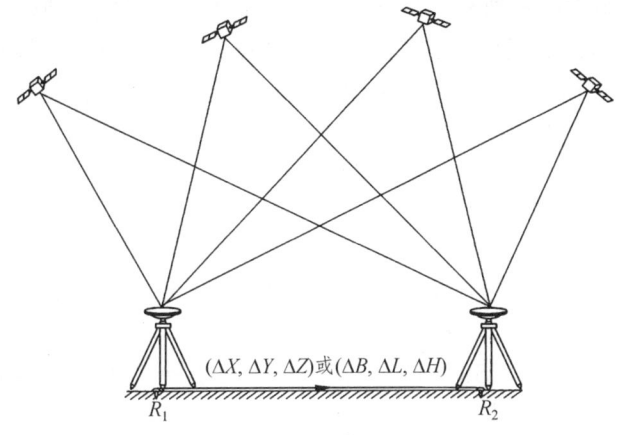

图 7-8　基线向量

2. 基线向量解算

基线向量解算即通过不同测站间同步观测数据求解测站间相对坐标的过程。基线向量解算的基本数学模型有非差载波相位模型、单差载波相位模型、双差载波相位模型、三差载波相位模型 4 种模型。在几种差分模型中，双差载波相位模型得到了广泛应用。解算时以双差观测值作为平差计算的观测量，以基线向量为估计参数，建立误差方程，通过求解方程获得基线向量值及其相应的方差-协方差矩阵。实际应用中基线向量解算是由后处理软件自动完成的，基线解算流程如图 7-9 所示。

3. 基线向量解算类型

（1）单基线解。

根据控制网特征条件的计算可知，若在某时段中有 N 台接收机进行了同步观测，每两台接收机之间就可以形成一条基线向量，则可以确定出 $N(N-1)/2$ 条基线向量，其中最多可以选出 $N-1$ 条相互独立的同步观测基线。独立基线的选取必须保证所选的这 $N-1$ 条基线不构成闭合环，因为凡是构成了闭合环的同步基线都是函数相关的，同步观测所获得的独立基线虽然不具有函数相关的特性，但却是误差相关的，实际上所有的同步观测基线间都是误差相关的。所谓单基线解算，就是在基线解算时不顾及同步观测基线间的误差相关性，对每条基线单独进行解算。

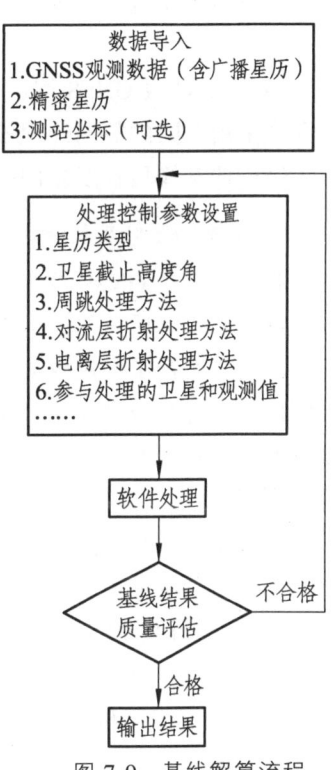

图 7-9　基线解算流程

单基线解的计算模型简单，一次求解的参数较少，计算量小，但其解算结果无法反映同步基线间的误差相关的特性，不利于后面的网平差处理。尽管如此，在大多数情况下，单基线解的解算结果仍能满足一般工程应用的要求。它是目前工程应用中采用最为普遍的解算方法，大多数商业软件都采用这一方法。

（2）多基线解。

多基线解在基线解算时对所有同步观测的独立基线一并解算。即一次提取一个观测时段中所有同步观测的 N 台接收机所采集的同步观测数据，在一个单一解算过程中求出所有 $N-1$ 条函数独立的基线。多基线解算时顾及了同步观测基线间的误差相关特性，且数学模型严密，但解算过程复杂，计算量大，通常用于有高质量要求的应用。目前，绝大多数科学研究用软件在进行基线解算时采用多基线解算。

4. 基线解算基本要求

（1）A、B 级 GNSS 网基线精处理应采用精密星历。C 级及以下各级网基线处理时，可采用广播星历。

（2）B、C、D、E 级网 GNSS 观测值均应加入对流层延迟修正，对流层延迟修正模型中的气象元素可采用标准气象元素。

（3）基线解算，按同步观测时段为单位进行。按多基线解时，每个时段须提供一组独立基线向量及其完全的方差-协方差阵；按单基线解时，须提供每条基线分量及其方差-协方差阵。

（4）B、C 级 GNSS 网，基线解算可采用双差解、单差解。D、E 级 GNSS 网根据基线长度允许采用不同的数据处理模型。但是长度小于 15 km 的基线，应采用双差固定解。长度大于 15 km 的基线可在双差固定解和双差浮点解中选择最优结果。

5. 基线处理结果质量检核

基线解算是 GNSS 控制网数据后处理过程中的重要环节，其结果是基线向量网平差的基础数据，基线解质量的优劣直接关系到控制网成果和精度。基线解质量是通过一系列指标予以评价的。实践中利用数据处理软件解算全部基线后，应认真核查每一条基线向量的解算结果精度是否符合技术设计和规范的要求；对于质量不合格的基线，可以通过人工剔除、调参重算或野外重测补测等方法进行处理。基线质量检核可分为单条基线质量检核和基线间质量检核两部分。

（1）单条基线质量检核。

基线解算质量控制的方法主要有以下几个指标：

① 观测值残差的均方根 RMS。

$$RMS = \sqrt{\frac{V^\mathrm{T} V}{n}} \qquad (7\text{-}2)$$

RMS 表明了观测值与参数估值间的符合程度，观测质量越好 RMS 就越小，反之，观测值质量越差则 RMS 越大。它不受观测条件（观测期间卫星分布图形）好坏的影响。

② 数据删除率。

在基线解算时，如果观测值的改正数大于某一个阈值，则认为该观测值含有粗差，需要将其删除。被删除观测值的数量与观测值总数的比值，就是所谓的数据删除率。

数据删除率从某一方面反映出了 GNSS 原始观测值的质量。数据删除率越高，说明观测值的质量越差。相关规范一般规定，同一时段观测值的数据剔除率应小于 10%。

③ RATIO 值。

$$RATIO = RMS_{次最小} / RMS_{最小} \quad (7\text{-}3)$$

由公式可看出：该值大于或等于 1，它反映了所确定整周未知数的可靠性，其值越大，可靠性越高。它既与观测值的质量有关，也与观测条件的好坏有关。

④ 相对精度衰减因子 RDOP。

RDOP 值指的是在基线解算时待定参数的协因数阵的迹的平方根，即：

$$RDOP = \sqrt{\operatorname{tr}(\boldsymbol{Q})} \quad (7\text{-}4)$$

RDOP 值的大小与基线位置和卫星在空间中的几何分布及运行轨迹（即观测条件）有关，当基线位置确定后，RDOP 值就只与观测条件有关了，而观测条件又是时间的函数，因此，实际上对于某条基线向量来讲，其 RDOP 值的大小与观测时间段有关。

RDOP 表明了 GNSS 卫星的状态对相对定位的影响，即取决于观测条件的好坏，它不受观测值质量好坏的影响。

⑤ 单位权方差（参考因子）$\hat{\sigma}_0$。

$$\hat{\sigma}_0 = \sqrt{\frac{\boldsymbol{V}^\mathrm{T} \boldsymbol{P} \boldsymbol{V}}{f}} \quad (7\text{-}5)$$

其中：$\boldsymbol{V}$ 为观测值的残差；$\boldsymbol{P}$ 为观测值的权；f 为多余观测值数。

单位权方差值越小，表明基线的观测值残差越小且相对集中，观测质量也较好，可在一定程度上反映观测值质量的优劣。

以上指标是依据统计学原理得出的，仅用于参考，具有某种相对意义，其数值的大小不能绝对判定基线质量的优劣。

（2）基线间质量检核。

基线间质量检核包括同步环闭合差、异步环闭合差和重复基线较差检核。上述指标基于应用要求得出，在相关规范中有明确的限差要求。

① 同步环闭合差。

同步环闭合差指同步观测基线所组成的闭合环闭合差。同步闭合环中各 GNSS 边的坐标差之和（即闭合差）理论值为 0，但实际工作中该值一般不为 0。同步闭合差不超限，不能说明环中所有基线质量合格；同步闭合差超限则表明闭合环中至少有 1 条基线向量有问题。闭合差的大小在一定程度上可反映出基线解质量的优劣。

B、C、D、E 级 GNSS 网同步环闭合差，应满足以下要求：

$$W_X \leqslant \frac{\sqrt{3}}{5}\sigma \quad (7\text{-}6)$$

$$W_Y \leqslant \frac{\sqrt{3}}{5}\sigma \tag{7-7}$$

$$W_Z \leqslant \frac{\sqrt{3}}{5}\sigma \tag{7-8}$$

$$\sigma = \sqrt{a^2 + (b \cdot d)^2} \tag{7-9}$$

式中：σ——基线测量中误差（mm）。

a——GNSS 接收机标称精度中的固定误差（mm）。

b——GNSS 接收机标称精度中的比例误差系数（mm/km）。

d——B、C、D、E 级可按本网中的实际平均边长（km）计算。

对于 4 站以上的同步观测时段，在处理完各边观测值后，应检查一切可能的三边环闭合差。

② 异步环闭合差。

异步环闭合差指独立基线组成的闭合环的三维向量闭合差。异步环闭合差满足限差要求，则说明组成异步环的所有基线向量质量合格；当异步环闭合差不满足限差要求时，则表明组成异步环的基线向量中至少有一条基线向量的质量有问题。若要确定哪些基线向量不合格，可以通过多个相邻的异步环闭合差检验或重复观测基线较差综合来判定。

B、C、D、E 级 GNSS 网外业基线处理结果，其独立闭合环或附合路线坐标闭合差 W_S 和各坐标分量闭合差（W_X、W_Y、W_Z）应满足以下要求：

$$W_X \leqslant 3\sqrt{n}\sigma \tag{7-10}$$

$$W_Y \leqslant 3\sqrt{n}\sigma \tag{7-11}$$

$$W_Z \leqslant 3\sqrt{n}\sigma \tag{7-12}$$

$$W_S \leqslant 3\sqrt{3n}\sigma \tag{7-13}$$

式中：n 为闭合环边数；σ 为基线测量中误差；$W_S = \sqrt{W_X^2 + W_Y^2 + W_Z^2}$。

③ 重复基线较差。

重复基线较差指不同观测时段对同一条观测边进行重复观测所获得的基线长度之差。重复基线较差满足限差要求时，说明基线向量解算合格；反之则说明至少有一个时段观测的基线结果质量有问题，这条基线可通过多条复测基线来判定具体是哪个时段的基线观测值有问题。

B 级 GNSS 网基线外业预处理和 C、D、E 级 GNSS 网基线处理，重测基线的长度较差 d_S 应满足以下要求：

$$d_S \leqslant 2\sqrt{2}\sigma \tag{7-14}$$

（3）其他。

在《全球定位系统（GPS）测量规范》（GB/T 18314—2009）规范中，对于 A、B 级 GNSS

控制网数据处理还给出了一些专门质量控制指标：

① 重复性。

A、B 级 GNSS 网基线处理后应计算基线的分量 ΔX、ΔY、ΔZ 及边长的重复性，还应对各基线边长、南北分量、东西分量和垂直分量的重复性进行固定误差与比例误差的直线拟合，作为衡量基线精度的参考指标。重复性定义如下：

$$R = \left[\frac{\dfrac{n}{n-1} \cdot \sum_{i=1}^{n-1} \dfrac{(C_i - C_m)^2}{\sigma_{C_i}^2}}{\sum_{i=1}^{n} \dfrac{1}{\sigma_{C_i}^2}} \right]^{1/2} \tag{7-15}$$

式中：n 为同一基线的总观测时段数；C_i 为一个时段的基线某一分量或边长；$\sigma_{C_i}^2$ 为该时段 i 相应于 C_i 分量的方差；C_m 为各时段的加权平均值。

② 各时段间较差检验。

B 级 GNSS 网同一基线及其各分量不同时段间的较差（d_S、$d_{\Delta X}$、$d_{\Delta Y}$、$d_{\Delta Z}$）应满足以下公式：

$$d_{\Delta X} \leqslant 3\sqrt{2} R_{\Delta X} \tag{7-16}$$

$$d_{\Delta Y} \leqslant 3\sqrt{2} R_{\Delta Y} \tag{7-17}$$

$$d_{\Delta Z} \leqslant 3\sqrt{2} R_{\Delta Z} \tag{7-18}$$

$$d_S \leqslant 3\sqrt{2} R_S \tag{7-19}$$

式中：同一基线和其各分量 R 值（R_S、$R_{\Delta X}$、$R_{\Delta Y}$、$R_{\Delta Z}$）按公式（7-15）计算。

③ 独立闭合环或附合路线坐标分量闭合差。

B 级 GNSS 网基线处理后，独立环闭合差或附合路线的坐标分量闭合差（W_X、W_Y、W_Z）应满足以下要求：

$$W_X \leqslant 2\sigma_{W_X} \tag{7-20}$$

$$W_Y \leqslant 2\sigma_{W_Y} \tag{7-21}$$

$$W_Z \leqslant 2\sigma_{W_Z} \tag{7-22}$$

其中：

$$\sigma_{W_X}^2 = \sum_{i=1}^{r} \sigma_{\Delta X(i)}^2 \tag{7-23}$$

$$\sigma_{W_Y}^2 = \sum_{i=1}^{r} \sigma_{\Delta Y(i)}^2 \tag{7-24}$$

$$\sigma_{W_Z}^2 = \sum_{i=1}^{r} \sigma_{\Delta Z(i)}^2 \tag{7-25}$$

式中：r 为环线中的基线数；$\sigma^2_{C(i)}(C=\Delta X,\Delta Y,\Delta Z)$ 为环线中第 i 条基线 C 分量的方差。环线全长闭合差应满足以下公式：

$$W \leqslant 3\sigma_W \tag{7-26}$$

$$\sigma_W^2 = \sum_{i=1}^{r} \boldsymbol{W}\boldsymbol{D}_{b_i}\boldsymbol{W}^{\mathrm{T}} \tag{7-27}$$

$$\boldsymbol{W} = \begin{bmatrix} \dfrac{W_{\Delta X}}{W_S} & \dfrac{W_{\Delta Y}}{W_S} & \dfrac{W_{\Delta Z}}{W_S} \end{bmatrix} \tag{7-28}$$

$$W_S = \sqrt{W_{\Delta X}^2 + W_{\Delta Y}^2 + W_{\Delta Z}^2} \tag{7-29}$$

式中：$\boldsymbol{D}_{b_i}$ 为环线中第 i 条基线方差-协方差阵。

6. 基线的精化处理

由于基线解算结果的质量将直接影响到 GNSS 测量成果的精度，在数据处理过程中要特别予以重视。基线向量解算后，可通过基线解算报告核查每一条基线向量的计算结果。对于解算质量不合格或解算质量欠佳的基线，可以通过人工剔除、调重算等精化处理的手段进行处理。精化处理仍不合格再选择野外重新补测，以减少不必要的外业观测工作，降低生产成本。

影响基线解算结果的主要因素有：

（1）基线解算时所设定的起算点坐标不准确。

起算点坐标不准确会引起基线出现尺度和方位上的偏差，其影响可用公式（7-30）来近似估算。

$$\frac{\Delta b}{b} = \frac{\Delta s}{r} \tag{7-30}$$

式中：Δs 为起点坐标误差（m）；r 为卫星至基线中点的距离（m）；Δb 为基线误差（m）；b 为基线长度（m）。在实际工作中只有尽量提高起点坐标的准确度，避免这种情况的发生。

处理方法：较准确的起点坐标可通过进行较长时间的单点定位或通过与地心系坐标较准确的点联测得到；也可以采用在进行整网的基线解算时，所有基线起点的坐标均由一个点坐标衍生而来，使得基线结果均具有某一系统偏差，再在 GNSS 网平差处理时，引入系统参数的方法加以处理。

（2）少数卫星观测时间太短可能导致其整周未知数无法准确确定。

卫星的观测时间太短时，将导致与该颗卫星有关的整周未知数无法准确确定。对于参与基线解算的卫星，如果与其相关的整周未知数未能准确确定，就将影响整个基线解算的结果。对于卫星观测时间太短这类问题的判断比较简单，只要查看观测数据的记录文件中有关卫星的观测数据的数量或测站卫星跟踪图（图 7-10）就可以了。

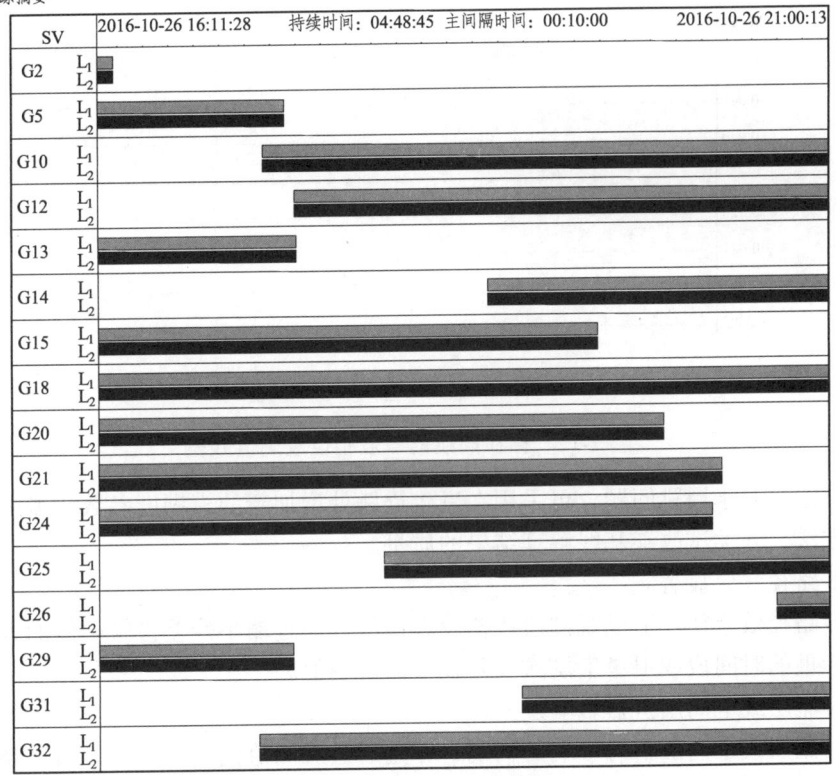

图 7-10 测站卫星跟踪图

处理方法：对于观测时间太短的卫星数据予以删除，不让其观测值参加基线解算，这样就可以避免该因素影响基线解算结果的质量。

（3）存在未探测出或未正确修复的周跳。

只要观测值存在周跳探测或修复不正确的情况，那么从该历元开始，相应卫星的后续载波相位观测值中会引入较大的偏差，从而严重影响基线解算结果的质量。出现该问题时，可以发现相关卫星的验后观测值残差序列存在显著的系统性跳跃（图 7-11、图 7-12）。

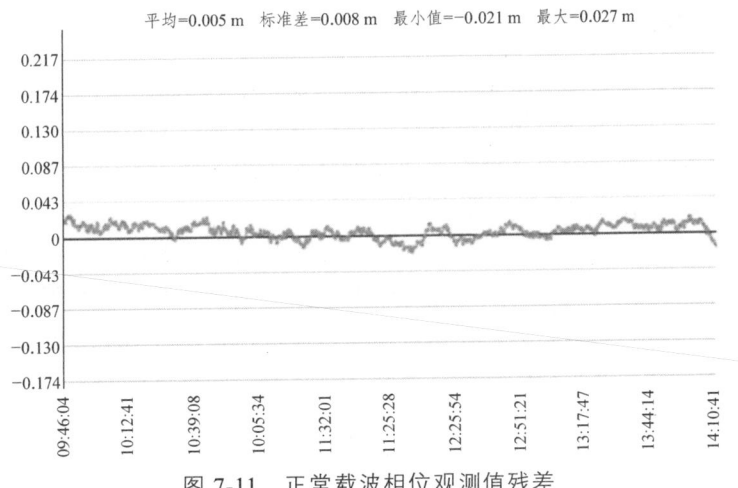

图 7-11 正常载波相位观测值残差

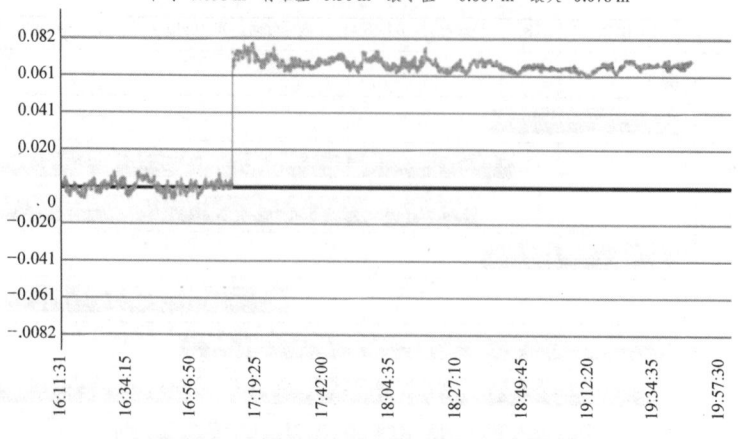

图 7-12 存在周跳的载波相位观测值残差

处理方法：对于周跳问题，可采用在发生周跳处增加新的模糊度参数或删除周跳严重的时间段的方法，来尝试改善基线解算结果的质量。

（4）多路径效应显著。

由于多路径效应往往造成观测值残差较大，故可通过缩小残差检验阈值的方法或删除多路径效应严重的时间段或卫星来剔除残差较大的观测值。

（5）对流层或电离层折射影响过大。

对于对流层或电离层折射影响的判别，亦是通过观测值残差进行的。因多路径效应、对流层或电离层折射引起的波动通常不会超过1周，但却又显著地大于正常观测值的残差。

处理方法：

（1）提高截止高度角，剔除易受对流层或电离层影响的低高度角观测数据。但这种方法具有一定的主观性，因为高度角低的信号，受对流层或电离层的影响不一定总是较大。

（2）分别采用模型对对流层和电离层延迟进行改正。

（3）若使用双频 GNSS 接收机进行观测，则可采用无电离层观测值进行基线解算来消除电离层折射影响。

7.2.3 GNSS 控制网平差

GNSS 控制网布设的目的通常是确定控制网点在指定参照系下的坐标，而基线向量网解算后获得的结果仅是同步观测测站间的基线向量；或者说基线向量网解算仅可确定网的几何形状，最终确定 GNSS 网点绝对坐标需要通过网平差予以实现。不过，这仅为 GNSS 网平差的目的之一。GNSS 网平差的目的主要有以下三个：

（1）消除由观测量和已知条件中存在的误差所引起的 GNSS 网在几何上的不一致。由于观测值中存在误差以及数据处理过程中存在模型误差等因素，通过基线解算得到的基线向量中必然存在误差。另外，起算数据也存在误差，这些误差将使得 GNSS 网存在几何上的不一致（同步闭合环闭合差、异步环闭合差、重复基线较差、起算点误差）。

（2）改善 GNSS 网的质量，评定 GNSS 网精度。通过网平差，可得出一系列可用于评估 GNSS 网精度的指标，如观测值改正数、观测值验后方差、观测值单位权方差、相邻点距离中误差、点位中误差等，结合这些精度指标，还可以设法确定出可能存在粗差或质量不佳的观测值，并对它们进行相应的处理，从而达到改善网的质量的目的。

（3）确定 GNSS 网点在指定参照系下的坐标以及其他所需参数的估值。在网平差过程中，通过引入起算数据，如已知点、已知边长、已知方向等，可最终确定出点在指定参照系下的坐标及其他一些参数，如基准转换参数等。

GNSS 网平差以解算后的基线向量作为观测值，将基线向量的方差-协方差阵的逆矩阵作为观测值的权，建立误差方程和基准方程，然后按最小二乘原理进行平差解算。

GNSS 网平差流程如图 7-13 所示。

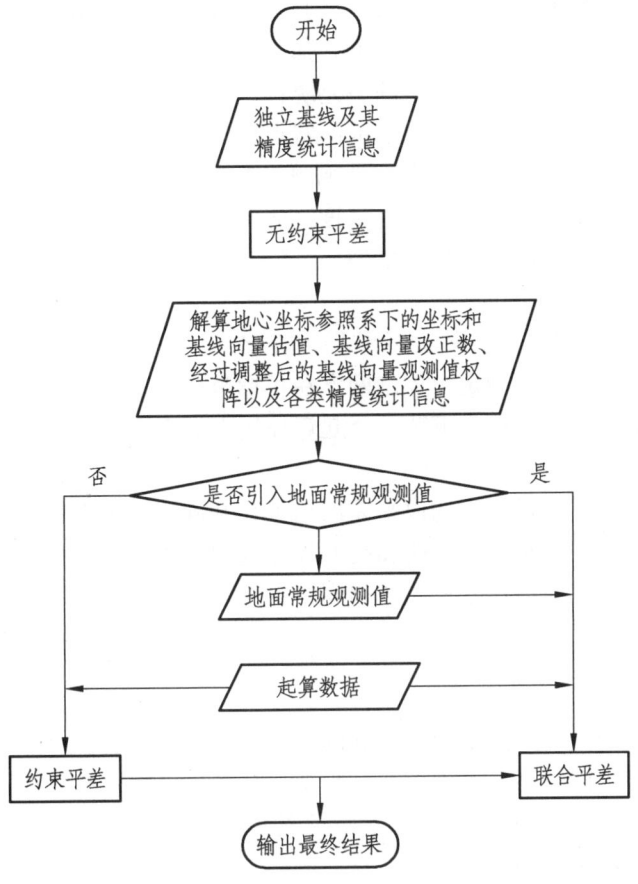

图 7-13　GNSS 网平差流程

1. 网平差的分类

GNSS 网平差依据不同的分类标准，可分为多种类型。

根据进行网平差时所采用的观测量和已知条件的类型和数量，可将网平差分为最小约束平差/自由网平差、整体平差/约束平差和联合平差三种类型。这三种类型的网平差除了都能消除由于观测值和已知条件所引起的网在几何上的不一致外，还具有各自不同的功能。无约束平差能够被用来评定网的内符合精度和探测处理粗差，而约束平差和联合平差则能够确定点在指定参照系下的坐标。

根据进行平差时所采用坐标系的类型不同，GNSS 网平差又可分为三维平差和二维平差。

三维平差：平差在三维空间坐标系中进行，观测值为三维空间中的观测值，解算出的结果为点的三维空间坐标。GNSS 网的三维平差，一般在三维空间直角坐标系或三维空间大地坐标系下进行。

二维平差：平差在二维平面坐标系下进行，观测值为二维观测值，解算出的结果为点的二维平面坐标。二维平差一般适合于小范围 GNSS 网的平差。

（1）无约束平差/最小约束平差。

GNSS 网的最小约束平差/自由网平差中所采用的观测量完全为 GNSS 基线向量，平差通常在与基线向量相同的地心地固坐标系下进行。在平差进行过程中，最小约束平差除了引入一个提供位置基准信息的起算点外，不再引入其他的外部起算数据，而自由网平差则不引入任何外部起算数据。它们之间的一个共性就是都不引入会使 GNSS 网的尺度和方位发生变化的起算数据，因而有时又将这两种类型的平差统称为无约束平差。

基于无约束平差不引入外部起算点数据的特点，GNSS 网的无约束平差结果完全取决于 GNSS 基线向量，平差结果质量的优劣都是观测值本身质量的真实反映。平差获得的各种精度指标首先可用于评价 GNSS 网的内符合精度，同时又可作为判断粗差观测值及进行相应处理的依据，从而实现改善控制网质量的目的。

（2）约束平差。

GNSS 网的约束平差以无约束平差的结果为基础，引入会使 GNSS 网的尺度和方位发生变化的外部起算数据，可最终确定出控制网点在目标坐标系下的坐标及其他参数。约束平差引入的外部基准一般是指定参照系下若干个起算控制点的坐标。

（3）联合平差。

GNSS 网的联合平差同样以无约束平差的结果为基础，除引入目标坐标系下起算点坐标以外，还引入了包含边长、角度、方向和高差等在内的地面常规观测量，这种平差被称为联合平差。联合平差的作用与约束平差大体相同，也可最终确定出控制网点在目标坐标系下的坐标及其他参数。

2. 无约束平差

三维无约束平差的主要目的是检验控制网自身的内符合精度以及基线向量之间是否有明显的系统误差和粗差，同时还可为 GNSS 高程拟合计算提供大地高数据。根据《全球定位系统（GPS）测量规范》（GB/T 18314—2009），无约束平差/最小约束平差的要求如下：

A、B 级 GNSS 网的无约束平差：

（1）根据外业作业期的分期及作业技术要求的不同，无约束平差可以分成若干子区，分别进行无约束平差。若进行相邻子区间联合无约束平差时，可引入系统误差参数（定向、尺度等），并对每一系统误差参数进行显著性检验。

（2）无约束平差应进行单位权方差 σ^2 检验和每个改正数粗差检验。

（3）无约束平差应输出 2000 国家大地坐标系中各点的地心坐标和大地坐标、各基线的改正数和基线向量平差值、各基线的地心坐标分量、大地坐标分量及其精度等。

C、D、E 级 GNSS 网的无约束平差：

（1）在基线向量检核符合要求后，以三维基线向量及其相应方差-协方差阵作为观测信息，以一个点在 2000 国家大地坐标系中的三维坐标作为起算依据，进行无约束平差。无约束平差应输出 2000 国家大地坐标系中各点的三维坐标、各基线向量及其改正数和其精度。

（2）无约束平差中，基线分量的改正数绝对值（$V_{\Delta X}$，$V_{\Delta Y}$，$V_{\Delta Z}$）应满足下式要求：

$$V_{\Delta X} \leqslant 3\sigma \tag{7-31}$$

$$V_{\Delta Y} \leqslant 3\sigma \tag{7-32}$$

$$V_{\Delta Z} \leqslant 3\sigma \tag{7-33}$$

式中：σ——基线测量中误差（mm）。

3. 整体平差/约束平差

整体平差（约束平差）就是以国家大地坐标系或其他坐标系某些点的坐标、边长和方位角为约束条件，顾及 GNSS 网和地面网的转换参数进行整体平差计算。此时，对于 A、B 级 GNSS 网称为整体平差，对于 C、D、E 级 GNSS 网称为约束平差。

根据《全球定位系统（GPS）测量规范》（GB/T 18314—2009），整体平差/约束平差的要求如下：

A、B 级 GNSS 网整体平差：

（1）A、B 级 GNSS 网应在 2000 国家大地坐标系或国际地球参考框架（ITRF）中进行。各子网历元不同时，应利用板块运动模型和速度进行统一归算。

（2）整体平差中，应引入起算点的全方差-协方差阵，并乘以适当的松弛因子定权。

（3）整体平差应进行验后单位权方差 σ^2 的检验和转换参数的显著性检验，检验后，应消去不显著的转换参数，并重新平差。

（4）整体平差后，应输出 2000 国家大地坐标系中各点的地心坐标和大地坐标、各基线的地心坐标分量和大地坐标分量、各基线的改正数、平差值及其精度等。

（5）A、B 级 GNSS 网平差后，其精度应分别符合表 6-1 和表 6-2 的规定，用于建立国家二等大地控制网的 GNSS 控制网其相对精度还应不低于 1×10^{-7}。

C、D、E 级 GNSS 网约束平差：

（1）利用无约束平差后的观测量，应选择在 2000 国家大地坐标系或地方独立坐标系中进行三维约束平差或二维约束平差。平差中，对已知点坐标、已知边长和已知方位角，可以强制约束，也可以加权约束。

（2）平差结果应包括相应坐标系中的三维或二维坐标、基线向量改正数、基线边长、方位、转换参数及其相应的精度。

（3）约束平差中，基线分量改正数与经过无约束平差中按式（7-31）~（7-33）规定的粗差剔除后的无约束平差结果的同一基线，相应改正数较差的绝对值（$dV_{\Delta X}$、$dV_{\Delta Y}$、$dV_{\Delta Z}$）应满足下式要求：

$$dV_{\Delta X} \leqslant 2\sigma \tag{7-34}$$

$$dV_{\Delta Y} \leqslant 2\sigma \tag{7-35}$$

$$dV_{\Delta Z} \leqslant 2\sigma \tag{7-36}$$

式中：σ——基线测量中误差（mm）。

(4) C、D、E 级 GNSS 网平差后，其精度应分别符合表 6-2 的规定，用于建立国家三四等大地控制网的 GNSS 控制网其相对精度还应不低于 1×10^{-6} 和 1×10^{-5}。

7.2.4 GNSS 高程测量

GNSS 测量可快速获取待定控制网点的高精度的三维坐标（B、L、H），其中 H 是基于选定参考椭球面的大地高，而我国采用的是正常高系统，故 GNSS 获得的大地高无法直接应用于工程建设中，需要将大地高转换为正常高。要弄清楚高程转换的原理，我们需要先了解常用的高程系统以及它们之间的关系。

1. 常用的高程系统

高程就是地面点沿铅垂线或法线方向到基准面的距离。对应于不同的基准线和基准面，就会有不同的高程系统。在测量中常用的高程系统有大地高系统、正高系统和正常高系统。这三个高程系统之间的关系如图 7-14 所示，其中椭球面与大地水准面的距离称为大地水准面差距，椭球面与似大地水准面的距离称为高程异常。

大地高 H 与正高 H_g 和正常高 H_γ 的关系分别如下：

$$H = H_g + N \qquad (7-37)$$
$$H = H_\gamma + \zeta_0 \qquad (7-38)$$

式中：N 为大地水准面差距；ζ_0 为高程异常值。

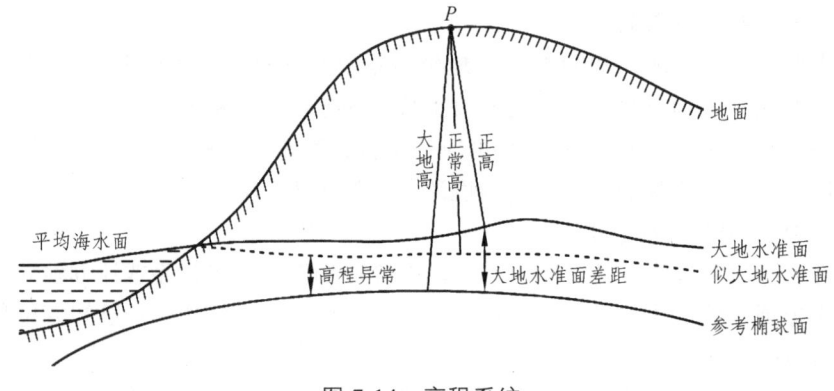

图 7-14 高程系统

（1）大地高。

大地高以椭球面为基准面，是地面点沿法线方向到椭球面的距离，所以也称为椭球高。大地高是一个纯几何量，不具有物理意义，同一个点，在不同的基准下，具有不同的大地高。GNSS 测量可直接测定地面点的地心坐标（大地经度 L、大地纬度 B 和大地高 H），目前，GNSS 测定的大地高精度可优于 1cm。

（2）正高。

水准面就是重力等位面，重力等位面上任意两点间的重力位能相等，不同重力位能对应不同的水准面，而水准面之间既不平行，也不相交和相切，因此水准面有无穷多个。在大地测量中，以与平均海平面重合并向大陆内部延伸的重力等位面作为大地水准面，并将大地水准面作为正高高程系统的基准面。

正高高程是地上一点沿着重力垂线方向到大地水准面的距离,而在不同的深度下,重力的方向和大小各不相同,所以正高的垂线路径是一条曲线。正高的数学表达式为:

$$H_g^P = \frac{1}{g_m^P} \int g \mathrm{d}h \quad (7\text{-}39)$$

式中:H_g^P 为点 P 的正高;g_m^P 为点 P 点到大地水准面上的垂线曲线上的重力平均值;h 为水准测量所获得的高差;g 为水准路线上 $\mathrm{d}h$ 处的重力值。

在正高系统中,确定一点的高程需要知道该点到大地水准面上的平均重力值 g_m^P,而重力值与地球内部质量的分布密切相关,所以 g_m^P 无法被准确获得,因而也就无法准确求取正高高程。

(3)正常高。

在实际中,人们采用正常高系统替代正高系统,正常高系统的基准面为似大地水准面,即正常高是地面上一点沿着正常重力方向到似大地水准面的距离。其数学表达式为:

$$H_\gamma^P = \frac{1}{\gamma_m^P} \int g \mathrm{d}h \quad (7\text{-}40)$$

式中:H_γ^P 为点 P 的正常高;γ_m^P 为平均正常重力值。γ_m^P 可由正常重力公式计算得到,而 g 和 h 可分别由重力测量和水准测量获得,因此正常高是可以准确求得的,所以我国以正常高系统作为我国高程的统一系统。

2. 高程拟合方法

实际应用中的正常高一般采用水准测量的方法精确获得,但该方法外业工作费时费力,成本高昂,而 GNSS 测量可以快速高效地获得待定点高精度的大地高数据,如果能够获得待定 GNSS 控制点的高程异常值 ξ,则可根据正常高与大地高之间的关系,利用公式(7-38)计算出该点的正常高。我们把该方法称为 GNSS 高程拟合,又可称为高程测量或者高程转换。

目前常用的 GNSS 高程拟合方法可分为借助高精度局部(似)大地水准面模型法、坐标转换法、神经网络法和模型拟合法,模型拟合法又分为简单模型拟合法和基于移去-恢复的模型拟合法。简单模型拟合法进行 GNSS 高程转换的主要原理是利用已知 GNSS/水准点的大地高和水准高计算各点的高程异常,由于高程异常在局部区域变化相对比较平缓,可以利用一些初等函数(如直线、二次曲线、平面、曲面等)进行表示,从而建立整个测区高程异常拟合模型,通过建立的拟合模型推求待定点的高程异常值,进而可求得待定点的正常高。

实际应用中多采用多项式内插计算的方法,在多项式拟合法中,常用零次、一次和二次多项式拟合高程异常值,其数学表达式分别如下:

(1)零次多项式(固定差改正或垂直平移):

$$\xi = a_0 \quad (7\text{-}41)$$

(2)一次多项式(平面拟合):

$$\xi = a_0 + a_1 \cdot \mathrm{d}x + a_2 \cdot \mathrm{d}y \quad (7\text{-}42)$$

(3)二次多项式(曲面拟合):

$$\xi = a_0 + a_1 \cdot \mathrm{d}x + a_2 \cdot \mathrm{d}y + a_3 \cdot \mathrm{d}x^2 + a_4 \cdot \mathrm{d}y^2 + a_5 \cdot \mathrm{d}x \cdot \mathrm{d}y \quad (7\text{-}43)$$

式中：ξ 为高程异常值；$a_1 \sim a_5$ 为多项式拟合系数；x、y 为控制点的平面坐标；$dx = x - x_0$，$dy = y - y_0$，$x_0 = \dfrac{\sum x}{n}$，$y_0 = \dfrac{\sum y}{n}$，n 为网中控制点的数量。

求解不同阶次的多项式，需要不同数量的水准联测点，零次多项式至少需要 1 个点，一次多项式至少需要 3 个点，而二次多项式至少需要 6 个点。若要取得较好的拟合精度，应在控制网内均匀选取足够数量的控制点，并通过最小二乘原理求解多项式的拟合系数。

需要注意的是，虽然 GNSS 高程测量具有效率高、劳动强度低、成本低、能在大范围实现高程加密工作的优点；但其精度有限，具体精度与大地高的精度、内插数学模型、高程异常已知点（GNS/水准点）的数量与分布情况、区域似大地水准面的起伏等密切相关。根据相关研究成果，目前 GNSS 水准测量的精度最理想的情况下也仅可达到三等水准要求。

3. 提高 GNSS 高程测量精度的措施

其主要措施有：

（1）提高大地高测定的精度。

大地高（高差）测定的精度是影响 GNSS 高程精度的主要因素之一。因此，要提高 GNSS 高程的精度，必须有效地提高大地高（高差）测定的精度。

① 选用高性能 GNSS 接收机。
② 使用相同类型的带有抑径板或抑径圈的大地型接收机天线。
③ 对待定点在不同卫星星座和大气情况下进行多次长时间观测。
④ 基线解算时可选用高精度的起算点。
⑤ 基线较长时可实测气象参数。
⑥ 基线解算时，对天顶对流层延迟进行估计。

（2）提高联测几何水准的精度。

工程应用中大多采用四等水准联测高程拟合计算的起算点，对有特殊应用的 GNSS 网，可采用三等或者二等水准来联测，以提高高程异常起算点（GNSS/水准点）的高程异常值精度。

（3）提高转换参数的精度。

尽量利用已有高精度转换参数，或利用国家 A、B 级 GNSS 网点来推算的转换参数以提高高程转换的精度。

（4）提高拟合计算的精度。

① 根据测区似大地水准面变化的情况，合理设置足量 GNSS/水准点。
② 根据不同测区，选用合适的拟合模型，对地形起伏较大的测区，可施加地形改正。
③ 对地形复杂的大测区，可采用分区计算的办法。

7.2.5 技术总结与上交资料

1. 技术总结

在 GNSS 测量工作完成后，应按要求编写技术总结报告，其具体内容包括：

（1）测区范围及位置、自然地理条件与气候特点、交通、通信及供电情况。

（2）任务来源、项目名称、测区已有测量成果情况、本次施测的目的及基本精度要求。

（3）施测单位、施测起讫时间、技术依据、作业人员的数量及技术状况。
（4）作业仪器的类型、精度、检验及使用情况。
（5）选点所遇障碍物和环境影响的评价，埋石及重合点情况。
（6）观测方法、各级点数量、补测与重测情况以及野外作业中发生和存在的问题说明。
（7）野外数据检核、起算数据情况，数据后处理内容、方法及软件情况。
（8）工作量、工日及定额计算。
（9）方案实施与规范执行情况。
（10）上交成果尚存问题和需要说明的其他问题。
（11）各种附表与附图。

2. 成果验收

（1）成果验收按《测绘产品检查验收规定》（CH 1002—95）的规定执行。交送验收的成果，包括观测记录的存储介质及其备份，内容与数量必须齐全、完整无损，各项注记、整饰应符合要求。

（2）验收重点包括下列各项：
① 实施方案是否符合规范和技术设计要求。
② 补测、重测和数据剔除是否合理。
③ 数据处理的软件是否符合要求，处理的项目是否齐全，起算数据是否正确。
④ 各项技术指标是否达到要求。

（3）验收完成后应出具成果验收报告。在验收报告中应按《测绘产品质量评定标准》（CH 1003—1995）的规定对成果质量做出评定。

3. 上交资料

GNSS测量任务完成以后，应上交如下资料：
（1）测量任务书与技术设计书。
（2）点之记、环视图和测量标志委托保管书。
（3）卫星可见性预报表和观测计划。
（4）外业观测记录（包括原始记录的存储介质及其备份）、测量手簿及其他记录（包括偏心观测）。
（5）接收设备、气象及其他仪器的检验资料。
（6）外业观测数据的质量分析及野外检核计算资料。
（7）数据加工中生成的文件（含磁盘文件）、资料和成果表。
（8）GNSS网展点图。
（9）技术总结和成果验收报告。

7.3　GNSS网数据处理实例

前面章节已经详细地介绍了GNSS网数据处理的原理与方法，本节主要通过对某工程控制网进行数据后处理，详细介绍HGO软件的使用方法以及使用该软件进行GNSS网数据处理的基本工作流程，目的是让大家基本掌握GNSS控制网数据处理的基本方法。

7.3.1 软件的安装

1. HGO 软件介绍

HGO（Hi-Target Geomatics Office）软件全名"HGO 数据处理软件包"，是广州中海达卫星导航技术股份有限公司继 HDS2003 软件后推出的第二代静态解算软件。该软件功能完善，操作简便，深受国内测绘技术人员认可，故本书选用该软件进行数据处理介绍。

2. 软件安装步骤

HGO 数据处理软件包可从随机光碟或中海达官方网站下载。软件安装方法如下：

（1）运行"HGO 数据处理软件包.msi"，弹出 HGO 安装向导界面，如图 7-15 所示，单击【下一步】继续。

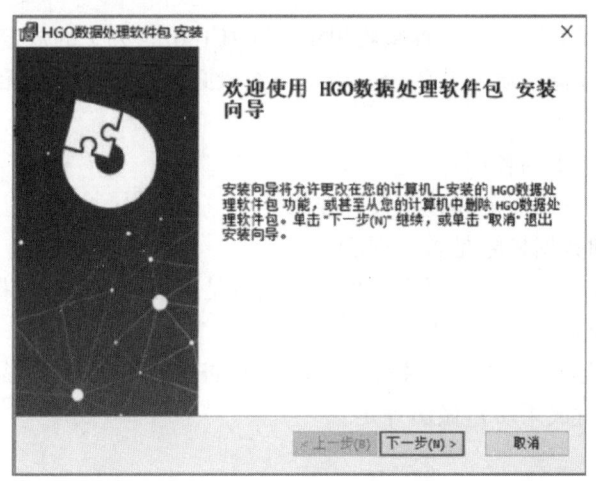

图 7-15　HGO 软件安装向导

（2）弹出的窗口将让用户选择软件的安装路径，如图 7-16 所示。

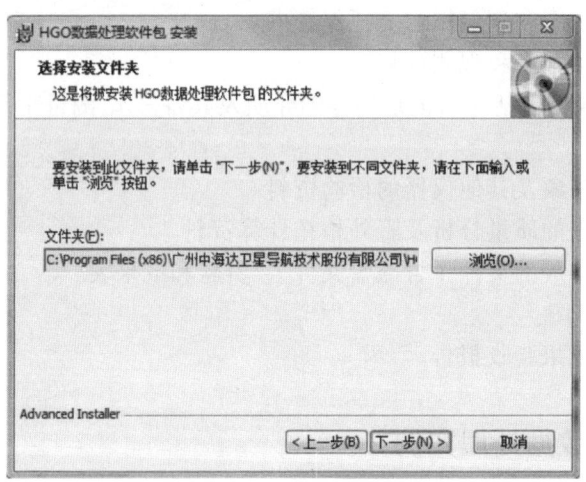

图 7-16　选择安装文件夹

可以通过【浏览】来更改安装路径，然后单击【下一步】，界面显示如图 7-17 所示，单击【安装】。

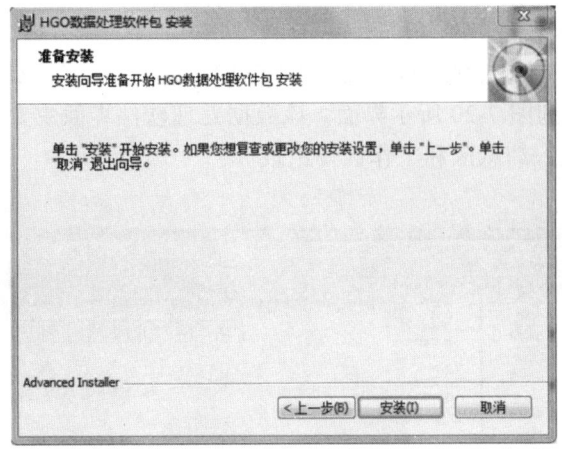

图 7-17 准备安装

出现安装进度界面,如图 7-18 所示。

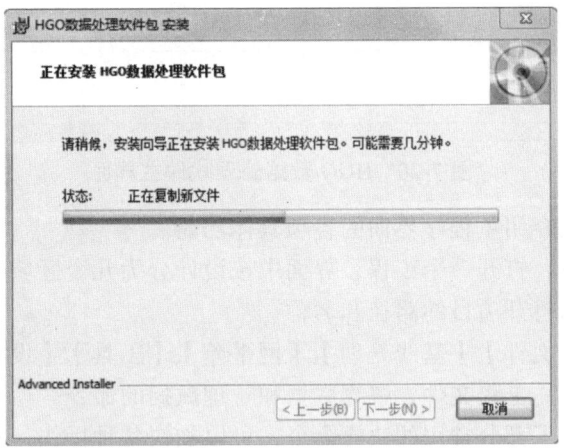

图 7-18 正在安装

等待安装进度完成后,软件安装工作全部完成,如图 7-19 所示。

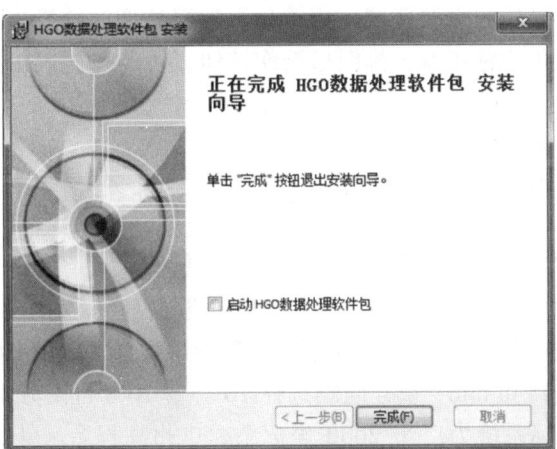

图 7-19 安装完成

此时,HGO 软件安装完成。

3. 软件界面介绍

通过开始菜单或直接进入程序目录运行 HGO.EXE，就进入了 HGO 数据处理软件的主程序。这时，我们可以看到图 7-20 所示界面。该数据处理软件界面主要由标题栏、菜单栏、工具栏、状态栏、导航栏、消息区和工作区等组成。

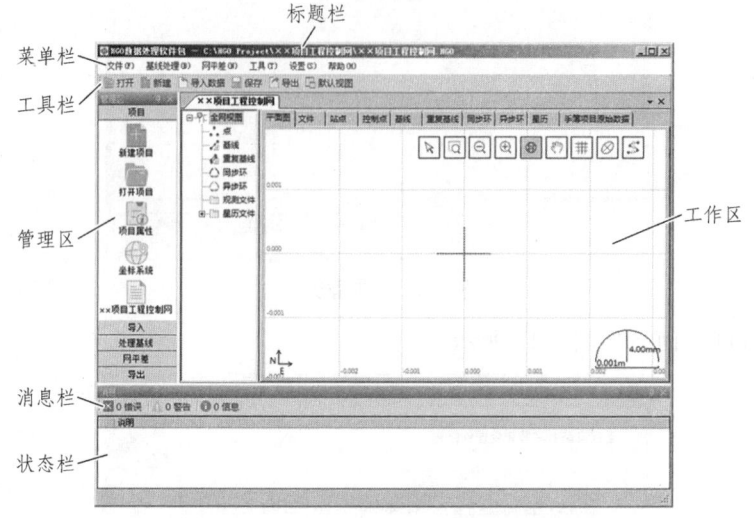

图 7-20　HGO 数据处理软件主界面

下面，我们将详细介绍主程序界面的各项具体功能。

选择【文件】菜单，打开一个工程，界面中按设计分为几个区域：

（1）标题栏：显示打开项目的路径和名称。

（2）菜单栏：由【文件】、【基线处理】、【网平差】、【工具】、【设置】和【帮助】组成，提供了绝大多数用来建立工程文件、解算数据和管理数据的命令。

（3）工具栏：提供了部分常用的快捷命令，可以加快各种操作。

（4）管理区：由【项目】、【导入】、【处理基线】、【网平差】和【导出】五个功能模块组成。它是按照 GNSS 网数据处理的流程设置的，通过依次操作可以便捷地完成数据处理的全部流程。

（5）工作区：用户操作的主要区域，用于显示数据处理的结果以及与项目有关的各种视图。此外，工作区右上角位置还有一排图形操作按钮，可通过先点击按钮再点击视图实现相应的图形操作。

（6）消息区：输出各种解算中间过程信息。

（7）状态栏：显示当前操作的一些提示信息。

7.3.2　工程控制网数据处理实例

如图 7-21 所示，项目位于广东省广州市，项目控制网由 15 个网点构成，其中已知点 4 个，待定点 11 个，平均边长约 200 m，依据《工程测量标准》（GB 50026—2020）二级网精度施测，时段长度不低于 40 min，采样间隔选择 10 s，采用 8 台南方银河接收机进行观测，目标坐标系统为广州 2000 坐标系、广州高程系。外业分 3 个时段观测，共获得 23 个观测文件（已转换为 RINEX 格式）。项目观测数据包可扫描右侧二维码获取。

观测数据包

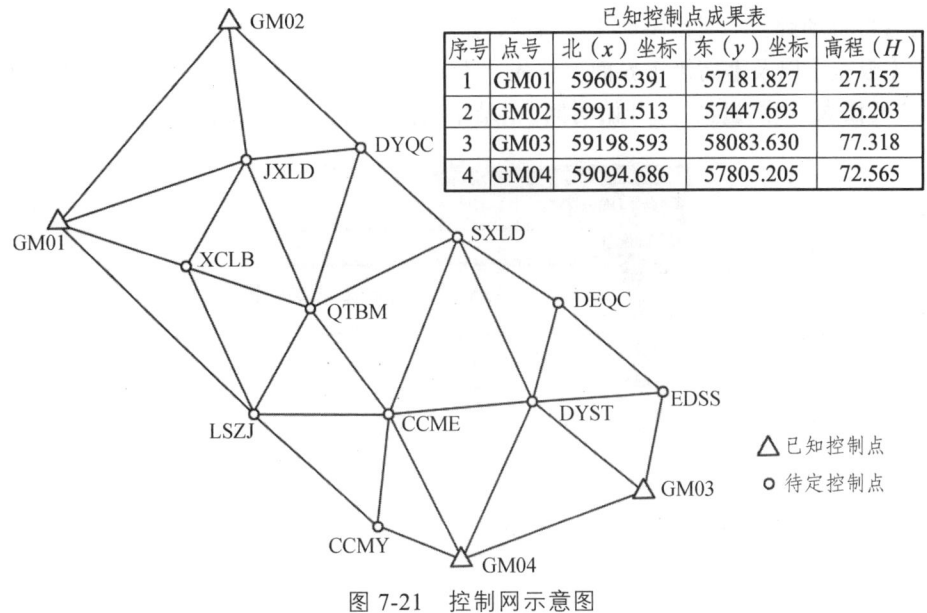

图 7-21 控制网示意图

1. 项目的建立

新建项目可分如下几步：

（1）首先建立新的项目，确定项目名称与保存路径。

（2）输入项目属性，确定质量检查标准。

（3）在坐标系管理中输入坐标参数。

具体操作如下：

打开 HGO 软件，选择【管理区】里的【新建项目】，弹出界面如图 7-22 所示。在对话框中按照要求填入"××工程控制网"，最后单击【确定】按钮。

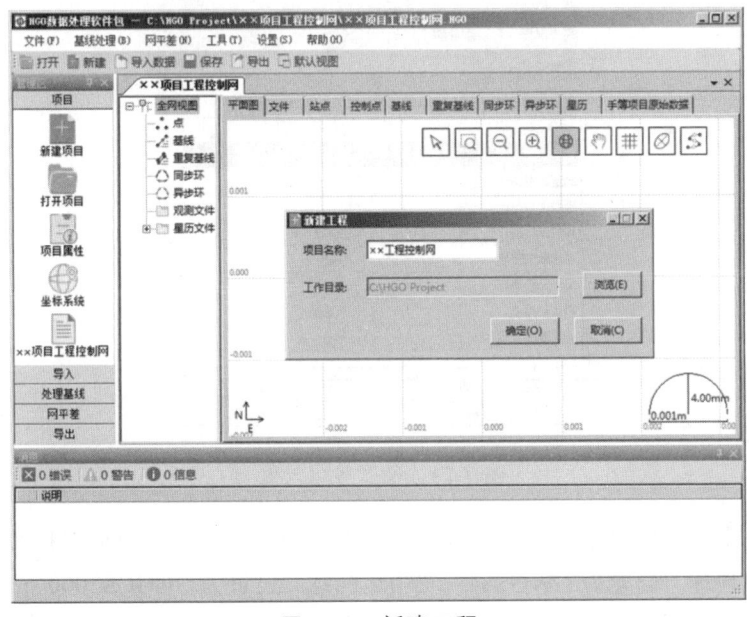

图 7-22 新建工程

确认后将自动弹出【项目属性】对话框，如图 7-23 所示。在【项目属性】里，分别有【基本信息】、【限差】以及【高级】界面。首先在【基本信息】里按照要求填入"项目单位""施工单位""责任人""测量员""开始时间""结束时间"等相关项目信息。

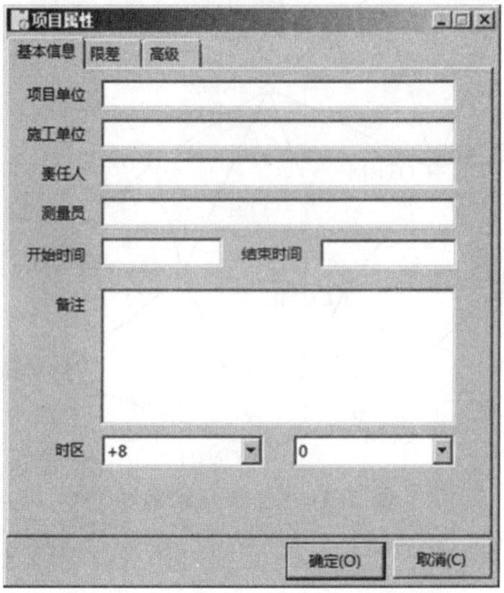

图 7-23 项目属性基本信息设置

在【限差】选项里选择相应的"测量规范"和"等级"，如图 7-24 所示。本项目选择《工程测量规范》2007 版，等级为二级，高级选项卡按默认设置。

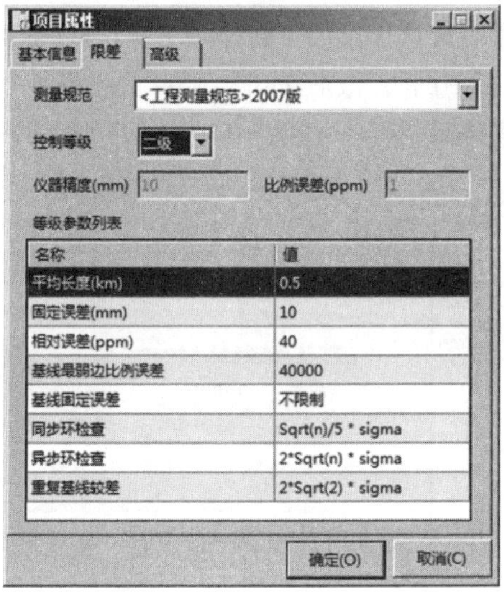

图 7-24 精度等级设置

点击【确定】，弹出【坐标系统】对话框，进行坐标系统设置。根据工程实际，在【椭球】选项卡中将"源地球"设置为"WGS84"，"当地椭球"设置为"CGCS2000"；同时在【投影】选项卡中设置相应的投影带，将中央子午线参数设置为 114°，如图 7-25 所示。

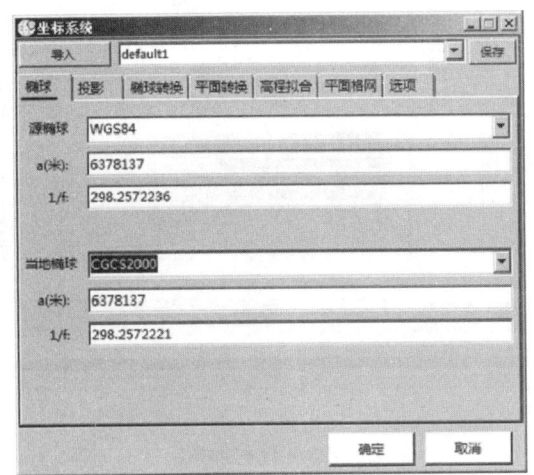 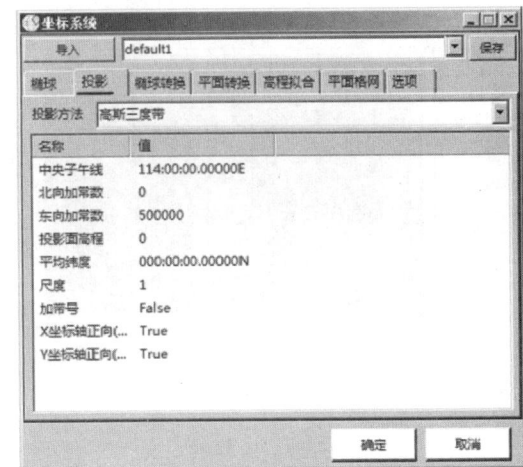

图 7-25 坐标系统设置

其他设置按系统默认，最后单击【确定】，完成新建项目。如需更改项目属性和坐标系统等设置内容，可单击【管理区】→【项目】里面的对应图标进行设置操作。

项目建立后，软件将根据处理操作陆续生成一些数据文件及中间处理结果，这些文件会保存在项目路径目录及其子目录中。当一个项目完成后，可以将整个目录及其子目录打包、保存、转移到其他电脑上。

具体操作扫描右方二维码观看视频。

新建项目

2. 观测数据的导入

（1）导入。

选择【管理区】→【导入】→【导入文件】，弹出导入文件菜单，如图 7-26 所示。

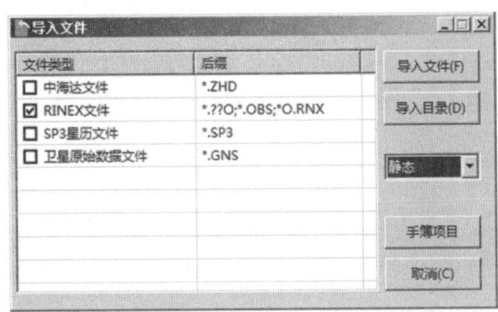

图 7-26 导入文件

在对话框中，勾选"RINEX 文件"，选择静态观测文件（如无其他类型文件，可按默认选择全部类型），点击对话框右上方的【导入文件】按钮，选择数据存放文件夹，选择全部文件。单击【打开】，数据开始导入，过程如图 7-27 和图 7-28 所示。

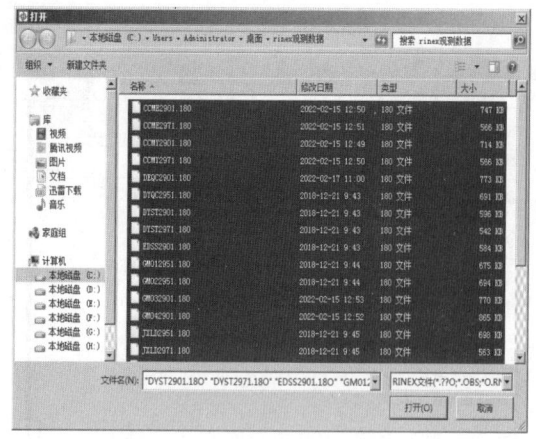
图 7-27 选择数据文件

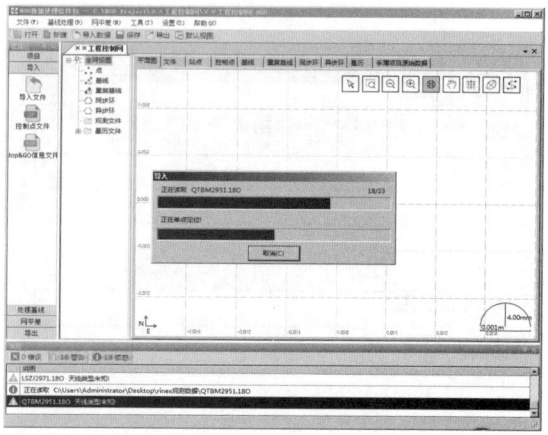
图 7-28 数据加载

软件在导入观测文件的同时，还将自动在相同路径下寻找并加载相应的广播星历文件。数据整理时应注意观测数据文件与广播星历文件应放置在同一文件夹下，否则，用户应该在后续的处理中单独导入星历文件。

文件导入后，软件将从观测文件中提取观测站点，并将根据它们的观测时段自动组成基线向量网，如图 7-29 所示。

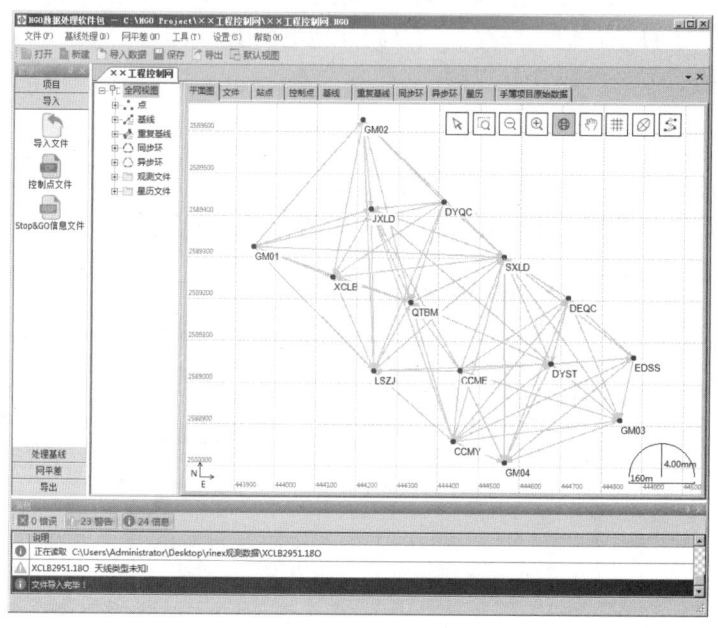
图 7-29 基线向量网

（2）编辑观测文件中的天线高信息。

数据导入并经过检查后，即可编辑观测文件的天线高，在【管理区】点击【文件】选项卡，则管理区显示观测数据文件相关信息，如图 7-30 所示。

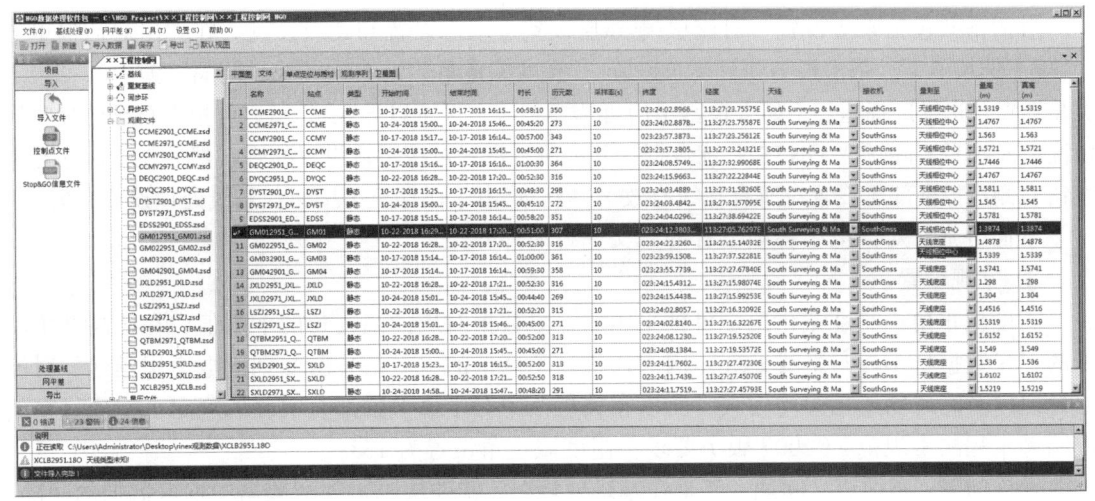

图 7-30 编辑天线高信息

依次在每一个观测数据文件记录的【量取至】数据列下拉菜单中选择"天线相位中心",本数据为 RINEX 格式,量高值取自观测数据文件,该值就是天线相位中心高。至此,数据导入工作完成。

具体操作扫描右方二维码观看视频。

观测数据导入

3. 基线处理

(1)基线处理设置。

数据导入完成后,应在软件相应位置或选点检查导入数据对应的站点数量、站点名称、基线数量是否正确,基线向量网形状是否与设计网图相符,检查无误后可进入基线处理阶段。

在基线向量处理前,要进行基线向量处理设置,点击【管理区】→【处理基线】→【处理选项】,弹出基线处理设置对话框,如图 7-31 所示。

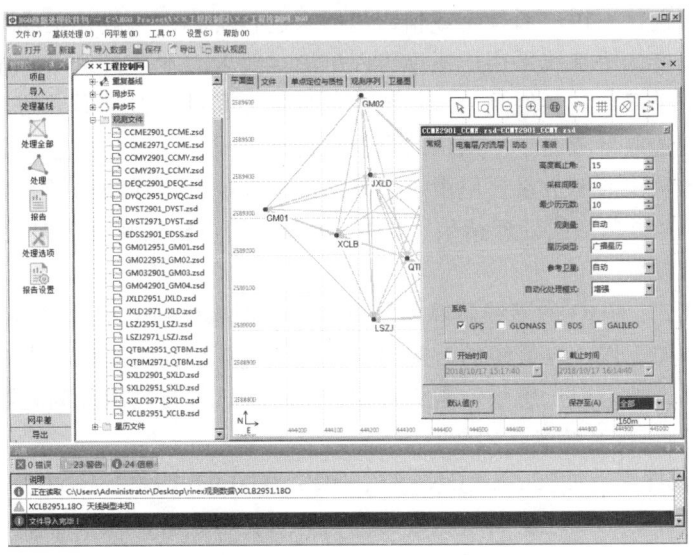

图 7-31 处理选项设置

对话框共包括常规设置、对流层/电离层设置、动态设置和高级设置。在弹出对话框里的【常规】选项卡下，依次根据项目要求设置。"高度截止角"为15°，"采样间隔"为10″，"星历类型"默认选择广播星历（如有精密星历可选择相应文件予以导入），用户可根据自己的接收机情况以及项目实际选取 GNSS 系统数据，其余所有设置可按默认设置处理。然后在【保存至】按钮右侧选择全部（设置对所有基线有效），最后点击【保存至】按钮，基线处理设置完成。

下面分别对对话框中各项设置的意义进行简要介绍。

① 常规设置。

高度截止角：高度截止角是可被采用的卫星数据对应的高度角的下限值，在此高度角以下的卫星数据将不参与基线处理。因为通常高角度低的卫星信号所受到的电离层延迟、对流层延迟以及障碍物遮挡等均较大，所以相关规范中对于该参数都有明确的规定。本项目案例按照《工程测量规范》(2007版)要求，高度截止角设置为15°。

采样间隔：所谓历元间隔，就是在基线处理时，软件从原始观测数据中抽取数据的间隔。通常在内业处理时，高密度的观测数据并不能显著提高基线的精度，反而会大大增加基线处理的时间，故规范中对于采样间隔均有明确规定。数据处理时通常按照外业采样间隔设置，本项目外业观测数据采样间隔为 10″。为提高基线处理的速度，用户可依据规范适当增大数据处理的采样间隔。通常认为：对于短边，且观测时间较短时，可适当缩小采样间隔；而对于长边，可适当增大采样间隔。

最小历元数：在外业观测过程中，连续观测历元的数量对于基线解算质量至关重要，连续观测历元数较少时将影响整周模糊度解算的质量，进而影响基线解算质量。在基线处理过程中，软件会将观测连续历元数不超过最小历元数的数据段剔除。本项目按系统默认设置。

观测值：可选择用不同的组合观测值来进行基线解算，比如宽项组合 Lw、窄巷组合 Ln 等。采用自动模式时，软件会根据基线长度自动选择观测值类型，一般小于 10 km 的基线采用 L_1 观测值进行解算，大于 10 km 的基线采用 Lc 消电离层组合观测值进行解算。本项目按系统默认设置。

星历类型：可选择采用广播星历或精密星历来进行解算，一般长距离基线采用精密星历可提高基线解算精度，短基线采用广播星历即可满足要求。本项目采用广播星历。

参考卫星：由于双差观测值是单差观测值在卫星之间进行差分形成的，所以在组成双差观测值时，软件需选取参考卫星。默认的设置是自动方式，这时软件会选取观测数据最多而且高度角较高的卫星作参考卫星。但由于观测条件的影响，这样的选择未必最合理，当参考卫星选取不当时，会影响基线处理结果。这时，就需要用户根据观测数据状况重设参考卫星。本项目按系统默认设置。

自动化处理模式：HGO 的基线解算引擎具有自动剔除粗差卫星数据功能，能够帮助用户减少手动剔除数据的工作，在最短的时间内使得基线解算合格。当该项设置为"增强"时该功能才能得到启用，如果用户想手动剔除数据，不希望软件自动删除问题数据，可将此项设置为"一般"。本项目按系统默认设置。

系统：HGO 软件支持 GPS、GLONASS、BDS、Galileo 四系统任意组合解算。

处理时长：软件默认处理基准站和移动站全部的公用数据，如果需要处理固定时间段的数据，可以手工设置开始与结束时间。本项目按系统默认设置。

② 对流层/电离层设置。

一般情况下，不需要更改对流层、电离层设置。本项目按默认设置处理。中长基线可根据实际情况进行设置以提高解算精度，如图 7-32 所示。

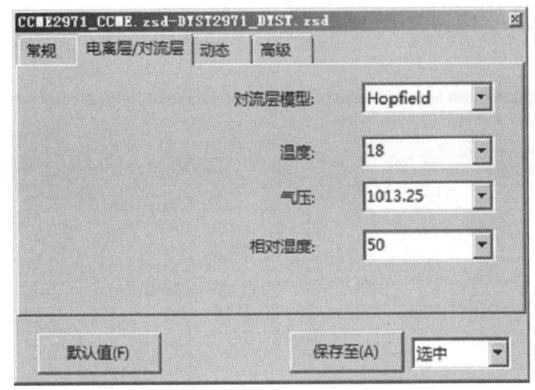

图 7-32　对流层设置

③ 高级设置。

在通常情况下，高级设置采用默认值即可满足要求，不建议更改。

（2）基线解算。

基线处理设置完成后，开始处理基线。点击【管理区】→【处理基线】→【处理全部】图标，软件开始依次逐条处理全部基线并出现信息对话框，在对话框中依次列出了正在处理的基线名称及基线解算进度，如图 7-33 所示。

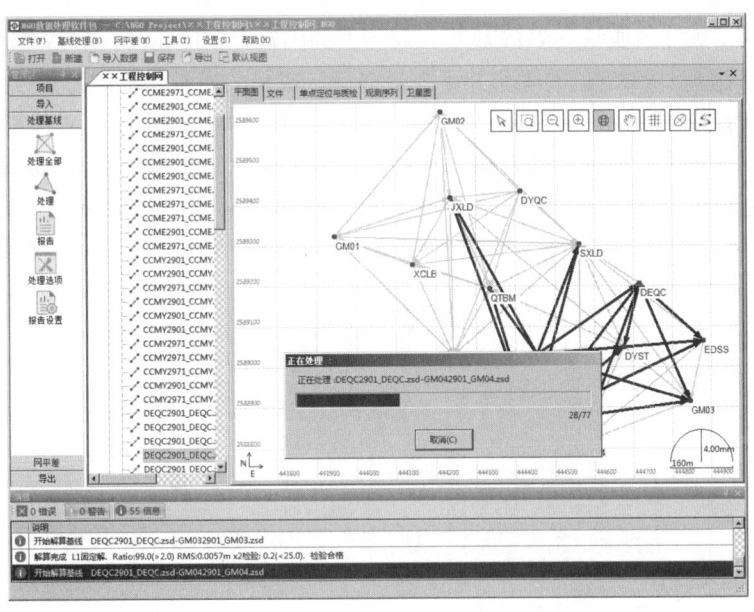

图 7-33　基线处理过程

基线解算前视图中基线颜色为浅灰色，解算过程中合格基线将逐条变为蓝色，不合格基线则变为红色，全部解算完毕后合格基线整体变成深色。具体操作扫描右方二维码观看视频。

基线解算

4. 基线解算结果分析与再处理

基线解算完成，可在【工作区】→【基线】选项卡中查看各条基线解算的结果、质量等信息，如图7-34所示。此外还可以通过右键点击相应基线，在弹出的菜单中选择解算报告，查看基线的解算情况。

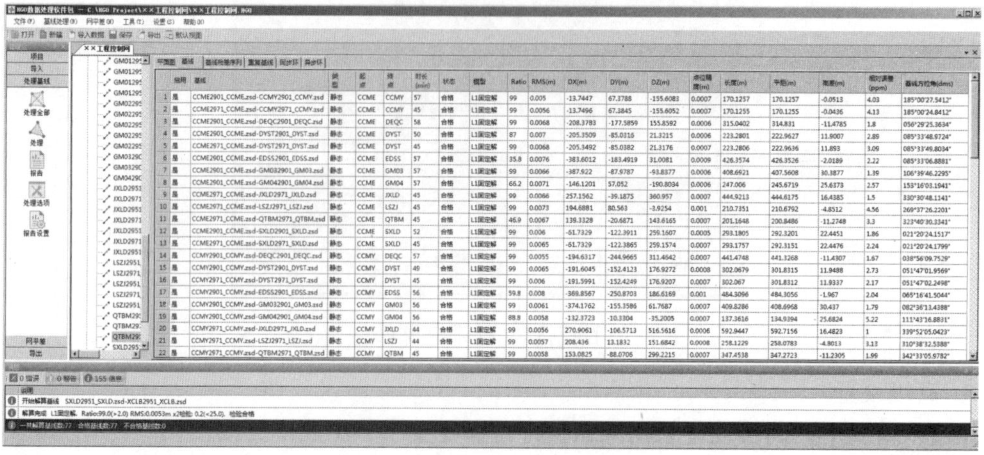

图 7-34　基线处理结果

基线计算质量检核分为单基线质量检核以及基线间质量检核两部分。

HGO软件单基线质量检核主要通过 *RATIO*、*RMS*、点位精度这几个质量指标来衡量，其中：*RATIO* 是反映基线质量好坏的最关键值，通常情况下，要求 *RATIO* 值大于1.8（软件默认值为2.0）；*RMS* 表明了观测值质量，*RMS* 越小，观测值的内符合精度越高，*RMS* 越小，则表明观测值的内符合精度越差，*RMS* 值的大小并不能最终确定成果的质量，仅作为参考指标。基线间质量检核则通过查看同步环检核、异步环检核及重复基线检核指标来完成，具体指标见规范要求。

本项目77条基线经解算全部合格，经检验，141个三边异步环和12条重复基线全部合格，147个三边环中有5个不合格。各检验结果如图7-35~图7-37所示。

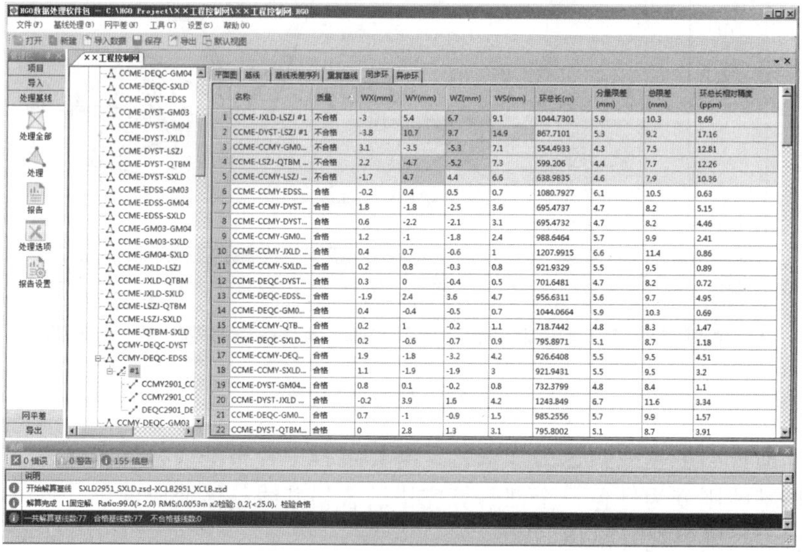

图 7-35　同步环检核结果

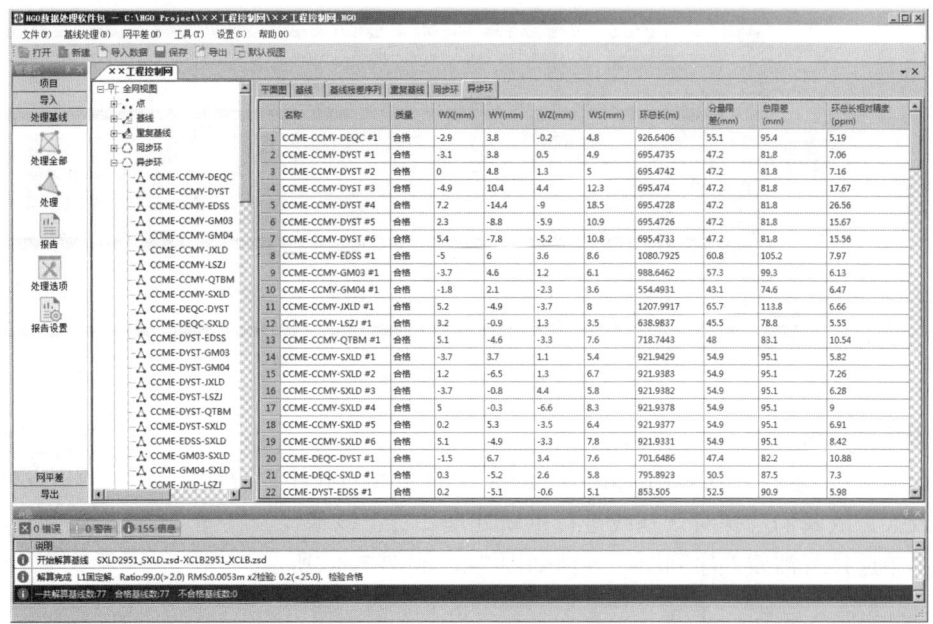

图 7-36 异步环检核结果

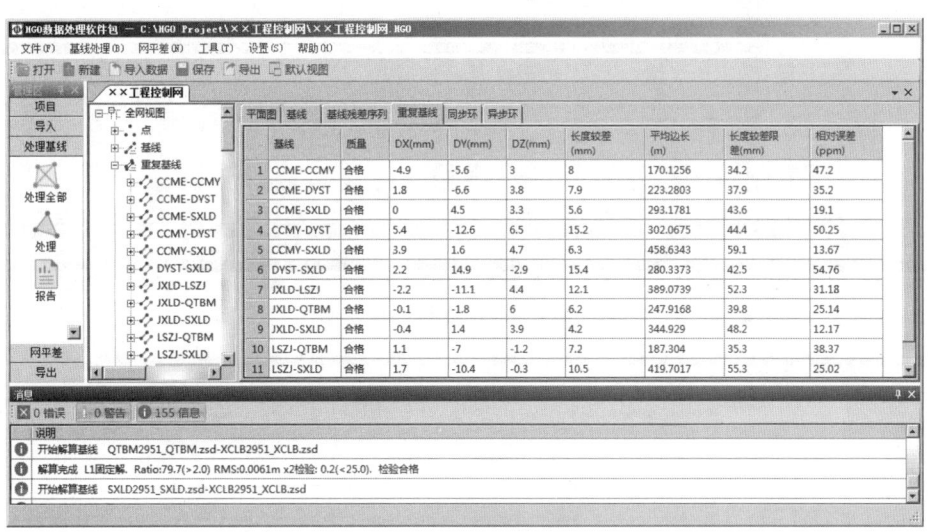

图 7-37 重复基线检核结果

同步环检验不合格，通常表明组成闭合环的基线中至少有一条基线质量不佳，可对组成闭合环的 3 条基线，通过综合 RATIO、RMS 相邻闭合环或重复基线检核和点位精度等指标选定其中一条认为质量欠佳的基线重新进行处理，如我们先选取编号为 3 的 CCME-CCMY-GM04 同步环，在图 7-35 界面双击该数据行，则系统菜单跳至基线选项卡，并将闭合环 3 条基线亮色显示，基线编号分别为 1、8 和 19，如图 7-38 所示。

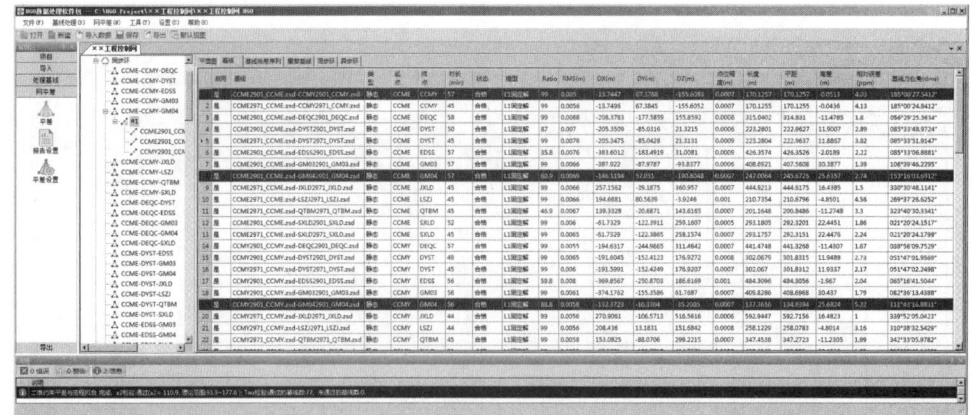

图 7-38 选定不合格同步环基线

具体操作扫描右方二维码观看视频。

3 条基线中，基线 8（CCME-GM04）的 RATIO 值相对较小而 RMS 值相对较大，故我们选择对该基线进行重新处理。右击该基线，在弹出的菜单中选择观测残差序列图，界面如图 7-39 和图 7-40 所示。

基线解算结果分析

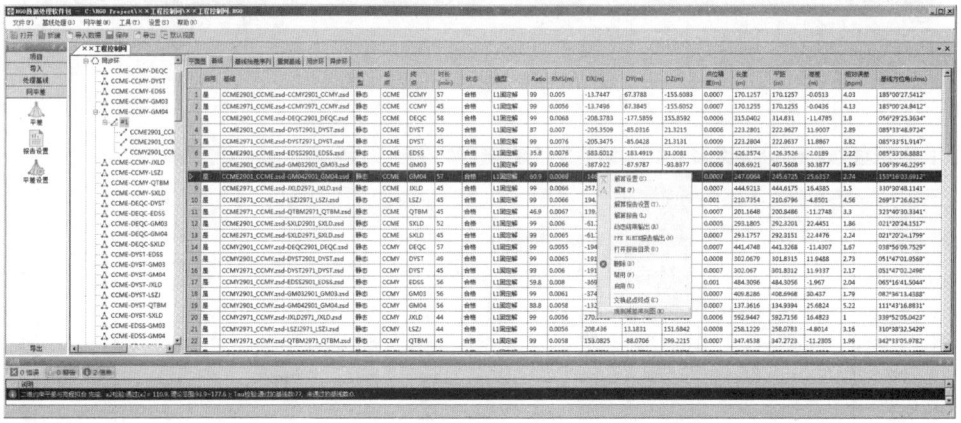

图 7-39 选定重新处理基线

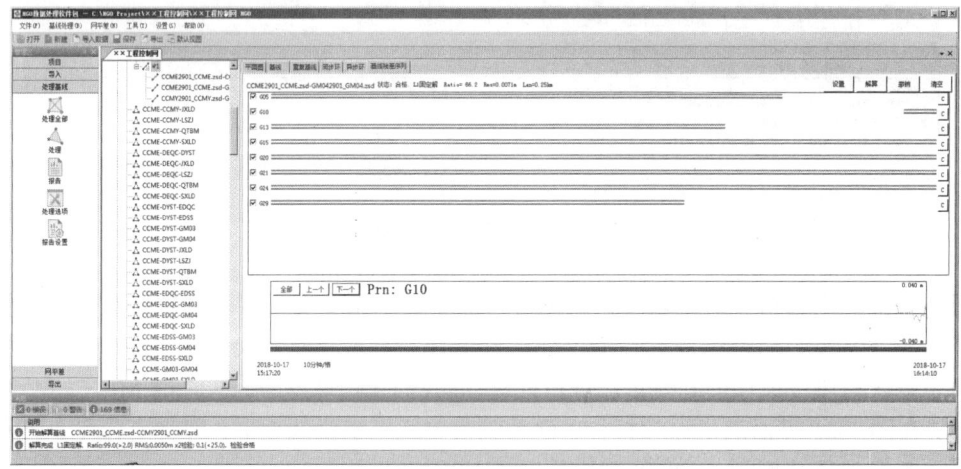

图 7-40 基线残差序列

重新进行基线处理前,应通过基线质量参数和残差图综合分析引起基线质量不佳的原因并采取适当的措施进行基线重新解算。在基线解算时,经常要判断影响基线解算结果质量的因素,或需要确定哪颗卫星或哪段时间的观测值质量上有问题。残差图对于完成这些工作非常有用。所谓残差图就是根据观测值的残差绘制的一种图表。残差图上部分是观测数据视图,下部分是基线残差曲线,选择上一个、下一个可见各个卫星的双差残差。

本基线我们通过对观测数据较短的 G10 卫星进行禁用,以及对 G13 在 15:45 分后的观测数据予以剔除后重新处理,该闭合环重新检验合格,且异步环和重复基线未出现新的不合格。

具体操作方法:对图中指定卫星编号左边的复选框去除勾选可禁用该卫星全部数据;要屏蔽指定时段的数据,可在观测数据图中,通过拖动鼠标框选,松开鼠标后被选定时段数据视图出现红色外框,表明该时段数据已被屏蔽,重新处理时将不参与解算。数据筛选后可点击右上角解算按钮重新计算,此时重新解算的基线质量参数将显示在数据视图的上方供参考,如图 7-41 所示。若解算质量仍旧不佳,可通过右上角的撤销和清空按钮重新设置并计算,恢复前一步操作点击【撤销】,取消全部屏蔽点击【清空】。若多次基线解算,该闭合环仍不合格,则可尝试对另外 2 条基线进行处理。需要说明的是,若对 3 条基线重新处理依然无法使同步闭合环合格,可考虑使其中某条被认为质量不佳基线不参与网平差(禁用或删除),禁用或删除部分基线相关规范中有明确规定,依据是《工程测量标准》(GB 50026—2020)中第 3.2.12 条的规定:"当观测数据不能满足检核要求时,应对成果进行全面分析,并舍弃不合格基线,但应保证舍弃基线后,所构成异步环的边数不应超过 6 条。否则,应重测该基线或有关的同步图形。"

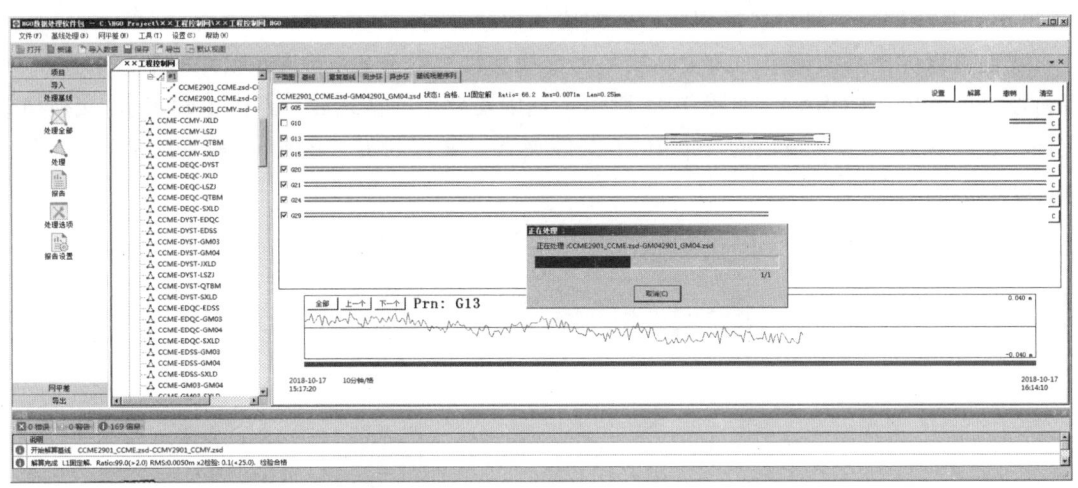

图 7-41 基线重新解算

对本网其余 4 个不合格同步环采用上述方法重新处理后,所有的基线、同步闭合环、异步闭合环和重复基线经检核全部满足质量要求(本项目未删除或者禁用任何基线)。重新解算后同步环检核结果如图 7-42 所示。

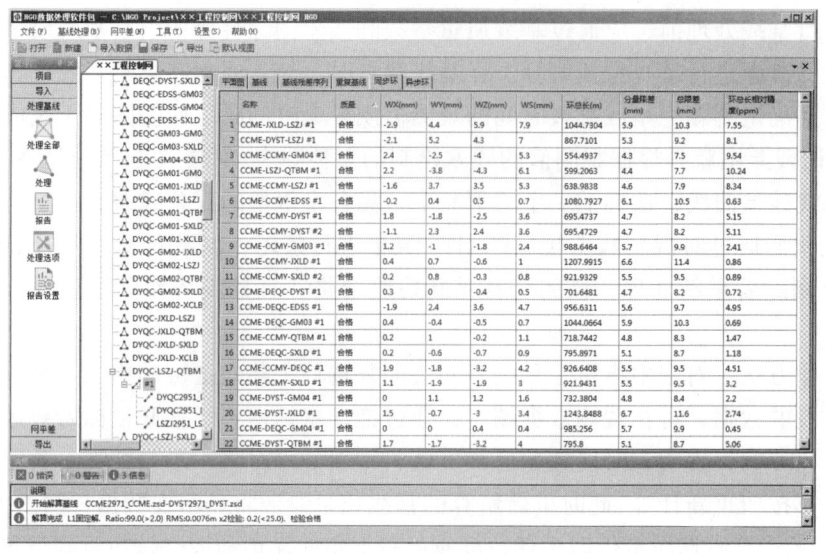

图 7-42　重新解算后同步环检核结果

完成上述步骤后可进入网平差阶段，具体操作扫描右方二维码观看视频。

5. 基线解算结果文件导出

基线解算结果再处理

网平差工作可直接在 HGO 软件中完成，也可采用如 COSA、TGPPSw 等其他专业 GNSS 网平差软件进行平差处理。HGO 软件支持导出天宝基线数据交换文件和科傻基线数据交换文件供用户根据平差软件选择。具体导出方法为：在【管理区】→【导出】→基线解算结果中选择相应格式按确认按钮即可。

我们可以导出基线成果为天宝基线数据交换文件（用于 Power Adj 软件的平差数据），或者科傻平差软件（COSA），如图 7-43 所示，选中要导出的格式后，点击【确定】，交换格式文件将自动保存在工程路径的 report 子文件夹下，文件名为"BaselineResult_TGO.asc"或"BaselineResult_COSA.txt"。

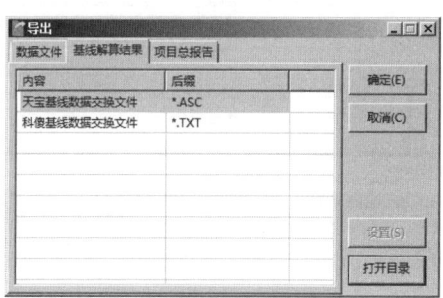

图 7-43　基线成果导出

6. 网平差

HGO 进行网平差处理的基本步骤可以分为以下三个：
① 前期的准备工作，包括进行坐标系的设置、控制点坐标输入等。
② 网平差实施。

③ 对处理结果的质量进行分析与控制。

项目依次进行自由网平差（无约束平差）、二维约束平差和高程拟合计算。

（1）无约束平差（自由网平差）

无约束平差不引入使 GNSS 网的尺度和方位发生变化的外部起算数据，以基线向量解算结果为观测值进行平差处理。其结果除主要用于评价 GNSS 网的内符合精度外，还作为优化处理的依据，从而实现改善控制网质量的目的。

① 无约束平差过程。

点击【管理区】→【平差设置】→【网平差】→【平差设置】，将出现如图 7-44 所示的对话框，该对话框可对各种平差的参数及检验进行设置。本项目平差设置全部使用默认值。

需要说明的是，在高程拟合设置中，HGO 软件支持三种多项式拟合模型，分别是固定差改正、平面拟合、二次曲面拟合，不同的拟合模型需要的必要起算点数量不等，3 种模型需要的必要起算点数量分别为 1 个、3 个和 6 个，软件会根据用户录入的起算点数量自动选取拟合模型，超出模型必要起算点数量时，则自动采用最小二乘原理拟合计算。本项目测区范围较小、高程起算点数量为 4 个，可采用固定差改正或平面拟合方法，本项目默认平面拟合模型。

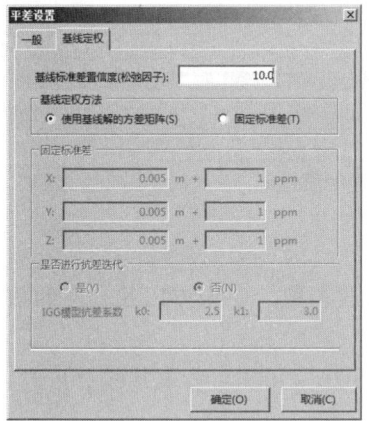 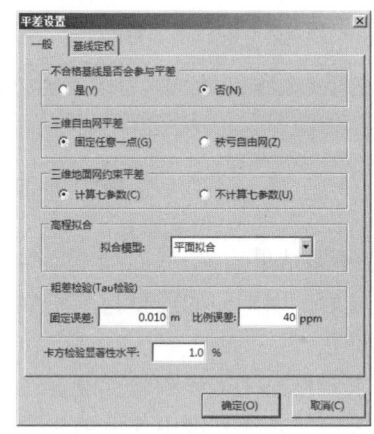

图 7-44 网平差的设置

网平差设置中各项参数设置完毕后按【确认】完成平差设置工作，接着点击【管理区】→【网平差】→【平差】按钮，弹出平差菜单，如图 7-45 所示。

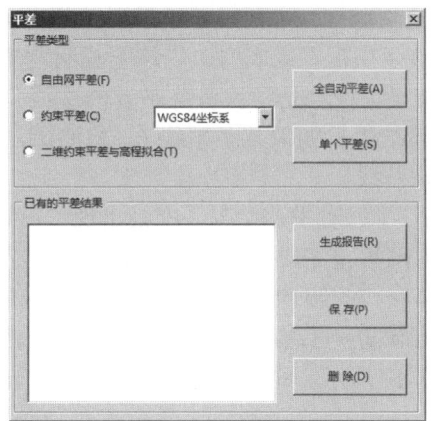

图 7-45 自由网平差计算

点击【单个平差】,软件自动完成自由网平差计算,如图 7-46 所示。

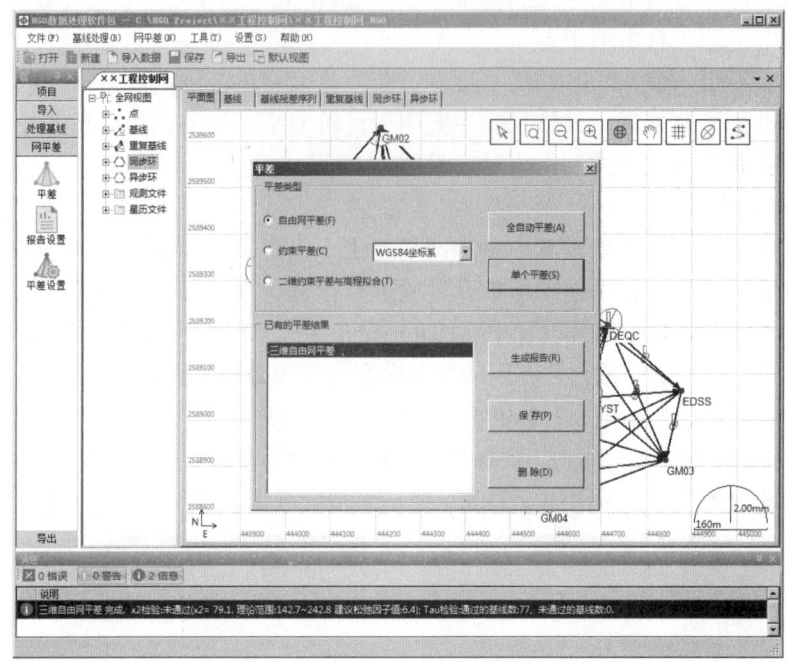

图 7-46　无约束平差结果

② 无约束平差结果。

网平差完成后,网平差的质量检验主要通过改正数、中误差以及相应的数理统计检验结果等指标来评价。

改正数要求:根据《工程测量标准》(GB 50026—2020)要求基线分量改正数的绝对值,不应超过相应等级的基线长度中误差的 3 倍。

数理统计检验要求:统计检验主要有 χ^2 检验和 Γ_{au} 粗差检验。χ^2 检验结果显示了平差结果的可靠性,如果 χ^2 检验值小于理论值范围,说明平差结果的误差比理论误差小,即平差结果比想象的好,此时一般不需处理或者通过选取适当的"基线标准差置信度(松弛因子)"来使 χ^2 检验通过;如果大于理论值范围,说明平差结果误差超过容许范围,应该是基线的解算结果误差过大或者控制点信息存在粗差造成的,应该查找问题基线或者控制点,修正后再次进行解算直到检验通过为止。Γ_{au} 检验是检验参与平差的基线是否存在粗差,一般由平差后各基线的改正数大小决定检验结果;如果某条基线 Γ_{au} 检验无法通过,则需要重新解算基线再参与平差,或者直接禁用该基线。

对本项目作无约束平差后,【已有平差结果】中会出现"三维自由网平差"内容,同时状态栏出现平差结论:三维自由网平差完成。χ^2 检验未通过,(χ^2 = 79.1,理论范围为 142.7 ~ 242.6,建议松弛因子值为 6.4);Γ_{au} 检验通过的基线数 77,未通过的基线数 0。根据软件建议将【平差设置】→【基线定权】→【基线标准差置信度(松弛因子)】值修改为 6.4,然后重新进行自由网平差,如图 7-47 所示。此时显示平差完成,χ^2 检验和 Γ_{au} 检验均通过,自由网平差完成,如图 7-48 所示。

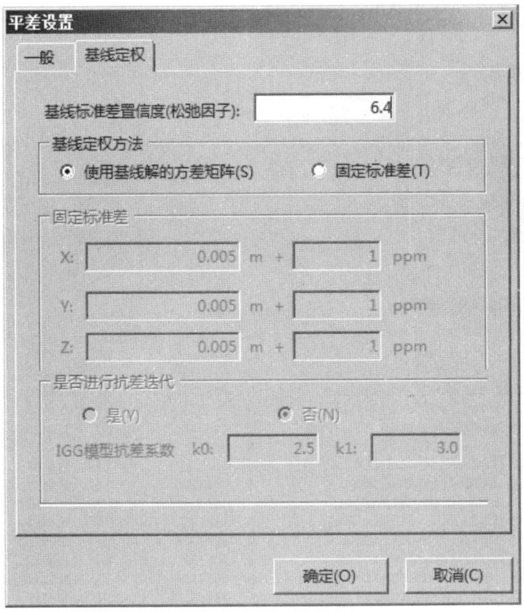

图 7-47 修改松弛因子

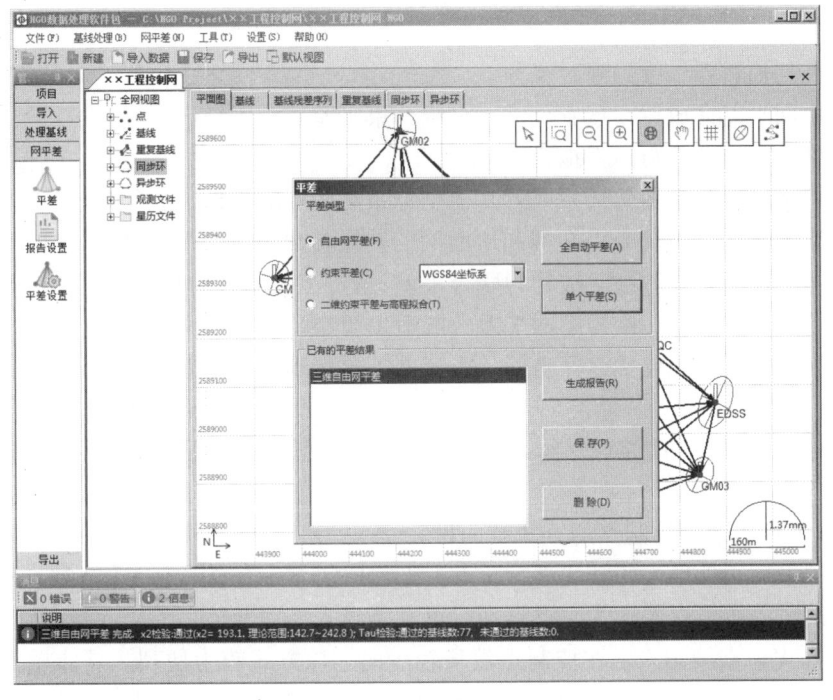

图 7-48 自由网平差检验通过

点击【平差】按钮弹出菜单中的生成报告,浏览器将自动打开平差报告,并同时将该文件存储在工作路径下的 Adjust 文件夹下,名称为"三维自由网平差.html",内容详见图 7-49。

目录

三维自由网平差
>> 1.基本信息
>> 2.输入的基线及标准差
>> 3.控制点坐标
>> 4.平差后的基线及标准差
>> 5.基线改正数及标准差
>> 6.平差后站点WGS84坐标(XYZ)
>> 7.平差前后坐标对比(BLH)
>> 8.平差后站点WGS84坐标(BLH)
>> 9.平差后站点目标坐标系坐标(NEZ)
>> 10.基线最弱边和平面最弱点

1.基本信息

名称	值
基线条数：	77
平差点数：	15
基线标准差置信度(松弛因子)：	6.40σ
Tau检验显著水平：	1.00%
单位权中误差比：	1.0214
x2检验值：	193.0524
x2理论范围：	142.6776 - 242.8270
x2检验结果：	True

2.输入的基线及标准差

基线	Tau	DX(m)	中误差(mm)	DY(m)	中误差(mm)	DZ(m)	中误差(mm)
CCME2901_CCME.zsd-CCMY2901_CCMY.zsd	是	-13.7447	1.8	67.3788	2.9	-155.6083	2.8
CCME2971_CCME.zsd-CCMY2971_CCMY.zsd	是	-13.7496	1.7	67.3845	3.2	-155.6052	2.6
CCME2901_CCME.zsd-DEQC2901_DEQC.zsd	是	-208.3783	1.5	-177.5859	2.6	155.8592	2.1
CCME2901_CCME.zsd-DYST2901_DYST.zsd	是	-205.3509	1.7	-85.0316	2.9	21.3215	2.4
CCME2971_CCME.zsd-DYST2971_DYST.zsd	是	-205.3475	2.2	-85.0428	3.6	21.3131	3.5
CCME2901_CCME.zsd-EDSS2901_EDSS.zsd	是	-383.6012	2.6	-183.4919	3.8	31.0081	4.0
CCME2901_CCME.zsd-GM032901_GM03.zsd	是	-387.9220	1.5	-87.9787	2.6	-93.8377	2.0
CCME2901_CCME.zsd-GM042901_GM04.zsd	是	-146.1194	1.8	57.0510	3.0	-190.8048	2.5
CCME2901_CCME.zsd-JXLD2971_JXLD.zsd	是	257.1562	1.7	-39.1875	3.0	360.9570	2.5
CCME2971_CCME.zsd-LSZJ2971_LSZJ.zsd	是	194.6881	2.3	80.5639	3.9	-3.9246	4.1
CCME2971_CCME.zsd-QTBM2971_QTBM.zsd	是	139.3328	1.7	-20.6871	3.0	143.6165	2.5
CCME2901_CCME.zsd-SXLD2901_SXLD.zsd	是	-61.7329	1.4	-122.3911	2.5	259.1607	2.0
CCME2971_CCME.zsd-SXLD2971_SXLD.zsd	是	-61.7329	1.7	-122.3865	2.9	259.1574	2.5
CCMY2901_CCMY.zsd-DEQC2901_DEQC.zsd	是	-194.6317	1.9	-244.9665	3.1	311.4642	3.0
CCMY2901_CCMY.zsd-DYST2901_DYST.zsd	是	-191.6045	2.2	-152.4123	3.3	176.9272	3.5
CCMY2971_CCMY.zsd-DYST2971_DYST.zsd	是	-191.5991	1.7	-152.4249	2.9	176.9207	2.5

图 7-49 三维自由网平差报告

具体操作扫描右方二维码观看视频。

三维自由网平差完成后，接着可进入二维约束平差。

（2）二维约束网平差与高程拟合。

三维自由网平差

约束平差是以国家大地坐标系或者其他坐标系某些点的坐标、边长和方位角作为约束条件，顾及 GNSS 网和地面网的转换参数进行的平差计算。如引入参数包含常规手段获得的边长角度等则又被称为联合平差；若将三维基线向量投影至二维平面上平差，则称为二维约束网平差。二维约束网平差一般适用于小范围控制网。

二维约束网平差流程包括起算坐标录入、网平差处理和网平差的质量检验三个步骤。

① 起算点数据录入。

二维约束网平差前，应先录入约束条件（多为起算点坐标），同时可录入高程起算点为高程拟合作准备。

在 HGO 软件中录入控制点的方式有两种：

第一种可采用文件导入的方式进行，点击【管理区】→【导入】→【控制点信息】，弹出控制点文件菜单，按照软件格式要求整理后可直接导入。

第二种方式为直接录入，在控制点数量较少时，该方式较为便利。具体操作方法如下：在【工作区】点击【控制点】选项卡，屏幕显示如图 7-50 所示，依次输入控制点名、控制点坐标值，并根据控制点坐标信息勾选坐标值左边的复选框。本项目 4 个控制点均为平高控制点，故 n、e、h 复选框全部勾选。全部控制点录入后按【确定】即完成控制点录入工作。

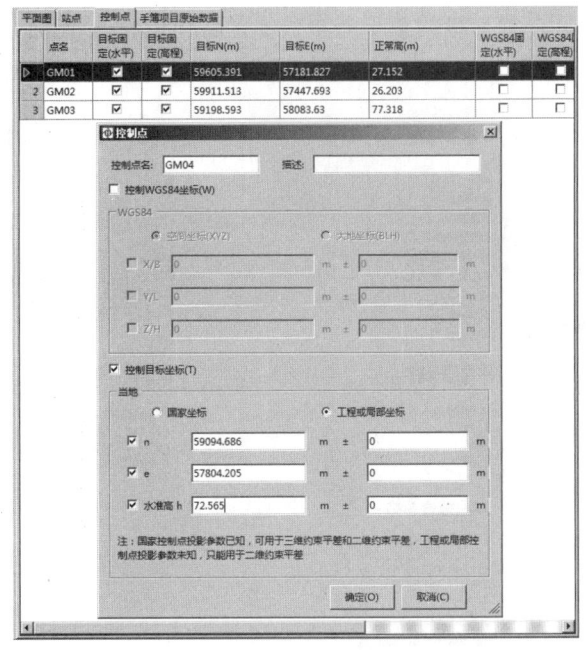

图 7-50　控制点的导入

控制点录入完成后，网图中的控制点图标将显示为绿色三角形。

② 二维约束网平差。

点击【管理区】→【网平差】→【平差】，弹出平差菜单，如图 7-51 所示选择"二维约束平差和高程拟合"选项。点击单个平差按钮，软件自动完成二维约束平差与高程拟合工作，从状态栏提示信息可看出二维约束平差与高程拟合完成，各项指标正常，如图 7-51 所示。

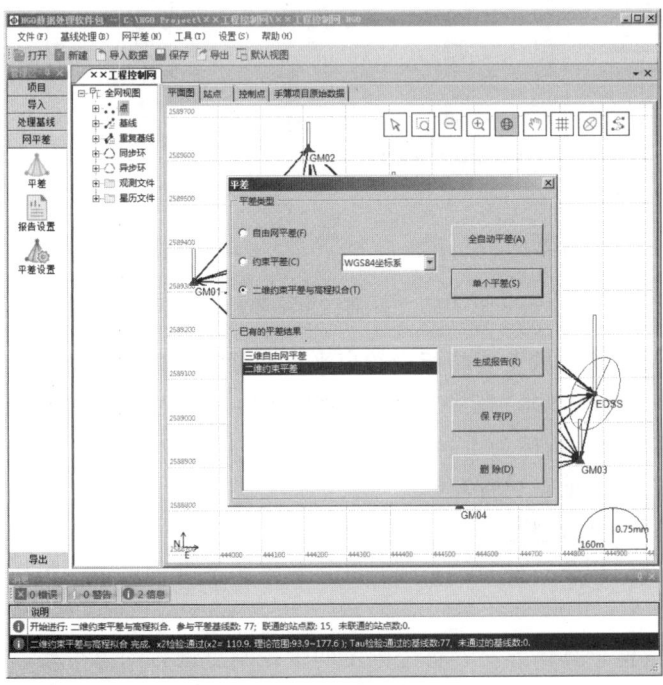

图 7-51　二维约束网平差

点击【生成报告】可查看二维约束平差报告（含高程拟合），同时该平差报告已存储在工作路径下的 Adjust 文件夹下，名称为"二维约束平差.html"，内容详见图 7-52 和图 7-53。

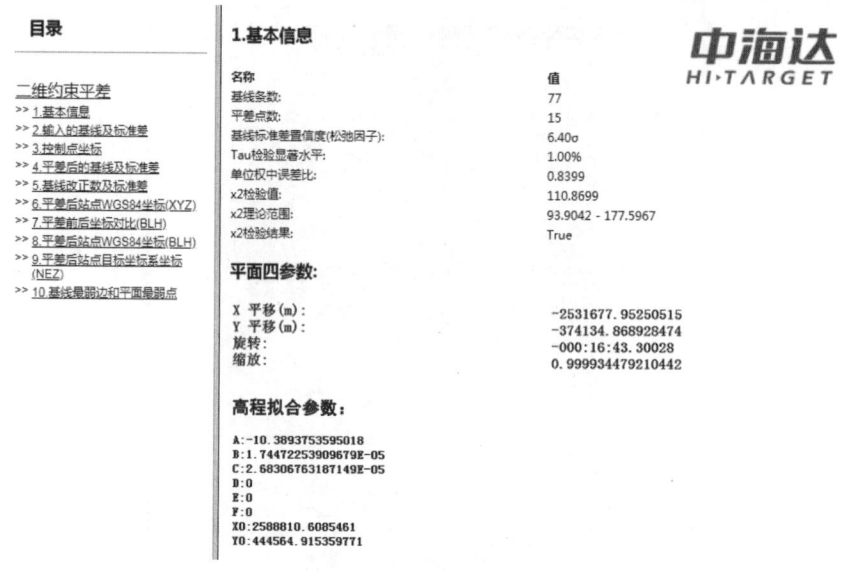

图 7-52　二维约束平差结果 1

图 7-53　二维约束平差结果 2

二维约束平差质量检核的重要指标为约束平差的最弱边边长相对中误差，根据《工程测量规范》2007 版中二级精度的要求，该精度指标不应低于 1/10000，本项目平差后指标为 1/142766。

具体操作扫描右方二维码观看视频。

二维约束网平差

③ 起算数据质量进行检验。

在进行 GNSS 网的约束平差时，必须对起算数据质量进行检验，包括平面控制点和高程控制点。

平面起算点质量检核具体方法：首先固定两个控制点进行约束平差，然后将其余控制点平差获得的坐标与已知坐标进行对比。若差异普遍较大且具有系统性时，表明固定的控制点中至少有一个点坐标存在问题，然后可替换掉其中任意一个，再次平差；若问题依旧存在，则仍无法确认现在选定的两个控制点是否存在问题，继续轮换固定点，直至绝大部分控制点平差获得的坐标与已知点差异较小。此时表明差异较大的个别控制点坐标存在问题，平差时不宜作为约束条件。最后将经过检验合格的全部控制点作为约束条件进行平差，该平差结果作为最终结果使用。

高程起算点质量检核：高程拟合质量优劣可通过起算高程点的残差进行评价，若残差较大，或表明控制点高程存在问题，或者拟合计算的模型不恰当。对于起算点质量问题可采用类似上面平面坐标质量检核的方式进行筛选，对于模型选择不恰当的情况，在控制点数量足够时选用不同的模型进行计算，计算残差最小时的高程拟合结果作为成果。本项目残差结果见表 7-7。

表 7-7 高程拟合残差

序号	点号	大地高/m	正常高/m	垂直残差/m
1	GM01	16.755	27.152	0.004 2
2	GM02	15.818 4	26.203	-0.003 3
3	GM03	66.937 9	77.318	0.005 2
4	GM04	62.175 6	72.565	-0.006 1

从起算数据高程拟合残差值来看，采用平面拟合的模型是恰当的。综合本项目数据处理的整个流程和各项技术指标可看出，该项目平差结果符合规范要求，成果可交付使用。

7. 成果导出

平差工作完成后，可导出项目各类数据，包括观测数据（如交换格式）、基线解算成果、同步环检核结果、异步环检核结果、重复基线检核结果、无约束平差报告、约束平差报告（含高程拟合结果）、控制网网图、项目总结报告等资料，详见图 7-54 ~ 图 7-56。

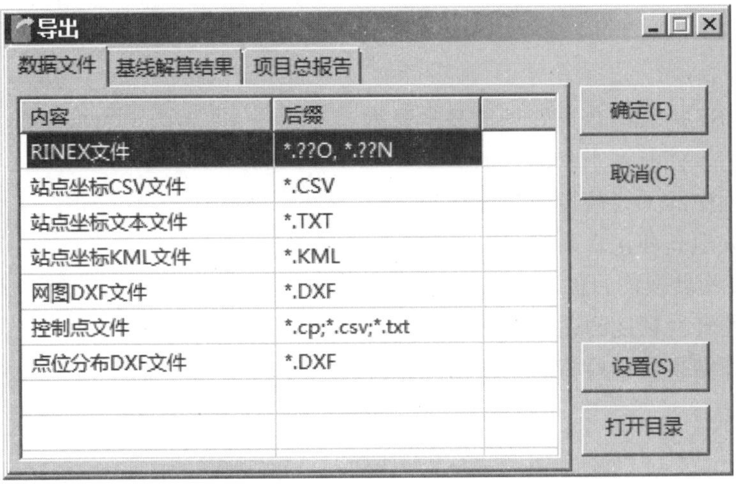

图 7-54 导出数据文件

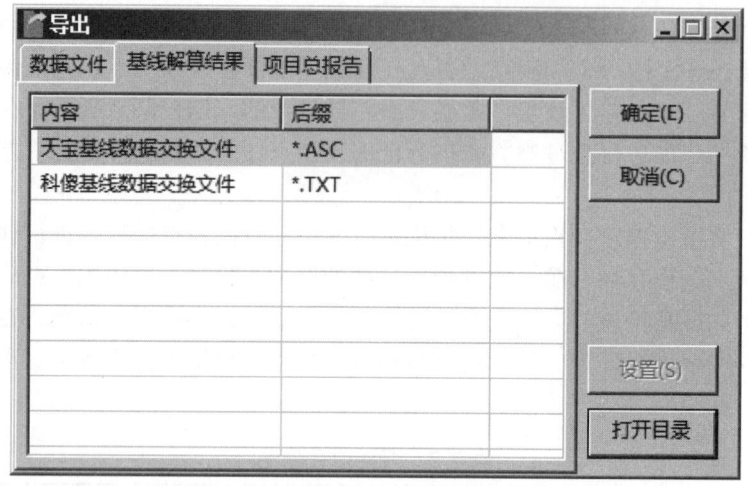

图 7-55 导出基线解算结果

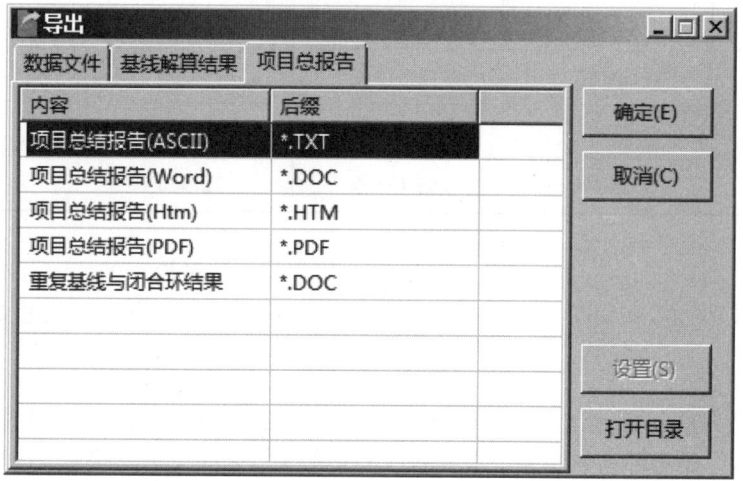

图 7-56 导出项目报告

思考题

1. 简述 GNSS 控制网数据处理的基本流程。
2. 简述 GNSS 控制网平差的目的。
3. 数据处理中的天线高指的是什么?
4. 什么是大地高和正常高?
5. GNSS 高程转换的目的是什么?
6. 提高高程转换精度的途径有哪些?
7. 基线解算结果质量检核的具体指标有哪些?

第 8 章 GNSS 实时动态测量

相对于静态测量，实时动态测量的应用更为广泛，尤其是在网络 RTK 技术出现以后，大尺度实时动态测量的精度迅速提高至厘米级甚至是毫米级，应用领域得到了极大拓展，包括航空摄影测量（含无人机测绘）、精密导航、海洋勘测等测绘传统领域，还进一步渗透到智慧施工、智慧物流和无人驾驶等社会生产领域。

本章分别讲述了常规 RTK 和网络 RTK 技术的基本工作原理、特点和使用方法，并通过工程实例对常规 RTK 测量和网络 RTK 测量的使用方法进行了详细叙述，目的是让学生掌握 RTK 测量的基本使用方法。

8.1 差分 GNSS 定位概述

利用安置在动态载体（如飞机、船舶、地面车辆、导弹、卫星等）上的 GNSS 接收机来测定其瞬时位置及运动轨迹的工作称为动态定位。利用广播星历所提供的卫星轨道、卫星钟差以及测码伪距观测值所进行的标准单点定位 SPS，其定位精度目前约为 5~10 m，仅可满足车载导航及一般的低精度动态测量应用。为满足实时高精度动态测量的需求，GNSS 差分定位技术应运而生。利用分别安置在基准点和运动载体上的 GNSS 接收机所进行的同步观测数据来确定运动载体相对于基准点位置的工作称为差分 GNSS 定位。基准点通常是坐标已知的地面固定点，安置在基准点上的接收机称为基准站，安置在运动载体上的接收机称为流动站。当基准站与流动站相距不远时，两个测站的观测值受到的误差影响具有较强的相关性，利用差分原理进行处理后，很多误差将被消除或者大幅减弱，从而使流动站定位的结果精度大幅得到改善。差分定位的精度根据模型的不同在米级至厘米级不等，基于载波相位的差分定位精度可达厘米级甚至可达毫米级。

差分 GNSS 可依据不同的标准进行分类：

（1）根据获得定位结果的时效性不同可分为实时差分和事后差分。

实时差分需要配置数据链，可实时获得定位结果，并可根据所获得的结果进行精度评价，可以减少由于成果不合格而导致的返工，有利于提高工作效率，因而在实际工作中被广泛应用。事后差分由于不需要与基准站实时通信，因而无须配备数据链，也无须考虑通信质量，外业观测更为便利，内业数据处理更加灵活，通过精化处理，利于提高成果的质量，在一些无须实时获取定位结果的领域有较高的应用价值。

（2）根据观测值类型不同可分为伪距差分和载波相位差分。

顾名思义，差分定位时采用了伪距观测值的称为伪距差分，采用了载波相位观测值的则称为载波相位差分。由于差分计算采用的观测值不同，定位精度差异也较大，基于伪距的差分定位其典型精度通常在分米级,而基于载波相位观测值的差分定位精度可达到厘米级甚至是毫米级。

(3)根据工作原理和差分模型不同可分为局域差分和广域差分。

在局部区域建立若干个基准站,差分信号对区域实现连续网络化覆盖,用户根据多个基准站提供的改正信息经平差计算后求得自己的改正数以修正自身的定位结果,这种差分方式称为局域差分定位。在一个相当大的区域,较均匀地布设少量的基准站,各基站独立进行观测并将观测值发送给系统数据处理中心,由数据中心统一处理,以便将各种误差分离出来,然后再将卫星星历改正数、卫星钟差改正数以及大气延迟模型等发送给用户,以便用户修正自己的位置,这种方式被称为广域差分。

(4)根据基准站发送的信息方式不同可分为位置差分、伪距差分和载波相位差分。

位置差分是由参考站利用数据链将其坐标差作为改正数发送出去,由用户接收并对其解算的流动站坐标进行改正。位置差分的计算方法简单,适用于各种型号的接收机。伪距差分是利用基准站的伪距改正数,传送给用户来修正伪距观测量,从而消减公共误差的影响,以求得比较精确的用户位置坐标,实时伪距差分又被称为 RTD。载波相位差分即将基准站数据与流动站数据集中在一起利用相对定位原理,逐个历元解算移动站相对于基准站的坐标(基线向量),从而精确确定流动站坐标。

其中,根据获得结果的时效的不同,载波相位差分可分为实时载波相位差分(又称 RTK 技术,Real Time Kinematic)和事后载波相位差分(又称 PPK 技术,Post Processed Kinematic)。RTK 技术可实时获得厘米级精度的定位结果,具有传统测量手段无可比拟的优势,现已被广泛应用于精度要求较低的控制测量(如图根控制测量)、数据采集、工程放样、水下地形测量、海洋测绘等测量应用领域。

8.2 常规 RTK 测量系统

根据基准站数量的不同,RTK 技术又可分为常规 RTK 和网络 RTK。下面我们首先讲述常规 RTK(又称单基准站 RTK)。

8.2.1 常规 RTK 测量原理

RTK 技术是全球导航卫星定位技术与数据通信技术相结合的载波相位实时动态相对定位技术,它能够实时提供测站点在目标坐标系中的三维定位结果。常规 RTK 测量系统,又被称为单基准站 RTK 或单参考站 RTK,为方便起见,本节内容中均称为常规 RTK 测量系统或者 RTK,其工作原理如图 8-1 所示。

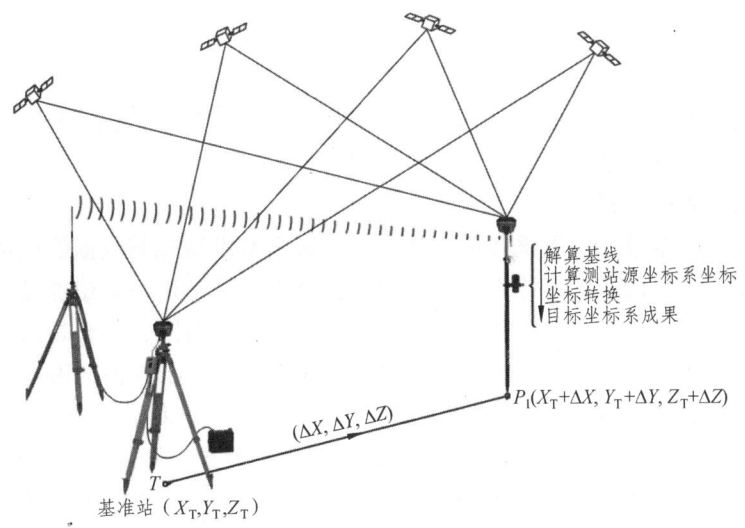

图 8-1 常规 RTK 系统工作原理

其基本原理是：基准站 B 实时地将其测量获得的载波相位观测值和基准站坐标（X_B, Y_B, Z_B）等用电台（或者其他数据通信链）实时传送给流动站 P，流动站实时地将接收到的基准站数据与流动站数据进行相对定位处理，计算出基准站和流动站间的基线向量（ΔX, ΔY, ΔZ）；基线向量加上基准站坐标即为流动站在源坐标系（导航卫星定位系统使用的坐标系，如 GPS 使用的 WGS-84）中坐标值（$X_B + \Delta X$，$Y_B + \Delta Y$，$Z_B + \Delta Y$）。后续经坐标转换和高程拟合后，即可获得生产中常用的目标坐标系（国家或地方坐标系）坐标及正常高。

8.2.2 常规 RTK 测量系统组成

RTK 测量系统组成按照仪器架设位置来划分，可分为基准站、流动站和数据链三个部分；按照系统的软硬件来划分，又可分为 GNSS 接收机、数据链系统和 RTK 测量软件三部分。实际作业时可以采用 1 台基准站加 1 台流动站的工作形式（1＋1），也可以采用 1 台基准站加多台流动站的工作形式（1＋N）。RTK 系统基本的硬件设备组成如图 8-2 所示。

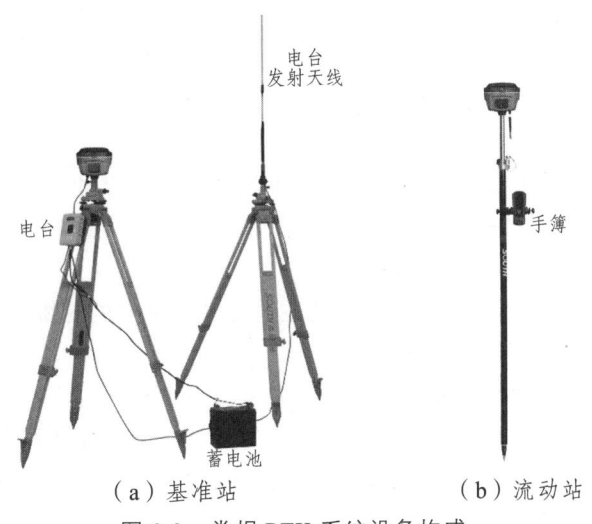

（a）基准站　　　　（b）流动站

图 8-2 常规 RTK 系统设备构成

1. 基准站

（1）基准站的组成。

基准站的主要设备是一台 GNSS 接收机。其作用是采集基准站观测数据并将观测数据及基准站坐标等通过数据链播发出去供流动站使用。

（2）基准站位置的选择。

在 RTK 测量中，基准站位置选择的好坏会直接影响基准站观测数据的质量以及数据链通信信号的传播质量，进而影响最终定位结果及工作效率。虽然流动站位置虽然也存在上述问题，但是流动站位置主要是由测量任务决定的，选择自由度有限，甚至是固定的，因此，基准站位置的选择显得尤为重要。基准站位置选择应考虑以下几个方面的因素：

① 为保证对卫星的连续跟踪观测和卫星信号的质量，要求基准站上空应尽可能开阔，卫星截止高度角 15°以上不变不能有成片的障碍物，以保证基准站跟踪到尽可能多的卫星。

② 为减少各种电磁波对 GNSS 卫星信号的干扰，基准站应远离强电磁波干扰源，如大功率无线电发射设施、高压输电线等。

③ 为避免或减少多路径效应的发生，基准站应远离对电磁波信号反射强烈的地形和地物，如高层建筑、成片水域等。

④ 为了提高作业效率，基准站应选在交通便利、易于安置接收机的地方。

⑤ 为减少外界人员、车辆等对观测的干扰，基准站应远离人员活动密集的道路、广场等，尽可能选择开阔的楼顶安置。

⑥ 基准站应选择在地面基础稳定、易于长期保存的地方，以便日后的应用。

⑦ 为有利于数据链信号的播发、减少测量作业信号盲区、提高作业效率，基准站应该选择在地势相对较高的位置。

2. 流动站

（1）流动站的组成。

流动站主要由 GNSS 接收机和控制器（手簿）两部分组成。其作用是接收基准站发来的数据，并结合自身采集的观测数据，利用控制器上的 RTK 测量软件实时地完成流动站坐标解算等工作任务。流动站的核心是控制器（手簿），它的实质是一台便携式掌上电脑，手簿配备的蓝牙可用于移动站接收机与手簿之间的通信。手簿上配备有 RTK 测量软件，可用于执行测量、放样等具体工作任务。

（2）控制器（手簿）RTK 测量软件的功能。

除观测数据质量影响因素外，RTK 测量结果的精度和可靠性很大程度上取决于数据处理软件的质量与性能。通常 RTK 测量软件应具有如下功能：

① 快速且准确地确定整周模糊度。

② 解算基线向量，并实时推算出流动站在地心坐标系中的三维坐标值。

③ 解算结果的质量分析与精度评价。

④ 坐标转换：利用已知的坐标转换参数实时地将流动站地心坐标系下的三维坐标值转换到目标坐标系下；利用地心坐标系与目标坐标系公共点求解坐标转换参数。

⑤ 接收机及数据链的设置，如接收机作业模式、数据链模式的切换等。

⑥ 测量结果的显示与绘图。

3. 数据链

基准站与用户流动站之间的通信是通过数据链（数据传输系统的简称）来实现的。数据链是完成实时动态测量的关键设备之一，通常由调制解调器和无线电台组成。在基准站上，利用调制解调器将有关数据进行编码调制，然后由无线电发射台发射出去；流动站利用无线电接收机将其接收下来后，再由解调器将数据还原，以供流动站实时解算其位置坐标使用。

数据链的稳定性和作用距离直接影响到 RTK 作业能否顺利进行，它与电台的性能、发射天线类型、基准站选址、设备架设情况以及无线电电磁环境等有关。无线电台发射频率须经过国家和当地无线电管理部门批准。此外，电台耗电量较大，需配备外接电源（通常是蓄电瓶），由于连接基准站与电台的电缆长度一般仅为数米，故电台位置的选择自由度非常小。为了避免不必要的无线电干扰，提高电台信号播发的质量，无线电台架设和设置应注意以下几点：

（1）在基准站处选取开阔且相对较高的位置，以进一步提高数据播发质量。

（2）为减小基准站接收机与电台信号的相互干扰，在电缆长度允许的情况下，两者之间的距离越远越好。

（3）在电源允许的情况下，选配电台的发射功率越大越好，工作中优先选择电台功率最高挡位。

（4）电台工作频率应该选择本地区无线电使用较少的频率，具体可到工作区域的无线电管理委员会查询确定。

8.2.3 常规 RTK 测量的特点

基于常规 RTK 技术的巨大技术优势，其被广泛应用于图根控制、摄影测量、工程测量、不动产测绘、地形图数据采集以及各种地理信息采集等工作中。总的来说，常规 RTK 具有如下优点：

（1）可实时获得定位结果。

常规 RTK 测量可实时获得厘米级定位结果，它的出现对于需要快速获得高精度定位结果的应用意义重大，如施工放样等。

（2）作业效率高。

在一般的地形地势下，高质量的 RTK 一次设站可以覆盖 5~15 km 半径的测区，大大减少了传统测量所需要的控制点数量和测量仪器的迁站次数；RTK 操作仅需要 1~2 个人，每个碎部点仅需采集 1 个或数个历元，大大缩减了测量作业的时间，其效率是常规测量无法比拟的。此外，由于 RTK 可以实时获得定位结果并能对定位结果进行精度评定，减小了由于成果不合格而导致的返工概率，这也有利于作业效率的提升。

（3）定位精度高。

传统应用全站仪、水准仪等仪器的测量作业模式，随着迁站次数的增加，测量误差会出现显著的累积；RTK 的作业半径较大，一次设站通常即可完成整个工作任务。RTK 在一次设站测量中，其误差几乎不存在累积，精度较为均匀，其平面精度通常可达 1~2 cm，高程精度可达 3~5 cm，定位精度高。

（4）自动化作业、集成化程度高。

流动站的多功能手簿配备了多种专业测绘软件，可自动或半自动地实现多种测绘功能，有力地保证了测量作业的精度和效率。

8.2.4 常规 RTK 测量方法

1. 常规 RTK 作业模式

根据工程应用的要求，目前 RTK 测量的作业模式主要有：

（1）快速静态测量。

采用该模式作业时，流动站在静止状态下采集数据。在解算质量合格且稳定、精度已满足工程应用要求的情况下开始记录，满足采集要求后便可适时地结束记录工作。该模式作业时接收机在移动过程中，可以不必保持对 GNSS 卫星的连续跟踪，适用于一般城市、矿山等区域性的控制测量、工程测量和地籍测量等。

（2）准动态测量。

这种测量模式要求流动站接收机在观测工作开始之前，首先将流动站设置于某一起始点进行静止地观测，以快速解算整周模糊度进行初始化。然后流动站在待定点上仅需静止观测几个历元，便可实时解算出厘米级精度的坐标结果。采用这种模式作业时，流动站接收机需保持对所测卫星的连续跟踪，一旦发生失锁，则需要马上重新进行初始化。该作业模式主要应用于地籍测量、数据采集、路线测量和工程放样等。

（3）实时动态测量。

采用该模式作业时，首先采用与准动态模式相同的方法进行初始化工作，然后流动站使用预定的采样时间间隔自动地进行观测，实时解算出厘米级精度的坐标结果。这种测量模式，仍要求在观测过程中，保持对观测卫星的连续跟踪，一旦发生失锁，则需重新进行初始化。该方法属于真正意义上的实时动态测量，主要用于航空摄影测量、水下地形、海洋测绘以及运动目标的导航或轨迹测量等领域。由于海洋测绘等水上测量无法在静止状态下进行初始化工作，故该模式使用的初始化算法与前面两种模式有所不同，此处就不详细说明了。

2. 常规 RTK 作业的基本流程

与 GNSS 控制网相比，RTK 测量的主要工作是外业，内业工作极少。利用 RTK 技术进行测量放样等测量工作其基本流程差异不大，步骤主要包括：基准站设置、移动站设置及测量作业。RTK 测量的详细工作步骤将在后续章节结合具体的 GNSS-RTK 设备以及工程实例进行讲解。此处仅作概述，让大家对此有一个简单的了解，并有助于后续的学习。

（1）基准站设置。

基准站设置工作主要包括基准站设备的安置和基准站设备的参数设置。其中基准站安置工作的内容有：在选定的基准站位置处安置接收机天线，完成对中整平，正确连接 GNSS 接收机主机、接收机天线、无线电台、无线电台的发射天线以及外接电源等。基准站设备参数的设置主要包括 GNSS 接收机主机的工作模式（此处应设置为基准站模式）、基准站天线高、基准站启动坐标、数据链设置（数据链类型、电台频率、数据传输速率、电台功率等）。

（2）移动站设置。

移动站设置的内容主要包括移动站设备的安置和移动站设备的参数设置。移动站设备的安置包括移动站碳纤杆安装、移动站接收天线安装、移动站主机与天线及手簿（蓝牙）连接等。移动站设备的参数设置主要包括：GNSS 接收机主机工作模式的设置（此处应设置为移动站模式）；数据链设置，其内容与基准站基本一致，数据链设置中的数据链类型、频率和数据传输速率应与基准站设置相同，否则无法实现基准站与移动站之间的信息通信。

（3）测量作业。

上述工作完成后，移动站通常将自动完成初始化工作，此时可以进入测量作业阶段。操作步骤依次分别为：点校正及测量作业。工程设置的工作内容包括新建工程、坐标系统（椭球、投影参数、坐标转换参数等）设置；点校正的实质是完成坐标系变换和高程拟合，即将 RTK 测量的结果（如 WGS-84 坐标系成果）实时转换到目标坐标系（如 CGCS2000 坐标系）下，并完成大地高向正常转换，包括求取转换参数、单点校正等；测量作业包括数据采集的一些设置，如点名、天线高、采集历元数、质量控制参数的设置等。

常规 RTK 作业流程见图 8-3。

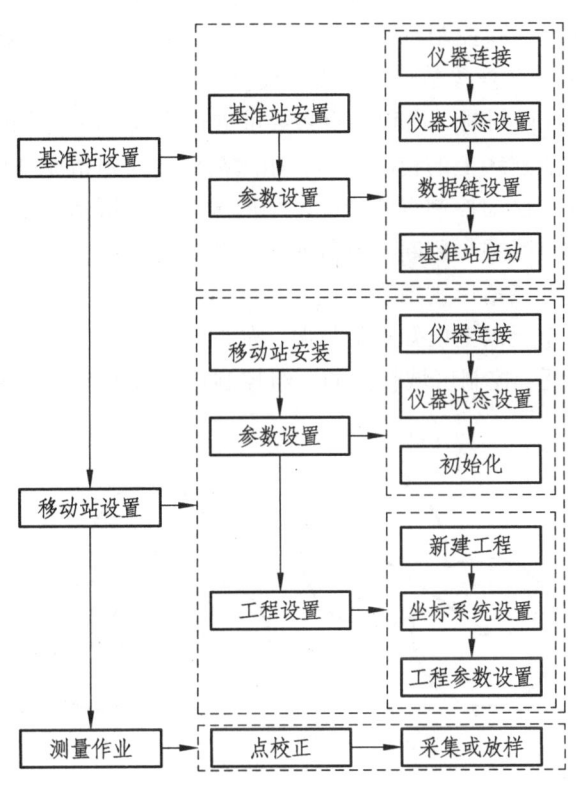

图 8-3　RTK 测量操作流程

3. 常规 RTK 点校正

在 RTK 测量中，点校正是一项非常重要的工作，直接关系到后续测量成果的质量，需要特别予以重视。在 RTK 测量中，基准站可以安置在已知点上，也可安置在未知点上（此时基准站坐标通常是由基准站标准单点定位获得的），但初始化完成后流动站获得的坐标通常不是目标坐标系，而是导航卫星定位系统采用的坐标系，如 GPS 系统采用的 WGS-84 坐标系。

点校正的实质是坐标系转换和高程拟合，即将 RTK 采集的流动站源坐标（如 WGS-84）通过坐标转换方法转换到目标坐标系（如 CGCS2000 坐标系或者地方坐标系）和高程系（如 1985 国家高程基准）中。点校正工作完成后，我们随后测量的结果才能实时转换到目标坐标系中并被记录下来。

点校正的核心是获得坐标转换参数和高程拟合模型参数。坐标转换参数主要包括平面四参数和三维七参数（如布尔沙模型）。参数的获得可通过收集高等级控制网成果获取，也可以采取现场求取的方式。对于转换参数的获取一般有如下要求：如测区有已知参数，可直接利用已知参数；没有已知参数时可自行求取，求取参数的高等级公共点数量宜不少于 3 个，且能够控制整个测区。以下列出了不同控制点数量下，参数控制区域的情况：

（1）测区内仅有一个已知控制点的情况，如图 8-4（a）所示。定位测量时，仅已知点上的精度最高，以本点为圆心，离此点越远，精度越低，无法检核转换参数的质量，测量精度不可知，测量范围无法确定。实际工作中建议尽量避免在这种情况下作业。

（2）测区附近有两个已知控制点的情况（四参数模型转换时，必要控制点数为 2 个），如图 8-4（b）所示。求取的转换参数仅可根据尺度参数是否足够接近于 1（如某些软件设置的阈值为 0.995~1.005）进行判断。高程转换参数可进行检核（垂直差改正，必要数为 1 个）。仅两个已知控制点和两点连线上的精度最高，越远离此直线则精度越低。

（3）测区附近有 3 个已知控制点的情况，如图 8-4（c）所示。由于求转换参数有多余观测，通过转换计算控制点残差可判断出参数质量。测量时仅在 3 个已知控制点和三角形内部测量精度最高，越远离此三角形则精度越低。

（4）测区附近有 4 个及以上已知点的情况，如图 8-4（d）所示。可采用轮换筛选的方式选择质量最佳、分布广泛、控制区域较大的一组控制点进行求解。区域较大，控制点较多时，建议适当分区求取。

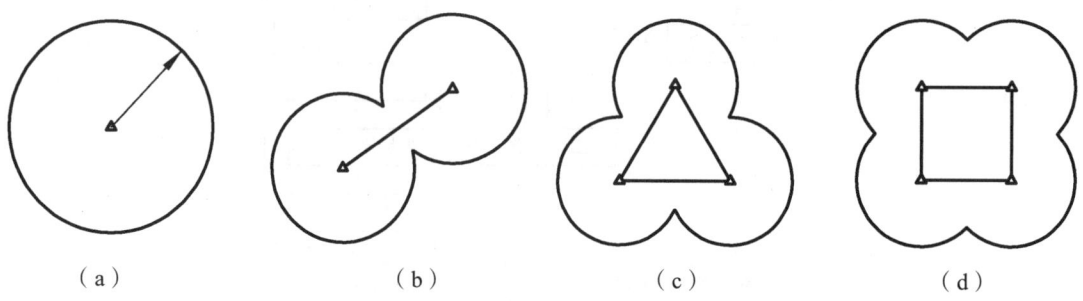

图 8-4　测区已知点分布对 RTK 的影响

8.2.5　常规 RTK 测量的不足

常规 RTK 技术是 GNSS 测量技术发展过程中的一次巨大飞跃，在测绘生产中得到了广泛的应用，然而也存在着以下几方面的不足：

（1）作业半径受限。

随着流动站和基准站之间的距离增加，数据链电台的信号在传输过程中衰减严重，同时各种误差的空间相关性也会迅速下降，会造成定位结果精度降低，观测时间增加，甚至会出现因无法固定整周模糊度的情况发生。因此，RTK 测量作业半径一般被限定在 15 km 以内。

（2）受电离层影响较大。

由于 RTK 是单历元解算的，且由于流动站接收机处于运动状态，多余观测值较少，误差消除不够充分，在电离层活跃的时间段内，定位结果的精度和可靠性将有所下降，甚至出现无法初始化的情况。

（3）稳定性和可靠性不足。

RTK 易受到卫星状况、天气状况、数据链传输情况等因素的影响，在稳定性和可靠性方面存在一定的不足。

8.3 网络 RTK 技术

常规 RTK 作业半径有限，不同作业组需独立架设自己的基准站，效率低下、成本昂贵，且需各自求取转换参数，其应用存在较大的局限性。若能实现对一个较大区域（如大中型城市、省级行政区甚至更大区域）实现网络化 RTK 信号覆盖，则可将整个区域的测量工作连成一个整体，有效解决常规 RTK 技术存在的不足。鉴于基准站建设费用高昂，单纯依靠密集建设基准站来实现区域网络化覆盖在经济上显然是无法实现的；然而单纯提高基准站间距（如超过 15 km 甚至达到 100 km）将使得基准站与流动站之间的误差相关性急剧下降，若依然采用常规 RTK 算法则无法获得高精度的定位精度。在此情况下，基于连续运行参考站 CORS（Continuously Operating Reference Stations）的网络 RTK 技术应运而生。目前，网络 RTK 技术已经成为高精度实时动态定位的最常用方法之一。

8.3.1 网络 RTK 概述

在一个较大区域布设多个基准站组成 GNSS 连续运行参考站（CORS），通过光缆或者 Internet 将它们连接起来，连续实时地将各基准站的观测数据发送至数据处理中心，数据处理中心通过统一数据处理后建立区域精确的误差修正模型，并根据用户站发来的概略位置实时计算出用户的各种误差改正数，同时通过移动通信技术发送给用户站，用于修正用户站的定位结果，这一技术称为网络 RTK 技术或者为多基站 RTK 技术。

在网络 RTK 覆盖范围内，用户仅需要一台 GNSS 接收机（即移动站），即可实现分米级、厘米级甚至是毫米级的定位精度。网络 RTK 技术的实施将使一个地区的测绘工作成为一个有机的整体，改变了以往 GNSS 作业单打独斗的局面，精度和可靠性得到进一步的提高，使许多从前难以完成的任务的实施成为可能，测绘生产效率大大提高，生产成本大幅降低。此外，网络 RTK 技术还被广泛应用于各种地面、空中和水上交通工具的导航、调度和安全监控以及气象服务等诸多领域，应用范围较常规 RTK 技术得到了很大的拓展，甚至已经成为一个区域重要的地理空间数据基础设施，故又被称为综合卫星定位服务网络，网络 RTK 系统组成及工作原理如图 8-5 所示。

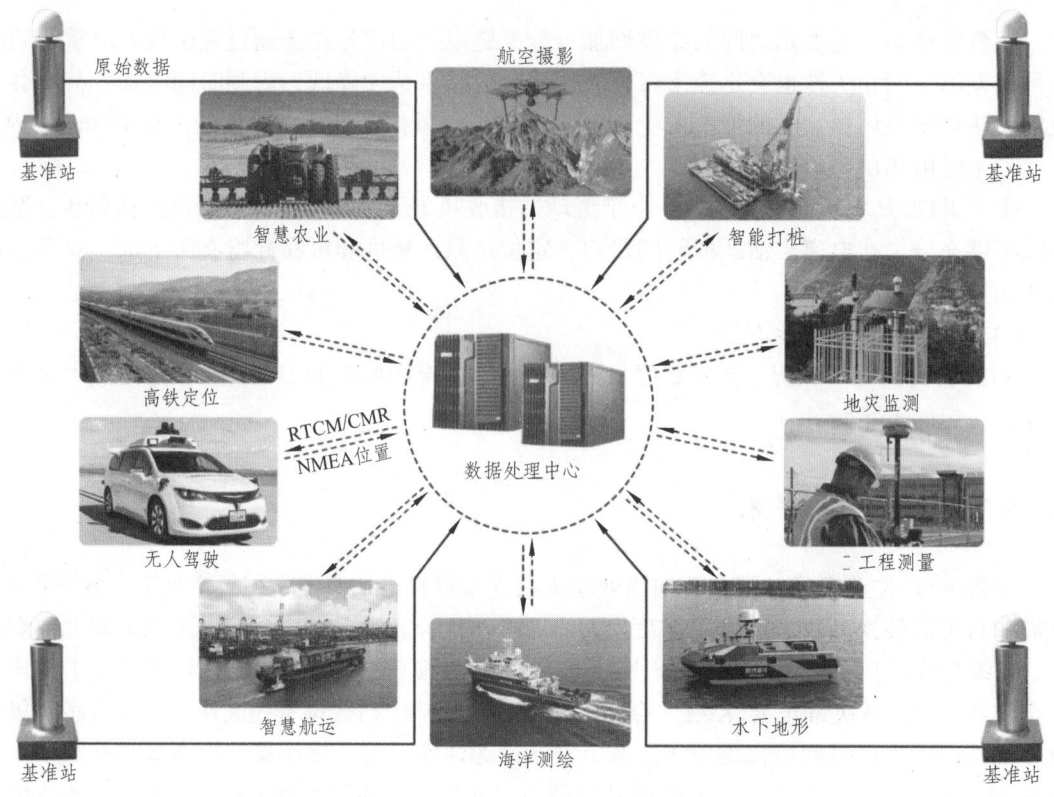

图 8-5　网络 RTK 系统组成及工作原理

8.3.2　网络 RTK 系统的组成和分类

1. 网络 RTK 技术系统构成

网络 RTK 技术通常由基准站网、数据处理与数据播发中心、数据通信链及用户等部分组成。

（1）基准站网。

基准站网主要由 3 个或者 3 个以上连续运行的基准站组成，每个基准站由一台高性能 GNSS 接收机、环境传感器以及数据传输设备等组成。基准站的数量主要与网络覆盖区域的大小、网络定位精度要求以及基准站所处的外部环境等有关。此外，基准站还应具有高精度的已知坐标及高程，且具有良好的 GNSS 观测环境。

（2）数据处理与数据播发中心。

数据处理与数据播发中心是系统的核心，主要由计算机（含网络 RTK 数据处理系统）和数据通信设备组成，主要任务是对各基准站数据进行预处理、质量分析，并统一进行解算，实时估计网内各种系统性的残余误差，建立相应的误差模型，然后通过通信设备播发给网络覆盖范围内的用户。

（3）数据通信链。

网络 RTK 中的数据通信可分为两类：一类是基准站与数据处理中心、数据播发中心之间的数据通信，通常采用光纤、光缆或无线通信技术等方式实现；另一类是数据播发中心与流动站之间的通信，通常采用全球移动通信系统（GSM）、通用分组无线业务（GPRS）、码分多路访问（CDMA）等方式实现。

（4）用户站。

用户站主要由 1 台 GNSS 接收机和 1 台控制器（手簿）组成，此外还应配备数据通信设备及相应的数据处理软件。

2. 网络 RTK 技术分类

差分改正数据的计算有多种算法，如美国天宝公司的虚拟参考站（VRS）技术，瑞士徕卡公司的区域改正数技术（FKP）、主辅站技术（MAC），以及国内武汉大学提出的综合误差内插技术（CBI）。

（1）虚拟参考站（VRS）技术。

VRS 技术是由美国天宝（Trimble）公司开发的一种网络 RTK 算法，同时也是网络 RTK 技术中应用最广的一种。其具体做法是：各基准站的观测数据通过数据链实时连续地发送至数据处理中心，由数据处理中心处理并估计出残余的系统误差，生成相应的误差模型，同时用户站将其单点定位获得的测站概略位置通过 GPRS/CDMA 通信方式传送给数据中心；随后数据处理中心以该点作为虚拟基准站，估计出相应的残余误差，进而根据该点的坐标及基准站坐标生成一组虚拟的载波相位观测值播发给移动站；流动站通过解算自身与虚拟站之间的超短基线（通常<10 m）确定自己的最终位置。

VRS 技术在生成虚拟观测值时已顾及了虚拟基准站处的残余系统误差的影响，加之虚拟基准站与用户站的距离非常近，在网络覆盖区域内实现了用户距离基准站较远也能获得较高的定位精度这一目标。VRS 技术基准站间距可达 70 km，极限距离可达 130 km，具体与区域的电离层活动情况密切相关。

（2）区域改正数技术（FKP）。

区域改正数技术（FKP）是由瑞士徕卡公司（Leica）提出的一种网络 RTK 算法。其具体做法是利用所有基准站的观测数据和已知坐标等信息，计算出基准网覆盖区域内与时间和空间相关的误差改正数模型，然后利用用户站的近似坐标内插出其误差改正数，以修正用户站的观测值，从而实时地求解用户站的精确位置。一般情况下，该方法要求基准站间的距离不超过 50 km，极限距离可以达到 70 km。

（3）主辅站技术（MAC）。

主辅站技术（MAC）也是由瑞士的徕卡公司提出的一种网络 RTK 算法，它本质上是区域改正数技术的一种优化，与区域改正数技术在数学模型上区别不大。其具体做法是：选择距离流动站最近的一个有效的参考站作为主站，一定半径范围内至少有两个其他有效的参考站作为辅站。数据处理中心根据各个基准站的观测数据来确定主参考站的系统误差改正数，以及各辅站相对于主站的系统误差改正数，并通过数据播发中心发给用户，内插用户位置处的误差改正数，以修正用户站的观测值，从而实时地求解用户站的精确位置。

（4）综合误差内插技术（CBI）。

综合误差内插技术（CBI）是由武汉大学 GNSS 中心提出的一种网络 RTK 算法，通过卫星定位误差相关性计算参考站上的综合误差，并内插出用户站的综合误差。在电离层活跃的时间段和区域，该算法优势显著。

表 8-1 给出了 Trimble 公司的 VRS 技术和徕卡公司的 FKP 技术在国内外的应用情况。

表 8-1　VRS 和 FKP 技术应用

建站技术	国外项目	国内项目
Trimble VRS	美国、加拿大、德国、法国、丹麦、挪威、南非、日本	深圳、北京、成都、东莞、天津、广州、河北等
Leica FKP	爱尔兰、俄罗斯、比利时、阿联酋	香港、昆明

8.3.3　国外 CORS 技术的发展现状

基于网络 RTK 技术的巨大优势，截至目前，世界上大多数国家都已经建立了大规模的 CORS 网络，并提供网络 RTK 定位服务，国际上有代表性的 CORS 网络主要有 IGS 的 CORS 网络、美国国家大地测量 CORS 网（NCN）、德国卫星定位和导航服务系统（SAPOS）以及日本的 GNSS 永久跟踪站网（GEONET）等。

1. IGS 的 CORS 网络

该网络是目前全球最大的 CORS 网络，于 1994 年正式运行，目前拥有约 500 余个参考站，网点遍及全球，主要用于全球地学研究，用于确定地球参考框架、卫星精确定轨、地壳运动监测等诸多领域。该网络免费向全球用户提供站点网络 GNSS 原始观测数据、精密钟差、地球自转参数、极移、全球电离层等数据，在大地测量和地球动力学领域发挥了巨大的作用。

2. 美国国家大地测量 CORS 网（NCN）

美国国家大地测量局（NGS），是美国国家海洋局与大地管理局（NOAA）下属的官方机构，负责管理美国国家 CORS 系统（NCN）。目前，该系统拥有超过 200 个机构提供的约 2000 个参考站，并且规模还在进一步扩大。该系统的主要目的是建立和维持美国的国家参考框架，此外还可为广大用户提供观测网络的 GNSS 观测数据，支持三维定位、气象研究、天气预报及地球物理等应用，覆盖区域包括美国本土及少数周边地区。

3. 德国卫星定位和导航服务系统（SAPOS）

德国卫星定位和导航服务系统（SAPOS）由德国国家测量管理部门联合运输、建筑、房产管理及国防等部门联合建立，主要用于建立和维持德国的国家参考框架，系统由约 270 个参考站组成，平均间距为 40 km，可根据不同的应用要求提供 4 个不同级别、不同精度的定位服务：实时定位服务 EPS（精度 1~3 m）、高精度实时定位服务 HEPS（精度 1~5 cm）、精密大地定位服务 GPPS（准实时，精度 1 cm）和高精度大地定位服务 GHPS（事后，<1 cm）。

4. 日本的 GNSS 永久跟踪站网（GEONET）

日本的连续应变监测系统（COSMOS）由日本国家地理院（GSI）组建，参考站数量超过 1300 个，平均间距为 30 km，在东京、京都等地区间距仅 10~15 km。其主要功能包括：提供超高精度的地壳运动监测、组成全国范围内的现代"电子大地控制点"、提供网络原始观测数据、提供网络 RTK 定位服务以及服务于天气预报及气象监测。该系统是日本重要的基础性设施。

8.3.4 国内 CORS 网络的发展

1992 年，我国积极参与了第一期 IGS 会战联测，1993 年开始建设及维护国内 IGS 跟踪站，目前主要有武汉、北京、上海、西安、昆明等 IGS 跟踪站。2003 年，我国（统计数据暂不包括港、澳、台地区，下同）第一个 CORS 网络——深圳连续运行卫星定位服务系统 SZCORS 建成并投入使用；2006 年，我国第一省级 CORS 网络——广东省连续运行卫星定位服务系统 GDCORS 建成并投入使用；此后，许多城市、省级及区域 CORS 网络被陆续建立起来；此外，服务范围覆盖全国的 CORS 系统建设也逐步展开，其中包括中国大陆构造环境监测网络（CMONC）、中国国家北斗地基增强系统、中国移动高精度位置服务等。

1. 中国大陆构造环境监测网络（CMONC）

中国大陆构造环境监测网络，简称陆态网络，是"十一五"期间国家投资建设的国家重大科技基础设施，由中国地震局、总参测绘局、中国科学院、国家测绘局、中国气象局和教育部共同承担建设，项目于 2006 年 10 月立项，2007 年 12 月正式开工建设，2012 年 3 月通过国家验收。

陆态网络是以全球导航卫星定位系统（GNSS）为主，辅以甚长基线干涉测量（VLBI）、卫星激光测距（SLR）和合成孔径雷达干涉测量（INSAR）等空间技术，结合精密重力和精密水准观测技术，对地球岩石圈、水圈和大气圈变化进行实时监测的国家级地球科学综合观测网络。陆态网络现已成为国际地球科学研究与发展的基础平台，并与美国板块边界观测（PBO）和日本 GEONET 地球观测网络一同被认为是世界上性能指标最先进的三大地壳运动观测网络。

陆态网络由 260 个连续观测的基准站、2 000 个不定期观测的区域站、1 个国家数据中心和 5 个数据共享子系统构成的数据系统组成，以服务于地震预报为主，同时服务于军事测绘、大地测量和气象预报，兼顾科学研究、社会减灾和国民经济建设。

2. 国家北斗地基增强系统

北斗地基增强系统是中国卫星导航系统管理办公室联合交通运输部、原国土资源部、原国家测绘地理信息局、中国气象局、中国地震局、中国科学院、教育部有关部门以及地方有关单位共同实施的跨部门、跨地区重大项目，按照"统一规划、统一标准、共建共享"的原则，建立的以北斗系统为主，兼容其他导航卫星系统的高精度导航卫星服务系统。系统于 2014 年 4 月启动建设，2021 年 3 月全面完成建设目标，建成了覆盖我国大陆的首个北斗高精度服务全国"一张网"，形成了米级、分米级、厘米级和毫米级的高精度导航卫星定位服务能力。

3. 中国移动高精度位置服务

2021 年 3 月，中国移动宣布依托现有 5G 基站站址，已在全国范围内建设超过 4 000 座北斗地基增强基准站，建成全球规模最大的 5G + 北斗高精度定位系统，可面向全国 31 个省级行政区（暂不含港、澳、台及少数无人区）提供从毫米级到厘米级、亚米级的高精度定位服务。

4. 千寻位置

千寻位置由中国兵器工业集团公司和阿里巴巴集团于 2015 年 8 月共同出资设立，通过北斗地基一张网的整合与建设、星基增强系统、星地一体融合能力、千寻位置的全球站网系统以及自主研发的定位算法和大规模互联网服务平台，可以满足国家、行业、大众市场对精准位置服务的需求。目前，千寻位置服务已基本覆盖全国除台湾外的 33 个省级行政区域（部分省份仍为部分覆盖）。千寻位置根据不同的应用提供 3 种不同精度的定位服务：

（1）千寻知寸-FindCM，服务范围覆盖亚太地区的实时定位服务，水平精度 2 cm，高程精度 5 cm。

（2）千寻跬步专业版 FindM Pro，服务范围覆盖全国的亚米级实时定位。

（3）千寻见微（FindMM），一款云端静态 GNSS 高精度定位产品，可提供静态后处理毫米级解算和静态实时厘米级解算服务。

5. 广东省连续运行卫星定位服务系统（GDCORS）

2006 年 12 月，我国第一个省级 CORS 网络——广东省连续运行卫星定位服务系统 GDCORS 建成并投入使用；2007—2008 年，GDCORS 二期建设完成并投入使用，基准站数量达到 78 个，服务覆盖范围达到全省面积的 95%；2015 年 12 月，广东北斗地基增强服务系统建成，基准站数量达到 96 个，2019 年 1 月 1 日正式开始向广东用户提供基于 2000 国家大地坐标系的以北斗为主、卫星多模的高精度网络 RTK 在线服务。

8.4 RTK 测量技术要求

依据《卫星定位城市测量技术标准》（CJJ/T 73—2019），RTK 测量应符合以下规定：

8.4.1 一般规定

（1）RTK 测量可采用网络 RTK 测量和单基准站 RTK 测量方法。已建立 CORS 系统的城市，应采用网络 RTK 测量。

（2）RTK 测量的主要技术要求应符合表 8-2 的要求。

表 8-2 GNSS RTK 平面测量技术要求

等级	相邻点间距离/m	点位中误差/mm	边长相对中误差	起算点等级	流动站到单基准站间距离/km	测回数
一级	≥500	≤±50	≤1/20 000	—	—	≥4
二级	≥300	≤±50	≤1/10 000	四等及以上	≤6	≥3
三级	≥200	≤±50	≤1/6 000	四等及以上	≤6	≥3
				二级及以上	≤3	
图根	≥100	≤±50	≤1/4 000	四等及以上	≤6	≥2
				三级及以上	≤3	
碎部	—	≤图上 0.5 mm	—	四等及以上	≤15	≥1
				三级及以上	≤10	

注：网络 RTK 测量可不受基准站等级、流动站到单基准站间距离的限制，但应在城市 CORS 系统的有效服务范围内。

（3）当利用 RTK 测量方法布设控制点时，RTK 控制点的选点应符合以下要求：

① 站址应选在基础坚实稳定，易于长期保存，并有利于安全作业的地方。

② 站址周围应便于安置接收设备和方便作业，视野应开阔。

③ 站址与周围大功率无线电发射源（如电视台、电台、微波站、通信基站、变电所等）的距离应大于 200 m，与高压输电线、微波通道的距离应大于 100 m。

④ 站址附近不应有强烈干扰接收卫星信号的物体，如大型建筑物、玻璃幕墙及大面积水域等。

⑤ 点位应选择在交通便利并有利于扩展和联测的地点。

⑥ 视场内障碍物的高度角不宜大于 15°。

⑦ 对符合上述要求的已有控制点，经检查点位稳定可靠时可充分利用。

⑧ 点位选定后应现场标记、画略图。

（4）RTK 控制点可根据需要选择埋设普通 GNSS 控制点标石或现场进行标记。

（5）当接收到多个导航卫星系统的数据进行 RTK 测量时，应至少有一个单导航卫星系统的 GNSS 卫星的状况符合表 8-3 的规定。

表 8-3　GNSS 卫星状况的基本要求

观测窗口状态	15°以上的卫星个数	PDOP 值
良好	>5	<4
可用	5	≤6
不可用	<5	>6

（6）RTK 测量开始作业或重新设置基准站后，应至少在一个已知点上进行检核，在同等级或者高等级控制点上检核，平面位置较差不应大于 50 mm，高程较差不应大于 70 mm。

（7）平面控制点应进行 100% 的内业检核和 10% 的外业检核，相关技术要求见表 8-4。

表 8-4　平面控制点的内业检核和外业检核要求

等级	边长检核		角度检核		边长联测检核		坐标检核/mm
	测距中误差/mm	边长较差的相对中误差	测角中误差/(″)	角度较差限差/(″)	角度闭合差/(″)	边长相对闭合差	
一级	≤15	≤1/14000	≤5	≤14	≤$16\sqrt{n}$	≤1/10000	≤50
二级	≤15	≤1/7000	≤8	≤20	≤$24\sqrt{n}$	≤1/6000	≤50
三级	≤15	≤1/4000	≤12	≤30	≤$40\sqrt{n}$	≤1/4000	≤50
图根	≤20	≤1/2500	≤20	≤60	≤$60\sqrt{n}$	≤1/2000	≤50

注：n 为测站数。

8.4.2 仪器设备

RTK 测量接收设备应符合下列规定：

（1）接收设备应包括双频接收机、天线和天线电缆、数据链设备、数据采集器等。

（2）基准站设备应能实时发送差分数据。

（3）流动站设备应能接收、识别并处理差分数据。

（4）接收设备的动态标称精度应符合下列规定。

① 平面固定误差不超过 10 mm，比例误差系数不超过 1 mm/km。

② 高程固定误差不超过 20 mm，比例误差系数不超过 1 mm/km。

8.4.3 网络实时动态测量

（1）网络 RTK 用户应在城市 CORS 系统服务单位进行登记、注册，审核通过后，获得系统服务的授权。

（2）网络 RTK 测量应在 CORS 系统的有效服务区域内进行。

（3）网络 RTK 观测准备应符合下列规定：

① GNSS 天线、通信接口、主机接口等设备连接应牢固可靠，连接电缆接口应无氧化脱落或松动。

② 数据采集器、流动站接收机等设备的工作电源应充足。

③ 数据采集器内存或储存卡应有充足的存储空间。

④ 接收机的内置参数应正确。

⑤ 水准气泡、投点器和基座应符合作业要求。

⑥ 天线高量取的方式和位置设置与天线高量测时情况应一致。

（4）坐标系统转换应符合下列规定：

① 所用高等级已知点的地心坐标框架和参考历元应与计算转换参数时所用地心坐标一致。

② 已有转换参数时，可直接输入。

③ 已有 3 个以上同时具有地心和参心坐标系的控制点成果时，可直接将坐标输入数据采集器，计算转换参数。

④ 已有 3 个以上参心坐标系的控制点成果时，可采用直接输入参心坐标，并应在控制点上采集地心坐标，计算转换参数。

⑤ 计算转换参数的控制点应均匀分布在测区内及周边，当需实测时，应进行检验。

⑥ 平面坐标转换的残差绝对值不应超过 20 mm。

（5）RTK 观测前接收机设置的平面收敛阈值不应超过 20 mm，垂直收敛阈值不应超过 30 mm。

（6）RTK 测量的技术要求应符合表 8-2 的规定。

（7）RTK 一测回观测应符合下列规定：

① 观测前应对仪器进行初始化。

② 观测值应在得到 RTK 固定解且收敛稳定后开始记录。

③ 每测回的观测时间不应少于 10 s，应取平均值作为本测回的观测结果。

④ 经度、纬度应记录到 0.000 01″，平面坐标和高程应记录到 0.001 m。

（8）测回间应对接收机重新进行初始化，测回间的时间间隔应超过 60 s。

（9）测回间的平面坐标分量较差不应超过 20 mm，垂直坐标分量较差不应超过 30 mm，应取各测回结果的平均值作为最终观测成果。

（10）当初始化时间超过 5 min 仍不能获得固定解时，宜断开通信链路，重新启动 GNSS 接收机，进行初始化。当重新启动 3 次仍不能获得固定解时，应选择其他位置进行测量。

（11）RTK 控制测量应符合下列规定：

① 控制点应布设不少于 3 个两两通视或不少于 2 对相互通视的点。

② 控制点测量应采用三脚支架架设天线进行作业。测量过程中仪器的圆气泡应严格稳定居中。

③ 控制点应采用常规方法进行边长、角度或导线联测检核，具体要求详见表 8-4。

8.4.4　单基准站实时动态测量

1. 基准站设置要求

基准站应设置在已知控制点上，并应符合下列规定：

（1）点位应符合 8.4.1 节中第（3）条的要求。

（2）基准站如需长期和经常使用，宜埋设永久标石。

（3）测前准备应符合以下规定。

① 安置 GNSS 接收机天线时，天线的定向标志应指向正北，定向误差不宜超过±5°。对于定向标志不明显的接收机天线，可预先设置定向标志。

② 用三脚架安置 GNSS 接收机天线时，对中误差应小于 3 mm；在高标基板上安置天线时，应将标志中心投影到基板上，投影示误三角形最长边或示误四边形对角线长度应小于 5 mm。

③ 天线高应量测至毫米，测前测后各量测一次，较差不应大于 3 mm，记录平均值作为最终成果；较差超限时应查明原因，并记入外业观测手簿备注栏内。

（4）接收机手簿中的天线类型、天线高量取方式以及天线高量取位置等项目设置应和天线高量测时的情况一致。

（5）基准站的卫星截止高度角设置不应低于 10°。

（6）当采用无线电台通信方法时，应提高电台天线的架设高度，电台应远离基准站天线；数据传输工作频率应按约定的频率进行设置。

（7）随机手簿中应正确设置仪器类型、测量类型、电台类型、电台频率、天线类型、数据端口、蓝牙端口等设备参数。

（8）随机手簿中应正确输入基准站坐标、数据单位、尺度因子、投影参数和坐标转换参数等计算参数。

（9）在 RTK 作业期间，不得进行更改基准站设置、改变仪器高度、改变 GNSS 天线位置等操作。

（10）可设置双基准站或多基准站测量方式。

（11）单基准站 RTK 观测准备除符合 8.4.3 节第（3）条要求外，还应符合下列规定：

① 基准站电台的电源应充足，发射频率应符合国家无线电使用管理的规定。

② 基准站电台和流动站接收机电台的频率应保持一致。

（12）困难地区基准站也可设置在未知点上。

2. 移动站设置要求

移动站设置按 8.4.3 节第（3）条执行。

8.5 RTK 控制测量项目生产实例

某建筑施工场地，如图 8-6 所示，测区已有工程测量二级 GNSS 控制网点 3 个，分别是 GM01、CCMY 和 G101，成果详见下方二维码。现拟在待建建筑物附近按照《卫星定位城市测量技术标准》（CJJ/T 73—2019）中的三级要求施测 3 个加密控制点 T01、T02 和 T03 作为施工放样的依据。

起算控制点坐标

图 8-6 某建筑场地 RTK 加密控制示意图

8.5.1 项目技术要求

（1）起算点等级二级及以上，T01—T02 以及 T02—T03 点间距离不低于 200 m，与基准站的距离不大于 3 km，基本技术要求详见表 8-2。

（2）基准站位置的选取请参照 8.4.4 节要求执行。

（3）T01—T02 以及 T02—T03 之间应通视，其中 T02 为全站仪计划设站位置，T01 为计划后视点，T03 为计划检核点。

（4）T01、T02、T03 点位的选取应满足 8.4.1 节的有关要求。

（5）测量成果应按照表 8-4 技术要求进行内外业检核。

（6）GNSS 接收机及其配件的选用应满足 8.4.2 节的有关要求。

8.5.2 仪器准备

设备清单包括：

（1）南方银河 6 系列 GNSS 接收机两台（移动站与基准站各 1 台），电台及其发射天线 1 套，手簿 1 套（控制器）。

（2）电瓶 1 个（视需要配备）、脚架 1 个、对中杆（或对中支架）1 套、钢尺 1 把以及连接线、数据链天线等。

（3）测钉若干、电锤 1 套、角磨机 1 套（视需要配备）、铁锤 1 把、油漆或者喷漆 1 罐、安全帽若干个、反光衣若干套。

8.5.3 项目实施

1. 控制点选埋

（1）根据 RTK 控制点选点的方法选择加密控制点点位。加密控制点由于受到现场条件的限制，选择自由度有限。待建建筑物北侧道路树木茂盛且有较大规模的已有建筑物，遮挡严重；东西侧道路距离待建建筑物较远，不利于后期的施工放样；南侧道路靠近待建建筑物，且周围无建筑物，树木栽种不久，非常稀疏且树木较小，故图 8-6 所示位置为施工现场最佳的埋设位置。现场具体选点时仍然需要具体考虑周围地形及植被等因素的影响，选确定最佳的埋设位置。

（2）现场点位选定后，利用电锤冲孔，铁锤敲打至标志面与地面紧密贴合，利用角磨机整饰表面并刻好点号，最后使用油漆粉刷，便于后期寻找。

2. 外业观测

（1）基准站设置。

根据要求选择基准站位置，本项目基准站选择在待建建筑物正北方向约 70 m 处的建筑物顶部，10°以上无任何障碍物，附近无强烈电磁干扰源以及显著产生多路径效应的条件，距离加密控制点及高等级控制点距离均在 1 000 m 内，观测条件极佳，如图 8-7 所示。

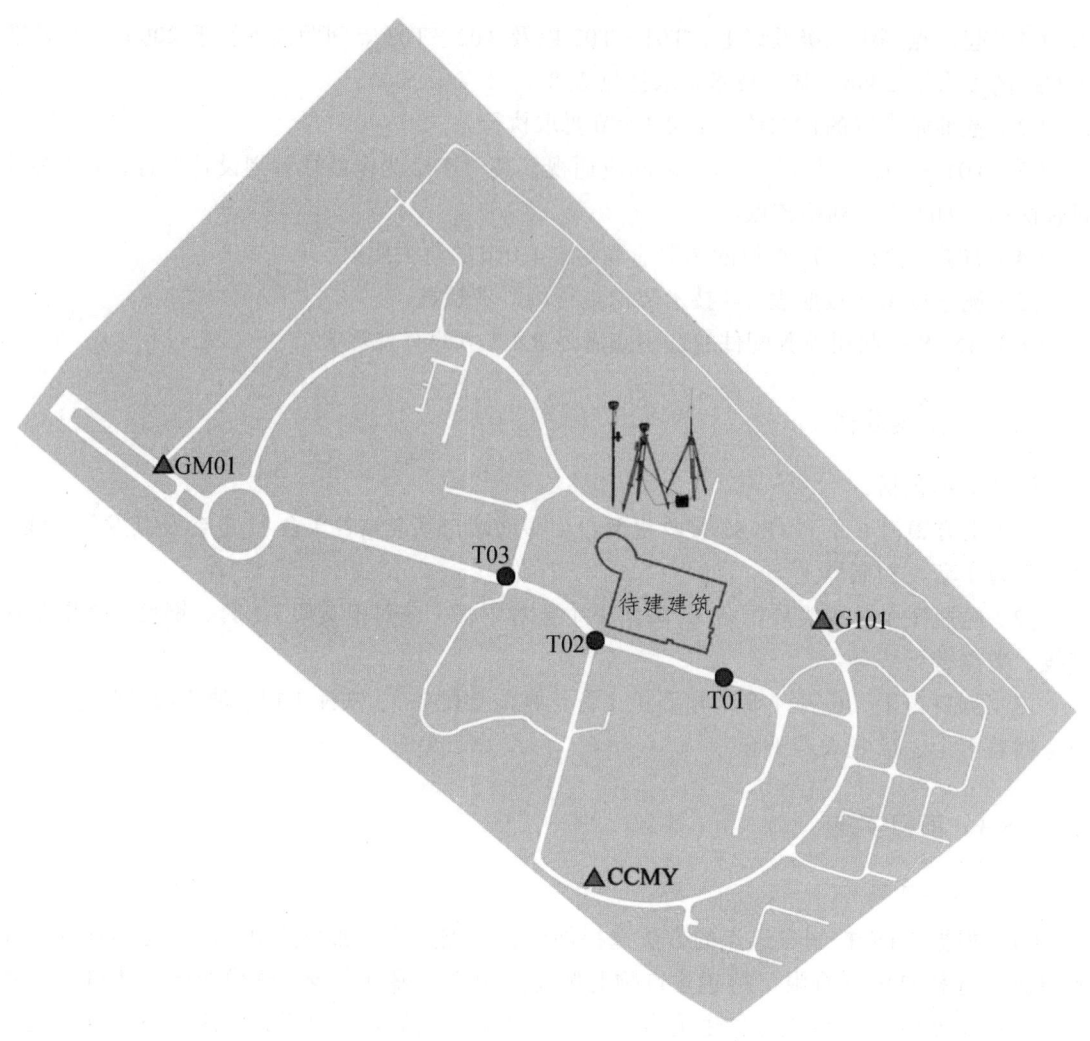

图 8-7 某建筑场地 RTK 基准站位置示意图

基准站设置步骤：

① 本项目基准站安置在未知点上，现场未埋设标石，故未量取基准站天线高，GNSS 接收机天线整平即可。

② 长按电源键基准站开机，手簿（控制器）长按电源键开机。

③ 打开工程之星 5.0 软件（手簿自带 RTK 测量软件），界面如图 8-8（a）所示。

④ 手簿通过蓝牙连接基准站 GNSS 接收机进行基准站设置，具体操作详见图 8-8（b）~（f）。

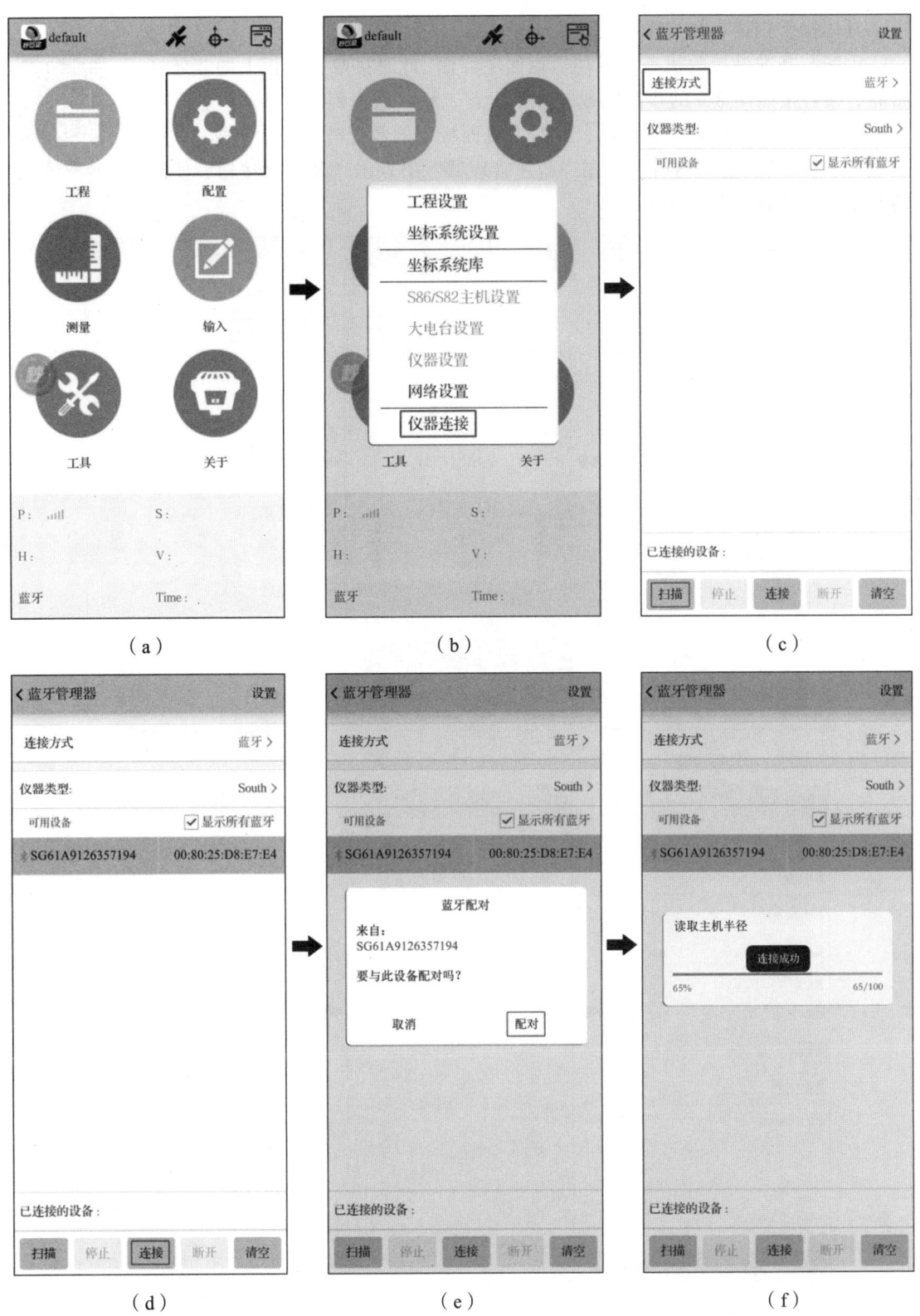

图 8-8 手簿与基准站接收机蓝牙连接设置过程

具体操作扫描右侧二维码观看视频。

手簿与基准站接收机连接成功后返回主界面,此时接收机面板上的蓝牙灯常亮,接着按照图 8-9 的步骤完成基准站设置,最后返回到"基准站设置"界面点击"启动"按钮启动基准站,此时主机面板上的数据链灯开始闪烁(1 秒 1 次)。基准站设置成功后,可在"蓝牙管理器"中点击"断开"按钮,使手簿与基准站接收机断开连接。

仪器连接

图 8-9 基准站设置

一般情况下，基准站电台设置尽量不要使用通道 1，以免与附近其他作业组发生信号相互干扰。以上设置也可使用主机上的按键完成。基准站设置完成后可通过观察主机屏幕上的仪器状态图标以及数据链灯闪烁情况判断基准站工作是否正常。

具体操作扫描右侧二维码观看视频。

基准站设置

（2）移动站设置。

移动站设置步骤如下：移动站主机开机并将手簿通过蓝牙与主机连接，接着按照图 8-10 所示完成移动站设置。移动站设置完成后返回主界面，此时 RTK 将快速完成初始化工作，软件主界面将显示固定解。

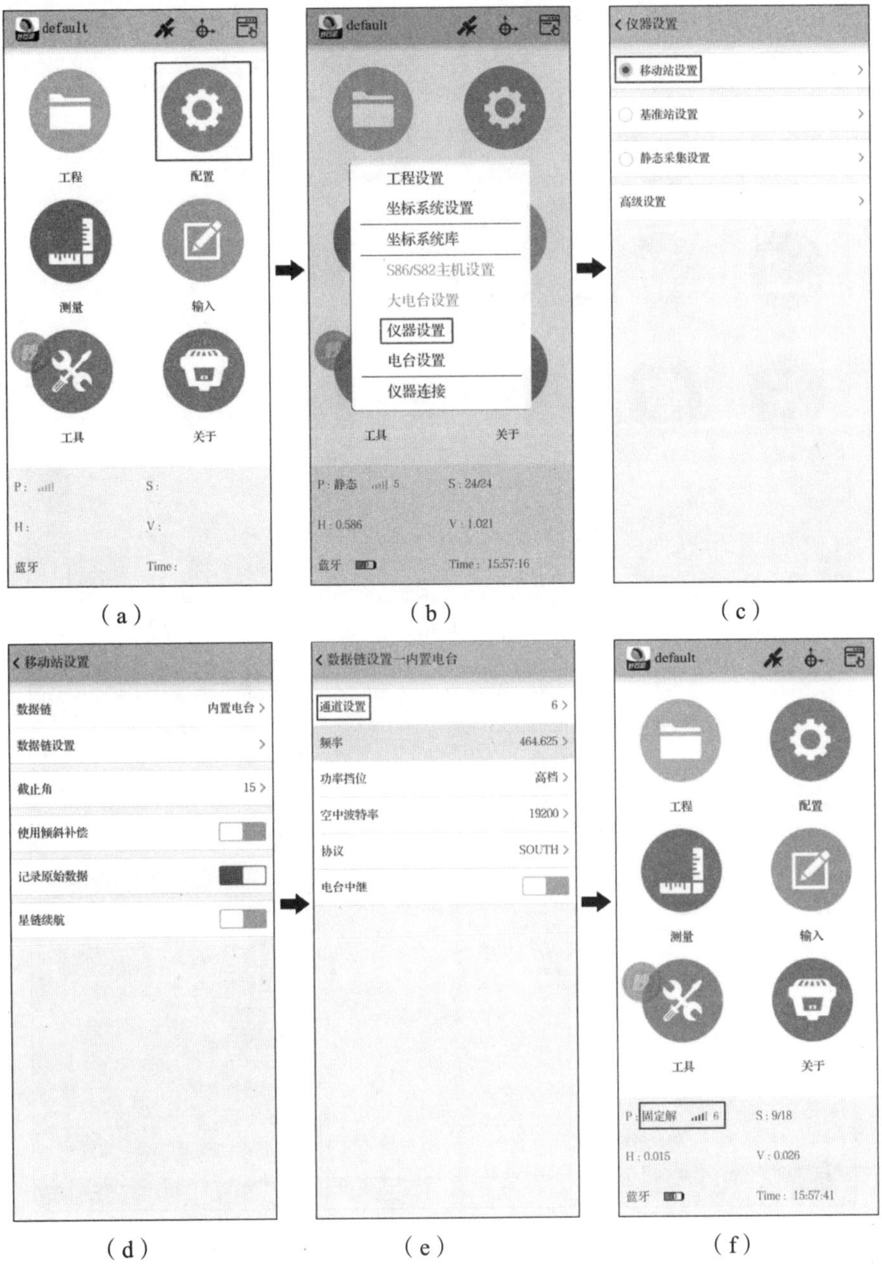

图 8-10　移动站设置

具体操作扫描右侧二维码观看视频。

需要注意的是：

① 数据链的设置参数必须与基准站相同，否则移动站将无法接收到基准站播发的数据。

RTK移动站设置

② 建议在基准站位置处进行移动站设置以方便检查设置是否正确，避免因设置有误重返基准站的情况发生，影响作业效率。

（3）测量作业。

测量作业包括新建工程、点校正和测量作业，操作步骤如下：

① 新建工程：操作步骤见图8-11。

图 8-11　新建工程

新建工程完成后返回软件主界面，具体操作扫描右侧二维码观看视频。

② 点校正：本项目起算控制点仅已知目标坐标系成果（广州 2000 坐标系和广州高程系），故采用 8.4.3 第（4）点坐标转换的方法进行点校正。具体做法是先采集各点的地心坐标，然后输入控制点广州 2000 坐标系成果，现场求取转换参数的方法实现点校正。

新建工程

● 起算控制点地心坐标采集：分别采集起算控制点 GM01、CCMY 和 G101 的地心坐标，移动站迁站至相应控制点后，利用对中支架将移动站接收机（天线）对中整平，准备进行起算控制点地心坐标采集工作。本项目按图 8-12 顺序依次采集。

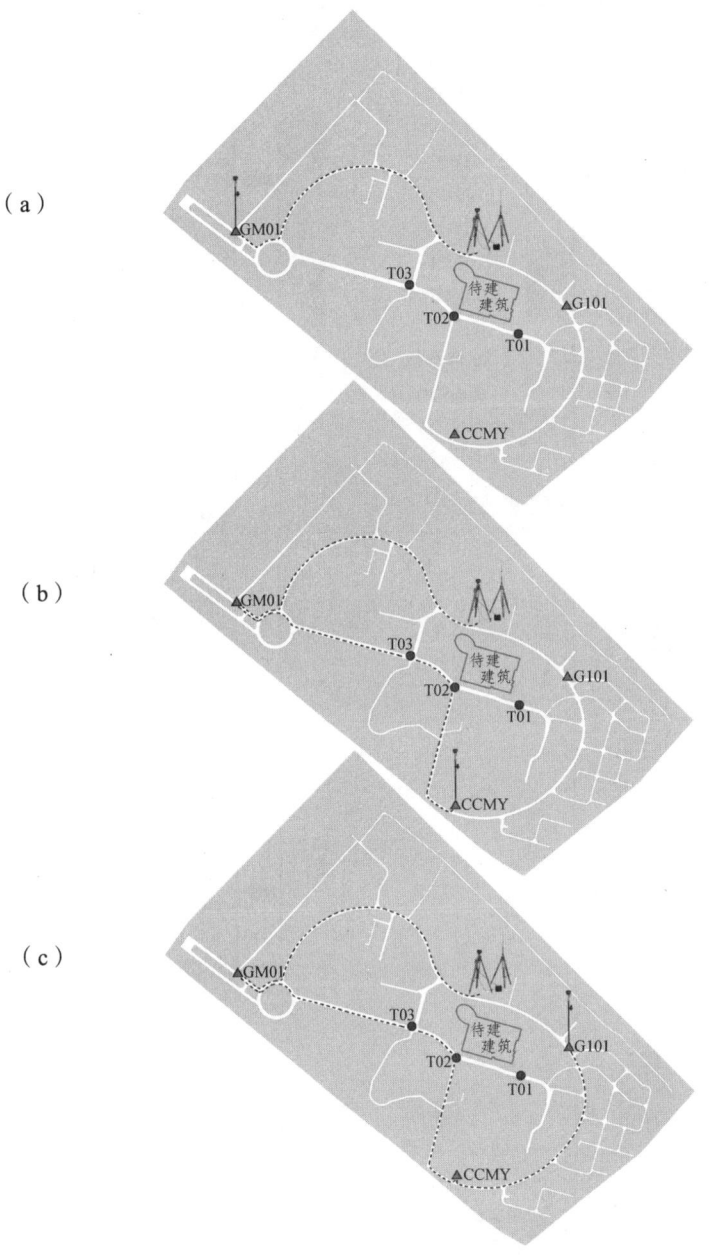

图 8-12 起算控制点地心坐标采集过程

控制点采集的技术要求：每测回采集历元数设置为20个，测回数为3，采样间隔为2 s，测点数为1，测回间间隔60 s。控制点采集参数设置见图8-13（a）~（d）。

具体操作扫描右侧二维码观看视频。

控制点设置完成后，在"控制点测量"界面，点击"保存"按钮后输入点号和天线高，点击"开始"，开始记录观测数据，操作见图8-13（e）~（g）。　　控制点采集设置

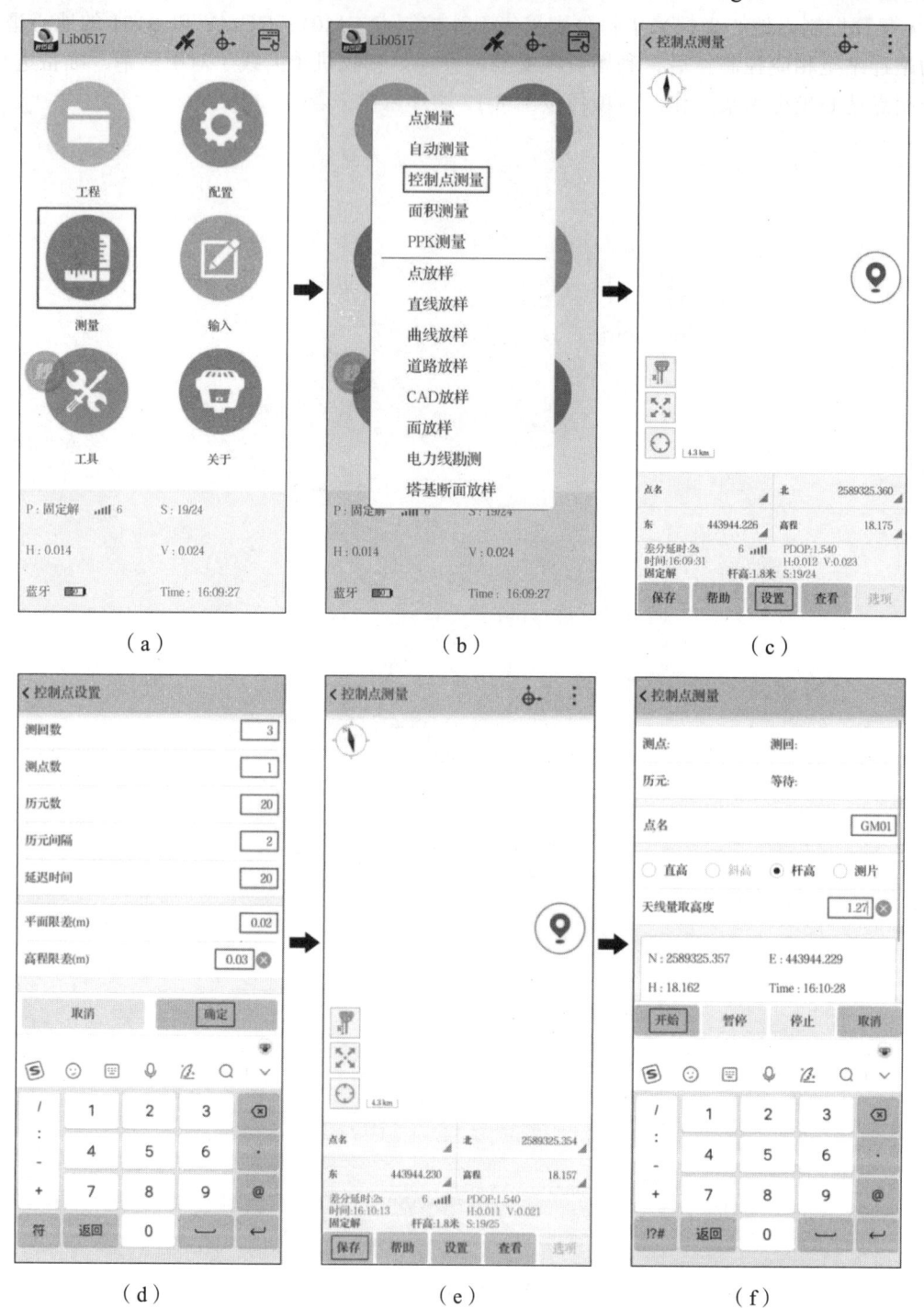

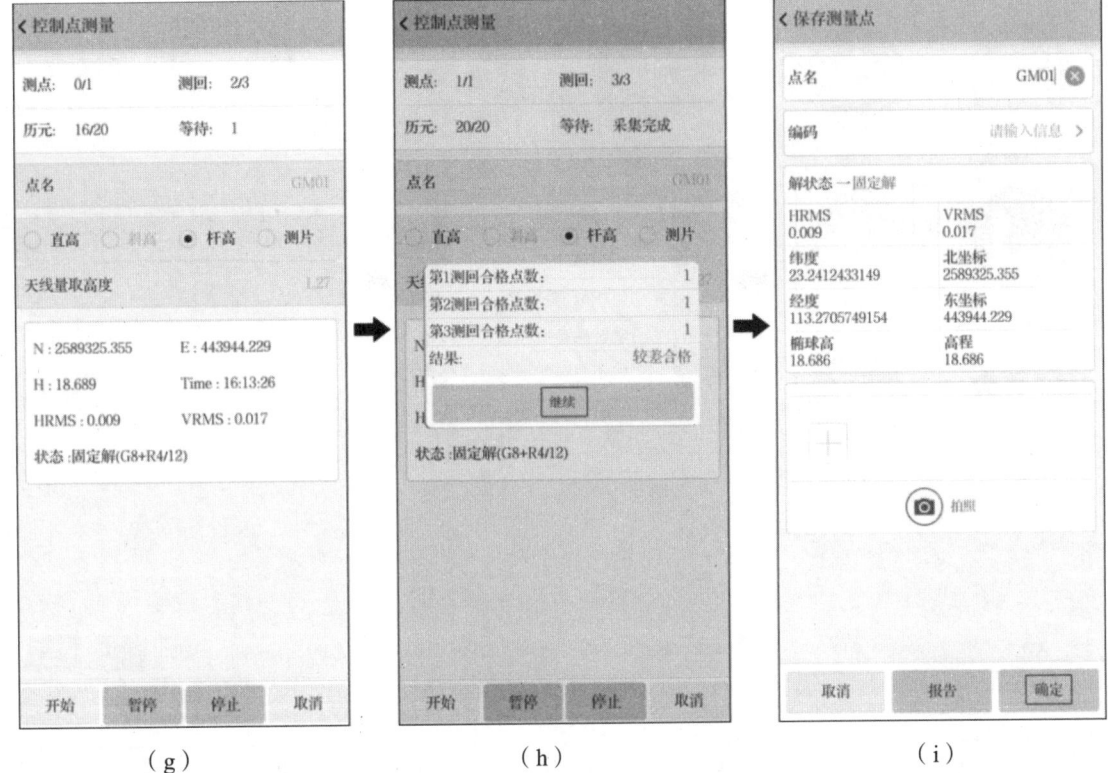

图 8-13 起算控制点采集设置及记录

具体操作扫描右侧二维码观看视频。

采集完成后弹出测量结果信息栏,如图 8-13(h)所示。确认成果合格后点击"继续"按钮,在"保存测量点"界面点击"确定"按钮,则该点采集工作完成,如图 8-13(i)所示。按同样的方法采集 G101 和 CCMY 的地心坐标,完成所有起算控制点采集工作。

起算控制点地心坐标采集

• 求转换参数:为方便起见,求转换参数前可先将 GM01、CCMY 和 G101 三个已知控制点的平面坐标和高程添加至坐标管理库,为求转换参数做准备,添加方法此处不予详细介绍。

图 8-14(a)~(h)是公共控制点 G101 的添加过程。其操作方法为:在软件主界面点击"输入→求转换参数→添加→点击平坐标右侧图标→坐标管理库中→选取 G101 平面坐标→确定,接着点击大地坐标右侧的图标→坐标管理库中→选取 G101 大地坐标→确定"。公共点 G101 添加完成。

按相同的方法添加公共点 GM01 和 CCMY。三个已知控制点坐标添加完成后点击"计算"按钮计算转换参数,显示转换参数和精度。若转换参数精度符合技术要求,点击"应用"按钮,将转换参数应用到当前工程,完成点校正工作,具体见图 8-14(i)~(l)。

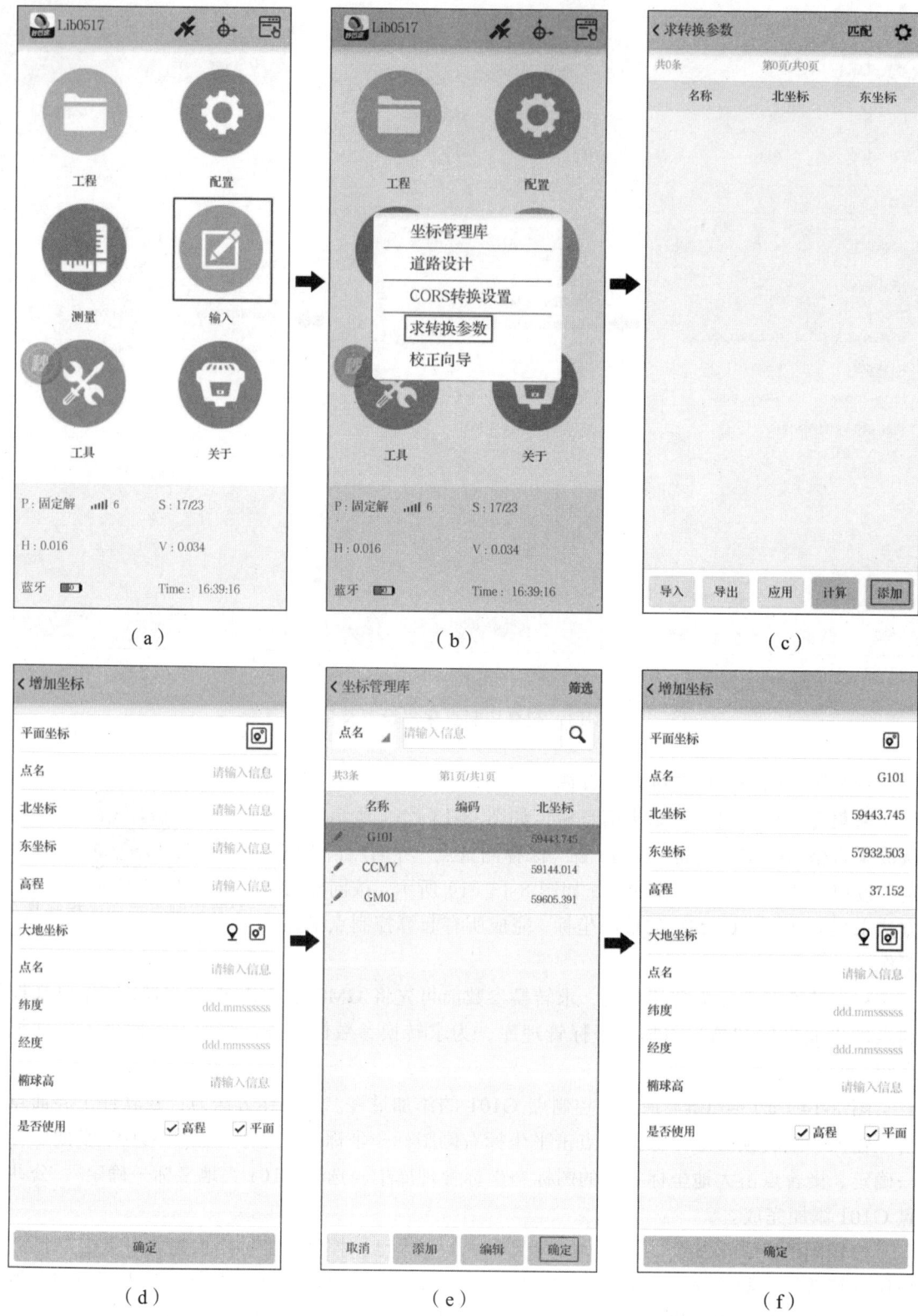

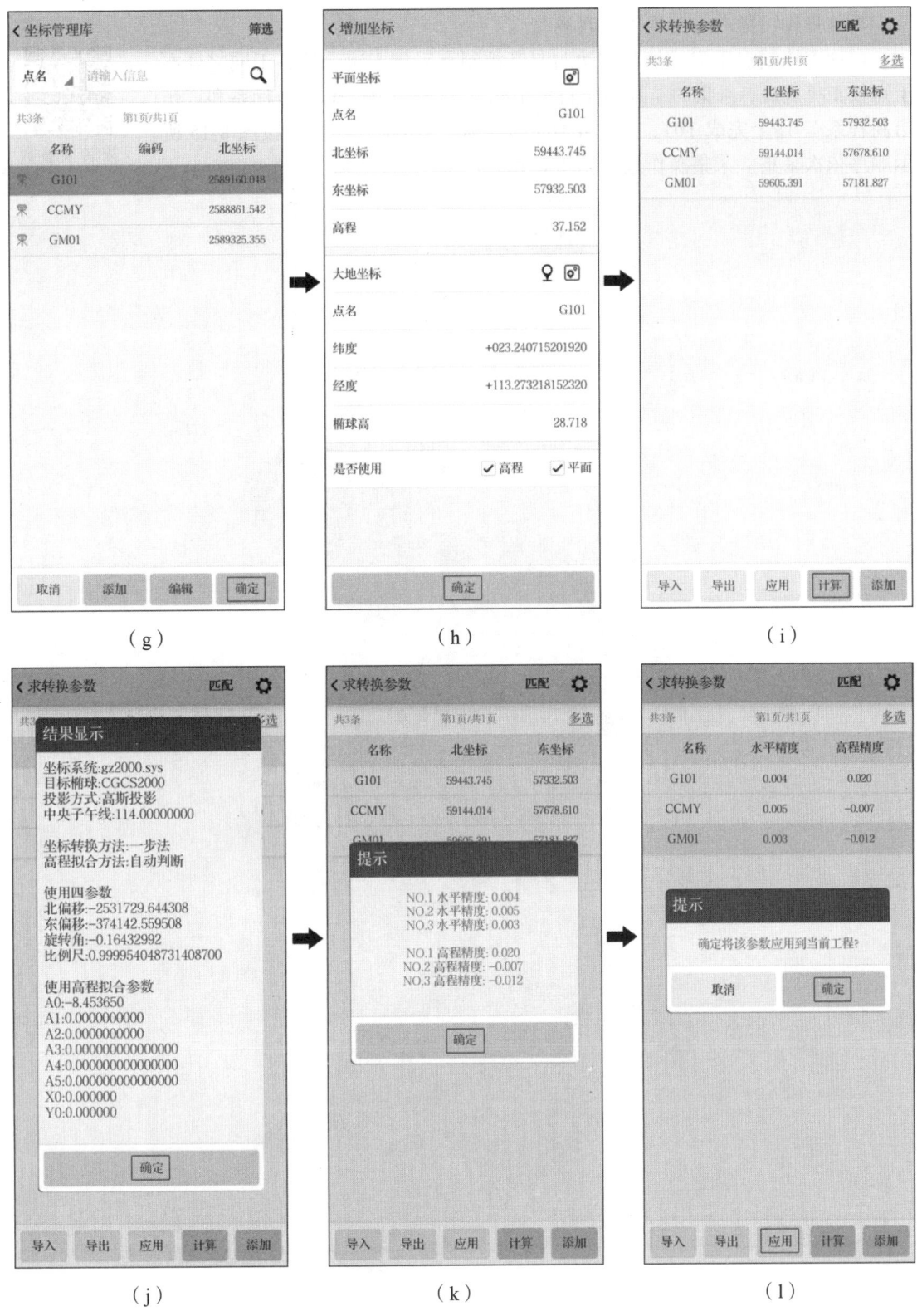

图 8-14 求转换参数

具体操作扫描右侧二维码观看视频。

- 加密控制点采集：加其方法与起算控制点采集方法一致，不同之处在于点校正完成后，采集的结果属于目标坐标系成果（广州 2000 坐标系和广州市高程系）。逐个完成 T01、T02 和 T03 的坐标采集工作。本项目按图 8-15 所示顺序依次采集。采集操作过程见图 8-16。

求转换参数

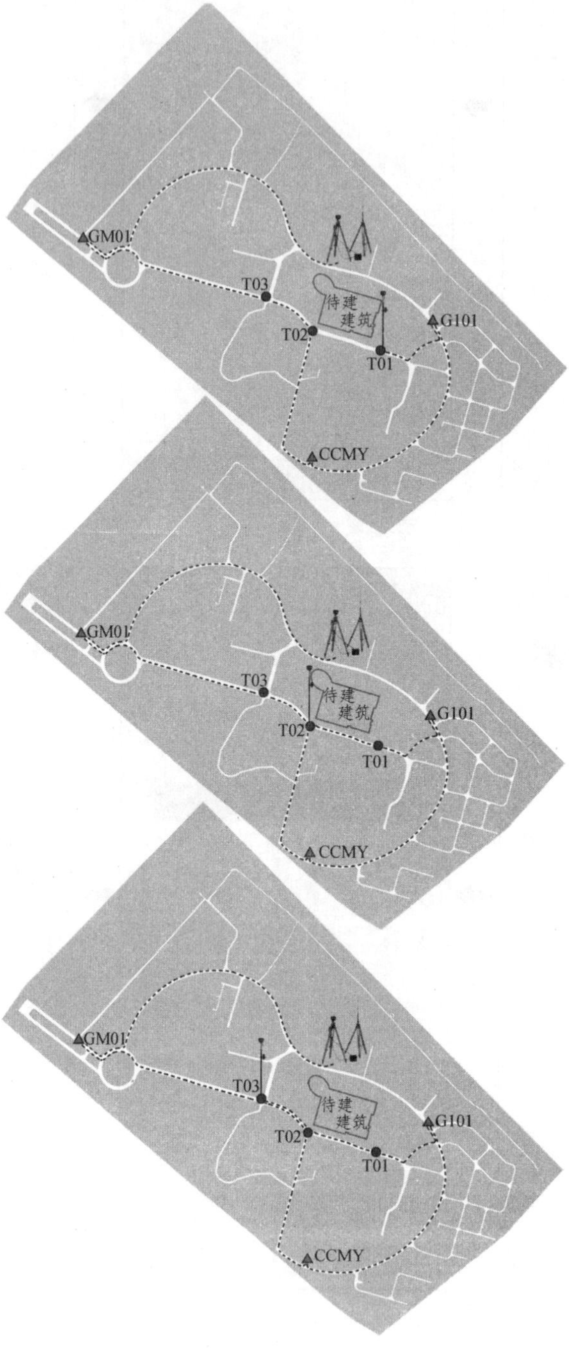

图 8-15 加密控制点采集过程

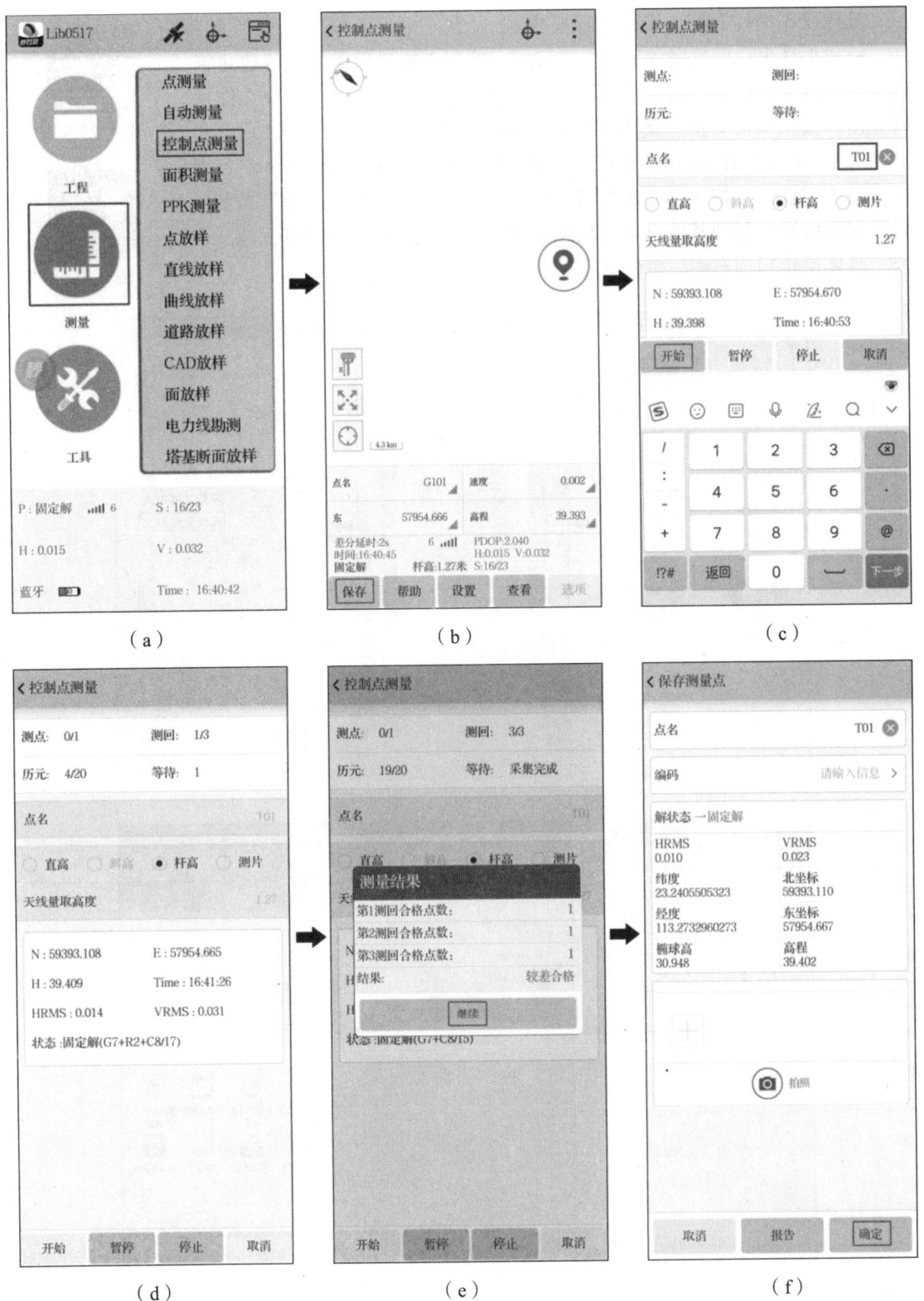

图 8-16 加密控制点采集

具体操作扫描右侧二维码观看视频。

• 成果导出：采集完成后，需要将加密控制点成果导出作为待建建筑施工放样的依据，具体操作见图 8-17：在软件主界面点击"工程→文件导入导出→成果文件导出→输入文件名称→确定→显示导出数据成功"。此时成果文件保存在 /storage/emulated/0/SOUTHGNSS_EGStar/Export 目录下，点击"取消"按钮，完成控制点成果导出；也可点击"分享"按钮，将控制点成果分享到其他设备。至此本项目控制点采集工作全部完成。

加密控制点采集

成果导出

具体操作扫描右侧二维码观看视频。

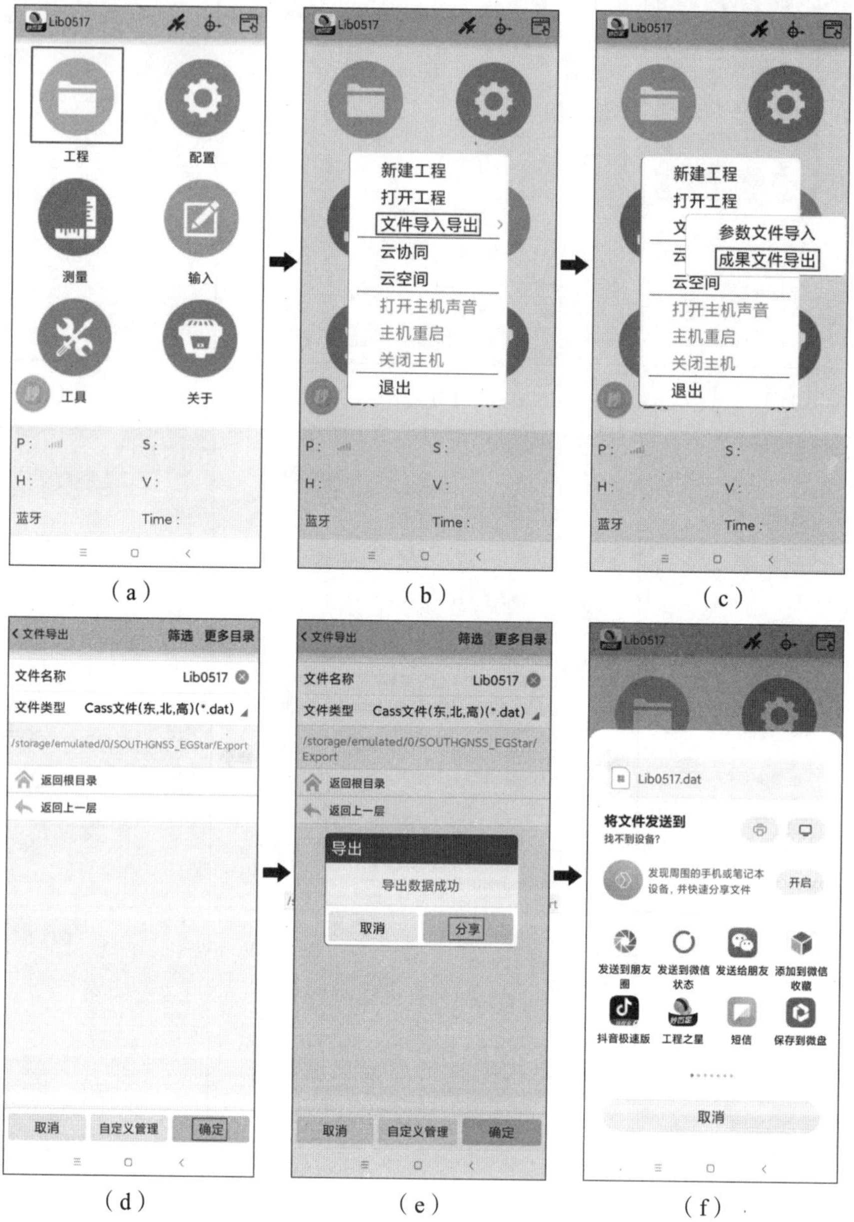

图 8-17　数据导出

- 176 -

8.6 网络 RTK 使用方法

基于网络 RTK 技术的巨大优势及发展现状,目前网络 RTK 技术已经替代常规 RTK 技术成为实践生产中最主流的作业模式。与常规 RTK 相比,网络 RTK 在使用方法上仅"数据链"设置有所不同,其余操作均相同,故本节不再对数据链设置(网络连接)以外的内容进行介绍了,有需要的读者可查阅常规 RTK 章节内容。本节仅以广东省内广泛应用的广东省连续运行卫星定位服务系统(GDCORS)为例对网络 RTK 的使用方法进行介绍。

1. 网络 RTK 授权

使用网络 RTK 系统进行测量作业前,应获得有关网络的服务授权。获得网络授权后网络 RTK 服务方将提供用于接入网络 RTK 系统的联网信息,包括接入 IP 地址、接入点(APN)、用户名、密码以及根据坐标成果对应的端口和源节点,某些网络可能需要使用物联网专卡方可使用。获得网络 RTK 授权的方式具体可向网络服务方索取或者查阅网络官方网站。表 8-5 为 GDCORS 专网卡联网信息。

表 8-5 GDCORS 联网信息

序号	成果类型	端口	源节点	七参数
1	WGS-84 (GDCORS 坐标框架)	2084 12084	RTCM30 RTCM32	无须输入
2	2000 国家大地坐标系	2030 2101	RTCM30_2000XYZ RTCM32_2000XYZ	无须输入
3	2000 国家大地坐标系 1985 国家高程基准	2102 2103	RTCM30_2000 RTCM32_2000	无须输入
		2000 2001 2002 12000 12001 12002	RTCM30_2000 RTCM32_2000	需输入

注:以上联网信息于 2022 年 1 月 1 日启用。

2. 网络 RTK 测量主要设备

网络 RTK 测量所需要准备的设备及配件主要包括:GNSS 接收机 1 台、手机卡 1 张(GDCORS 专卡)、数据链天线 1 条、对中支架 1 个、手簿 1 个(配备工程之星软件 5.0)。

3. 网络 RTK 测量具体操作方法

(1)新建工程,并利用手簿连接接收机主机对移动站进行设置。

将主机模式设置为移动站,然后将其数据链设置为接收机移动网络(本项目手机卡置于主机卡槽中),设置完成后返回软件主界面。具体操作见图 8-18。

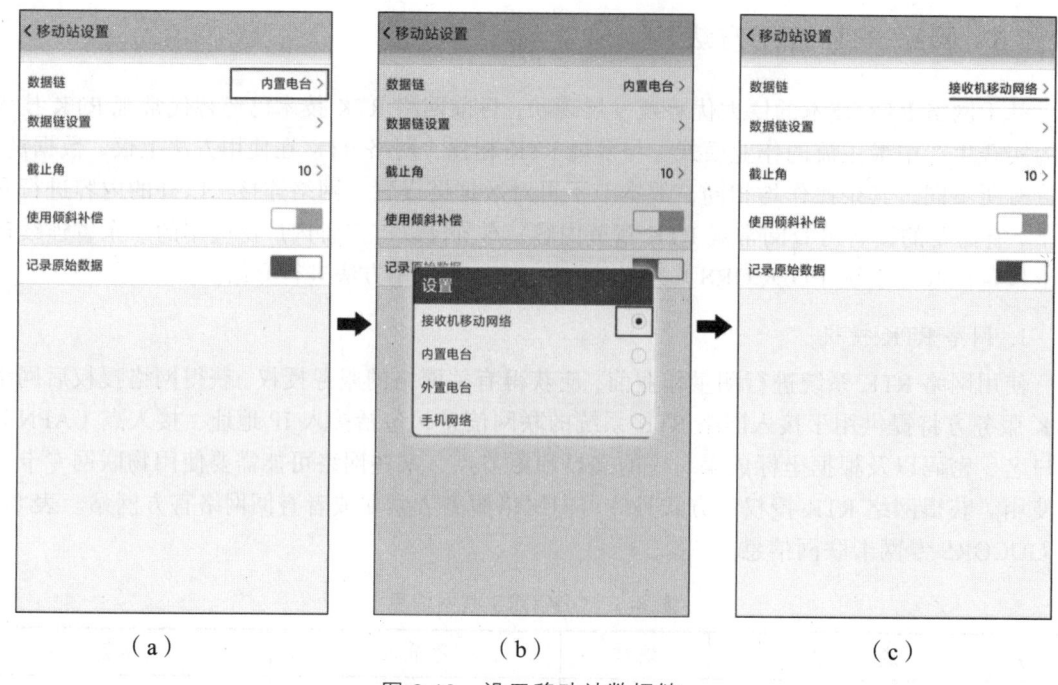

图 8-18 设置移动站数据链

（2）网络连接：在软件主界面点击配置→网络设置→在模板参数管理中点击"增加"按钮，进入数据链设置界面。具体操作见图 8-19。

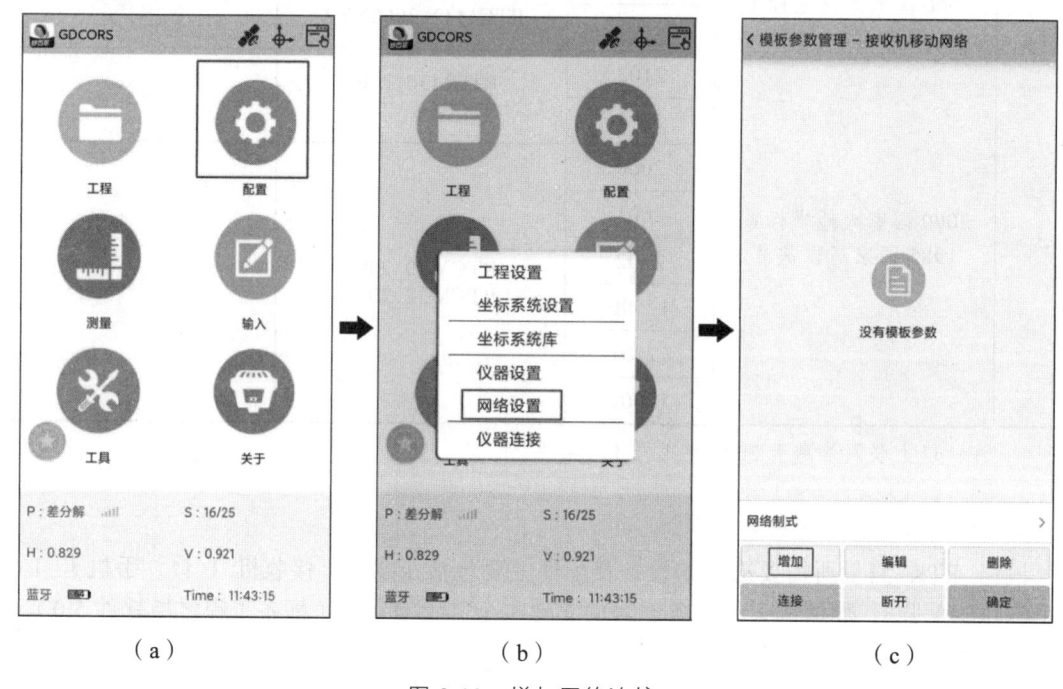

图 8-19 增加网络连接

在数据链设置界面依次输入网络联网信息，包括名称、IP 地址、端口、账户名及账户密码，接着点击"接入点选择"，弹出接入点选择对话框，点击对话框上的"点击刷新接入点"按钮；

系统刷新后的对话框中将出现接入点列表，根据网络方提供的信息选择正确的接入点，本次选择 2000 国家大地坐标系和 1985 国家高程基准成果，依据表 8-5 选择端口为 2102，接入点为 RTCM32_2000，按"确定"按钮后，返回数据链设置界面。具体操作见图 8-20。

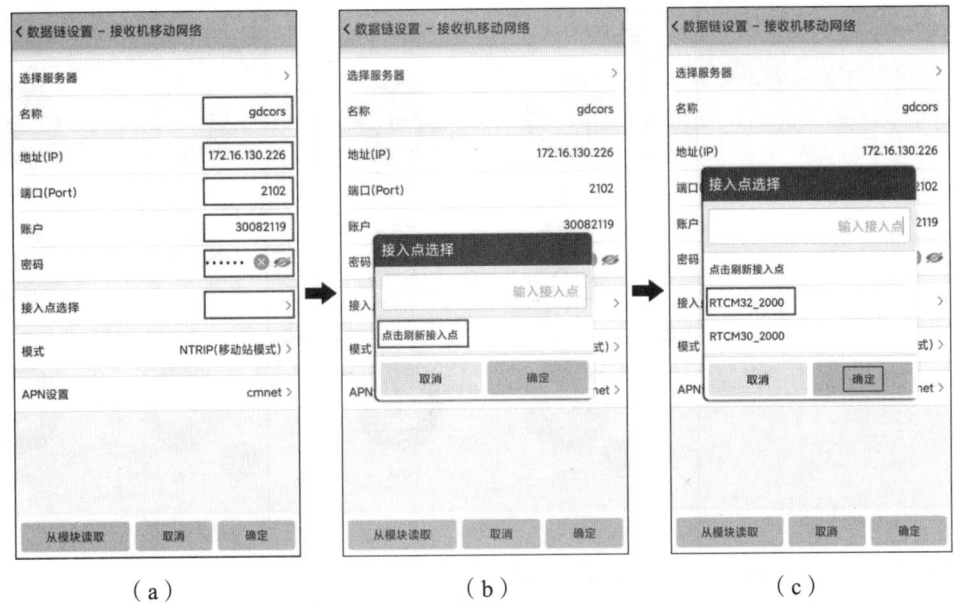

图 8-20　输入网络联网信息

在数据链设置界面点击"确定"按钮，返回"模板参数管理"界面，此时新增的网络连接已出现在列表中。选择该网络连接，点击下方的"连接"按钮则进入网络连接和登录服务器界面。此时系统将自动检查所有网络参数，确认无误时将在各检查项左侧依次打钩，全部完成后将出现"登录成功"字样。具体操作见图 8-21。

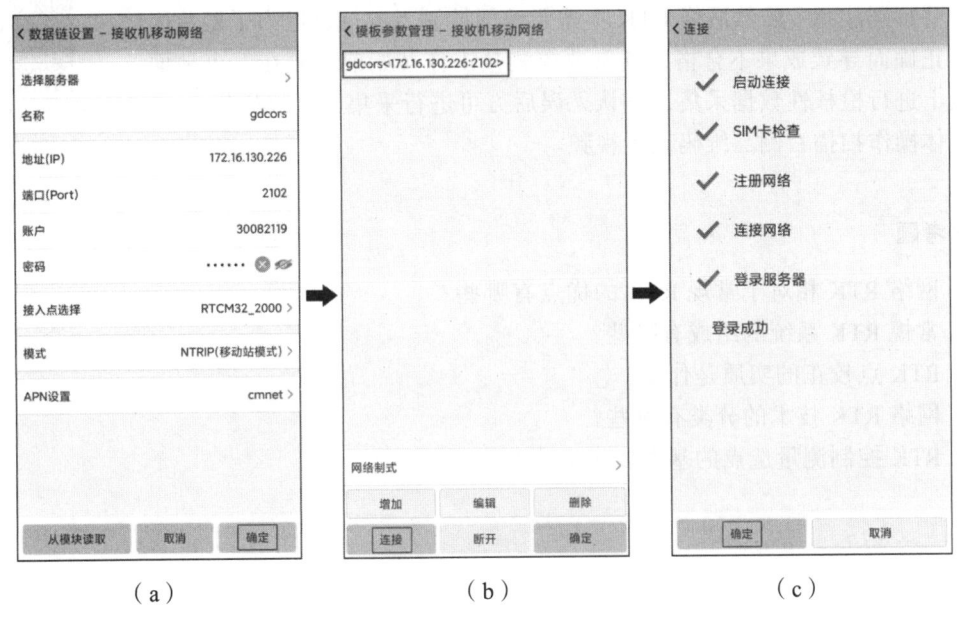

图 8-21　连接网络登录服务器

在连接界面按"确定"返回"模板参数管理"界面，按"确定"键返回主界面，接收到网络差分信号后，仪器将快速完成初始化工作，解状态从"单点解"变为"固定解"，网络RTK连接成功。具体操作见图8-22。

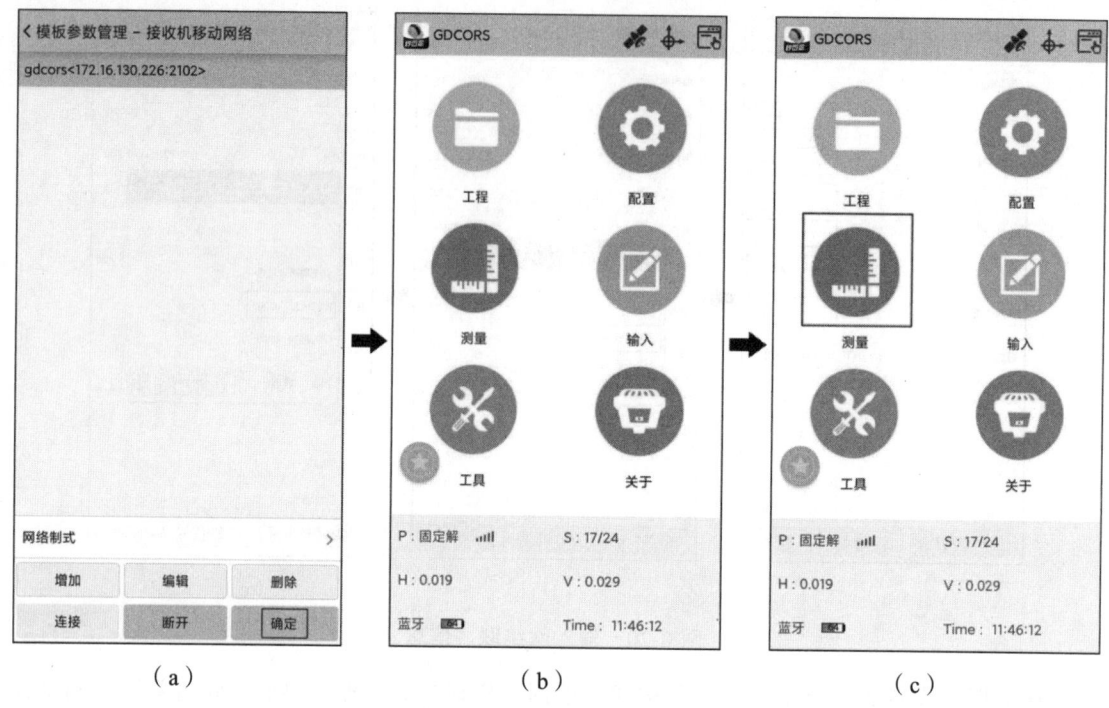

图 8-22 网络 RTK 连接成功

（3）网络 RTK 测量：网络连接成功且完成初始化工作后，即可进入测量阶段，后续操作方法和技术要求与常规 RTK 测量完全一致，此处不再重复介绍。

需要特别注意：虽然网络 RTK 不需要地面控制点支持，但为了避免因设置不正确而导致成果不合格，通常要求测量工作开始前首先在一个地面控制点上进行检核性数据采集，确认无误后方可进行采集或者放样作业。

具体操作扫描右侧二维码观看视频。

GDCORS 联网

思考题

1. 网络 RTK 相对于常规 RTK 的优点有哪些？
2. 常规 RTK 系统的组成有哪些？
3. RTK 点校正的实质是什么？
4. 网络 RTK 技术的分类有哪些？
5. RTK 控制测量选点的基本要求有哪些？

参考文献

[1] 李征航，黄劲松. GPS 测量与数据处理[M]. 3 版. 武汉：武汉大学出版，2016.
[2] 黄丁发，熊永良，周乐韬，等. GPS 卫星导航定位技术与方法[M]. 北京：科学出版社，2009.
[3] 王勇智. GPS 测量技术[M]. 2 版. 北京：中国电力出版社，2012.
[4] 刘基余，李征航，王跃虎，等. 全球定位系统原理及其应用[M]. 北京：测绘出版社，1993.
[5] 范录宏，皮亦鸣，李晋等. 北斗卫星导航原理与系统[M]. 北京：电子工业出版社，2021.
[6] 余学祥，王坚，刘绍堂，等. GPS 测量与数据处理[M]. 徐州：中国矿业大学出版社，2013.
[7] 刘大杰，等. 全球定位系统（GPS）的原理与数据处理[M]. 上海：同济大学出版社，1996.
[8] 宁津生，等. 现代大地测量理论与技术[M]. 武汉：武汉大学出版社，2006.
[9] 李征航，等. 卫星导航定位新技术及高精度数据处理方法[M]. 武汉：武汉大学出版社，2009.
[10] 董大南，等. GNSS 高精度定位原理[M]. 北京：科学出版社，2018.
[11] 徐宗秋. 多模 GNSS 精密单点定位模型与方法[M]. 北京：测绘出版社，2020.
[12] 余学祥，等. GNSS 导航定位原理与应用[M]. 徐州：中国矿业大学出版社，2020.
[13] 周建郑，等. GNSS 定位测量[M]. 北京：测绘出版社，2020.
[14] 李开伟，等. GNSS 测量定位技术[M]. 成都：西南交通大学出版社，2021.
[15] 熊超，刘宗毅，卢传芳，等. 国外卫星导航系统发展现状与趋势[J]. 导航定位学报，2021，9（3）：13-19. DOI:10.16547/j.cnki.10-1096.20210303.
[16] 程鹏飞，文汉江，刘焕玲，等. 卫星大地测量学的研究现状及发展趋势[J]. 武汉大学学报（信息科学版），2019，44（1）：48-54.DOI:10.13203/j.whugis20180356.
[17] 崔家武，张兴福，王峰，等. GNSS 精密单点定位成果的框架与历元转换方法[J]. 大地测量与地球动力学，2018，38（2）:172-175;186. DOI:10.14075/j.jgg.2018.02.013.
[18] 陈俊勇. 世界大地坐标系 1984 的最新精化[J]. 测绘通报，2003（2）：1-3.
[19] 杜向锋，张兴福，张永毅. CORS 测量成果转换的一步法及其精度分析[J]. 测绘通报，2015（7）：23-26. DOI:10.13474/j.cnki.11-2246.2015.0203.
[20] 张兴福，沈云中. 一种实用的 GPS 坐标及高程同步转换方法[J]. 大地测量与地球动力学，2011，31（3）：63-68. DOI:10.14075/j.jgg.2011.03.011.
[21] 李征航，丁文武，李昭. GPS 广播星历的轨道误差分析[J]. 大地测量与地球动力学，2008（1）：50-54.

[22] 王磊. GNSS模糊度解算的可靠性控制方法与应用[M]. 北京：科学出版社，2019.

[23] 崔天鹏. GPS现代化与模糊度解算方法研究[D]. 武汉：武汉大学，2002.

[24] 施闯，刘经南，姚宜斌. 高精度GPS网数据处理中的系统误差分析[J]. 武汉大学学报（信息科学版），2002（2）：148-152.

[25] 夏林元. GPS观测值中多路径理论研究及数值结果[D]. 武汉：武汉大学，2001.

[26] 张波. 削弱GPS多路径效应的实用研究[D]. 武汉：武汉大学，2002.

[27] 陈永奇. GPS相对定位中系统误差的影响[J]. 武汉测绘科技大学学报，1990（2）：1-9.

[28] 杜向锋，张兴福，李智强. 精密单点定位技术在控制测量中的应用[J]. 工程勘察，2015，43（2）：75-78.

[29] 国家质量监督检验检疫总局. 全球定位系统（GPS）测量规范：GB/T 18314—2009[S]. 北京：中国标准出版社，2009.

[30] 住房和城乡建设部. 工程测量标准：GB 50026—2020[S]. 北京：中国计划出版社，2021.

[31] 刘大杰，刘经南. GPS地面测量的三维联合平差[J]. 测绘学报，1994.

[32] 杜向锋，张兴福，蒋利龙. 一种适用大旋转角的GPS网三维平差方法[J]. 测绘科学，2009，34（4）：88-89;149.

[33] 陶本藻. GPS水准似大地水准面拟合和正常高估算[J]. 测绘通报，1992.

[34] 田泽海. 提高GPS高程方向精度的研究[D]. 武汉：武汉大学，2003.

[35] 李征航，包满泰，叶乐安. 利用GPS测量和水准测量精确确定局部地区的似大地水准面[J]. 测绘通报，1994（6）：7-12.

[36] 崔家武，张兴福，周波阳，等. 改进的GNSS/水准点优化选择的逐步剔除法[J]. 武汉大学学报（信息科学版），2019，44（10）：1505-1510. DOI:10.13203/j.whugis20180074.

[37] 谭衍涛，黄健鹏，黄国荣，等. 重力场模型及GNSS/水准的区域似大地水准面精化[J]. 测绘科学，2016，41（04）：5-9. DOI:10.16251/j.cnki.1009-2307.2016.04.002.

[38] 张兴福，刘成. 综合EGM2008模型和SRTM/DTM2006.0剩余地形模型的GPS高程转换方法[J]. 测绘学报，2012，41（1）：25-32.

[39] 范千. GPS网络RTK定位技术算法研究与程序实现[D]. 武汉：武汉大学，2009.

[40] 刘经南，刘晖. 连续运行卫星定位服务系统-城市空间数据的基础设施[J]. 武汉大学学报（信息科学版），2003（3）：259-264.

[41] 吴北平. GPS网络RTK定位原理与数学模型研究[D]. 武汉：中国地质大学，2003.

[42] 刘文建. 北斗/GNSS区域地基增强服务系统建立方法与实践[D]. 武汉：武汉大学，2017.

[43] 住房和城乡建设部. 卫星定位城市测量技术标准[S]. 北京：中国建筑工业出版社，2019.

[44] 赵兴旺，王胜利，刘超. GNSS精密单点定位理论与方法[M]. 安徽：中国科学技术大学出版社，2015.

[45] 张熙，刘长建，章繁，等. 四大GNSS广播星历精度评估与对比分析[J]. 武汉大学学报（信息科学版），2022，47（2）：208-218. DOI:10.13203/j.whugis20190473.